교사와 학생을 위한
챗GPT
완벽 가이드

이 책은 ChatGPT Plus Default(GPT-3.5)와 GPT-4 모델을 이용하여 응답한 내용을 바탕으로 작성되었습니다.

교사와 학생을 위한
챗GPT 완벽 가이드

지은이 장승아, 조정연
펴낸이 박찬규 **엮은이** 윤가희, 전이주 **디자인** 북누리 **표지디자인** Arowa & Arowana

펴낸곳 위키북스 **전화** 031-955-3658, 3659 **팩스** 031-955-3660
주소 경기도 파주시 문발로 115, 311호(파주출판도시, 세종출판벤처타운)

가격 18,000 **페이지** 224 **책규격** 152 x 220mm

1판 1쇄 발행 2023년 05월 23일
1판 2쇄 발행 2024년 01월 30일
ISBN 979-11-5839-438-7 (13000)

등록번호 제406-2006-000036호 등록일자 2006년 05월 19일
홈페이지 wikibook.co.kr 전자우편 wikibook@wikibook.co.kr

Copyright © 2023 by 조정연
All rights reserved.
Printed & published in Korea by WIKIBOOKS

이 책의 한국어판 저작권은 저작권자와의 독점 계약으로 위키아카데미가 소유합니다.
신저작권법에 의해 한국 내에서 보호를 받는 저작물이므로 무단 전재와 복제를 금합니다.
이 책의 내용에 대한 추가 지원과 문의는 위키북스 출판사 홈페이지 wikibook.co.kr이나
이메일 wikibook@wikibook.co.kr을 이용해 주세요.

교사와 학생을 위한
챗GPT 완벽 가이드

장승아
조정연 지음

ChatGPT 기초 사용법부터
미래교육을 위한
실전 활용 사례까지!

위키북스

저자 서문

새로운 기술이나 도구를 다룰 때 처음에는 두려움이 따릅니다. 하지만 우리가 이전에 경험한 새로운 기술들이 지금은 교육 분야에서 큰 역할을 하고 있음을 알 수 있습니다. 예를 들어, 인터넷과 스마트폰은 우리의 학습 방식을 바꾸고, 더 많은 정보와 자료에 쉽게 접근할 수 있게 해주었습니다. 또, 인터랙티브한 교육 콘텐츠와 온라인 교육 플랫폼은 전통적인 교육 방식을 혁신적으로 변화시켰습니다.

이번에 새롭게 등장한 언어 인공지능 챗GPT(ChatGPT)도 이러한 새로운 기술들과 마찬가지로 교육 분야에서 큰 역할을 할 것으로 예상됩니다. 챗GPT를 활용하면 학생들이 더욱 효과적으로 언어를 학습할 수 있고, 교사들은 챗GPT를 활용하여 좀 더 개별적으로 유용한 학습을 제공할 수 있습니다.

교육 현장에서는 챗GPT를 이용하면서 이 기술이 인간 두뇌를 뛰어넘어 사람 대신 생각을 해 주는 것으로 오해하는 경우가 종종 있습니다. 이러한 오해로 챗GPT와 같은 언어 인공지능 기술을 직접 교육에 활용하는 것에 두려움을 느끼기도 합니다. 그러나 우리는 챗GPT가 인간의 사고를 대신하지는 않는다는 점을 명확하게 인식해야 합니다. 마블 영화 어벤져스 엔드게임(Avengers: Endgame, 2019)에서 인공지능 비서 자비스(J.A.R.V.I.S.)가 아이언맨(Iron Man, Tony Stark)의 명령, 즉 입력이 없으면 시간여행 시뮬레이션 모델을 만들 수 없었던 것처럼, 챗GPT도 인간의 입력, 즉 질문에 의해 작동합니다. 다시 말해 챗GPT는 인간의 사고를 대신하지 않고, 인간의 질문에 기반하여 적절한 답변만을 제공할 뿐입니다. 결국 챗GPT를 사용할 때도 질문하는 인간이 없으면 그 기술은 소용이 없습니다.

저자 서문

≪교사와 학생을 위한 챗GPT 완벽 가이드≫에서는 챗GPT를 교육 분야에서 어떻게 활용할 수 있는지에 대한 다양한 예시와 방법을 소개하며, 이를 바탕으로 언어 인공지능 기술의 교육 분야 적용 가능성에 대한 새로운 교육 패러다임을 제시하고자 합니다. 아무쪼록 이 책이 교육 현장의 교사, 학생, 학부모들이 다양한 인공지능 모델을 이해하고 활용하는 데 밑바탕이 되기를 바랍니다.

목차

PART 01
언어 인공지능 ChatGPT

1 _ 언어 인공지능 ChatGPT와 OpenAI ... 4

- 언어 인공지능 ChatGPT의 개요 ... 4
- 언어 인공지능 ChatGPT의 작동 원리 ... 6
- 언어 인공지능 ChatGPT의 역사 및 종류 ... 7
- 인공지능 연구 기업 OpenAI ... 10

2 _ 언어 인공지능 ChatGPT 기본 사용법(무료 버전) ... 11

- OpenAI 웹사이트 둘러보기 ... 11
- ChatGPT 회원 가입하기 ... 12
    - ChatGPT 접속하기 ... 12
    - OpenAI 웹사이트 회원 가입하기 ... 13
- ChatGPT 기본 메뉴 살펴보기 ... 19
- ChatGPT와 채팅하기 ... 27
- ChatGPT의 고급 명령어 사용하기 ... 33

ChatGPT 활용 최적화 테크닉　　　　　　　　37

- 프롬프트 입력 상황 설정하기　　　　　37
- 명확하고 간단한 언어 사용하기　　　　39
- 정확한 목표 설정하기　　　　　　　　42
- 제한 프롬프트 사용하기　　　　　　　43

맞춤형 챗봇 생성 도구 GPTs　　　　　　　47

- GPTs가 무엇인가요?　　　　　　　　47
- GPTs를 만드는 방법　　　　　　　　48
- GPTs 만들기 (나만의 생활기록부 생성 GPTs 만들기)　　48

GPT 플러그인　　　　　　　　　　　　57

- GPT 플러그인 사용법　　　　　　　　58
- GPT 플러그인의 종류　　　　　　　　61

3 _ 언어 인공지능 ChatGPT의 장점과 단점　　62

언어 인공지능 ChatGPT의 한계　　　　　62

언어 인공지능 ChatGPT 사용 시 고려해야 할 윤리적 측면　　68

언어 인공지능 ChatGPT에 대한 사용자의 태도　　73

ChatGPT vs. 구글 검색 엔진　　　　　　74

ChatGPT Free(무료 버전)와 ChatGPT Plus(유료 버전)의 차이점　　75

ChatGPT Plus 결제하기　　　　　　　79

ChatGPT Plus 모델 선택하기　　　　　84

목차

PART 02

언어 인공지능
ChatGPT의 다양한 교육적 활용

4 _ 미래교육과 언어 인공지능 ChatGPT · · · 90

교실 수업에서 언어 인공지능 ChatGPT 활용 · · · 90
- 교실 수업에서 ChatGPT 사용 장점 · · · 90
- ChatGPT의 수업 활용 방안 · · · 96
- ChatGPT로 만드는 학교급별 샘플 수업 지도안 · · · 98

다양한 직업군에서 ChatGPT 활용 · · · 103

언어 인공지능 ChatGPT로 글쓰기 · · · 109
- ChatGPT로 주제 정하기 · · · 109
- ChatGPT로 개요 작성하기 · · · 112
- ChatGPT로 세부 내용 생성하기 · · · 113
- ChatGPT로 글쓰기 및 고쳐쓰기 · · · 116
- ChatGPT로 쓴 글 요약하고 프레젠테이션하기 · · · 120

학교생활기록부 작성을 위한 ChatGPT 활용 가이드 · · · 125
- 중학교 예시 · · · 126
- 고등학교 예시 · · · 136

ChatGPT로 가정통신문 쓰기 · · · 146

ChatGPT로 학교 행사 계획서 쓰기 · · · 148

5 _ 기타 수업에서 활용할 수 있는 인공지능 챗봇   153

이미지 생성 인공지능 DALL·E   153

- DALL·E 1 & 2의 역사   153
- DALL·E 2 기본 사용법   155
- DALL·E 2 유료 크레딧 구매하기   165
- 수업에서의 DALL·E 활용과 사례   168

뤼튼(wrtn.ai)   171

- 뤼튼 접속 및 회원 가입하기   171
- 뤼튼을 이용해 문서 작성하기   174
- 뤼튼 요금제와 저작권   175

투닝 TTI(Text To Image)   177

- 투닝 회원 가입하기   178
- 투닝 TTI를 활용해 이미지 제작하기   181

구글 문서에 ChatGPT 연동하기   186

- GPT for Sheets™ and Docs™ 부가기능 설치하기   186
- OpenAI API Key 발급하기   188
- 문서 작성하기   192

부록 _ 인공지능 챗봇 ChatGPT 관련 자주 묻는 질문 FAQ   198

부록 _ 프롬프트 모음   208

언어 인공지능
ChatGPT

1. 언어 인공지능 ChatGPT와 OpenAI
2. 언어 인공지능 ChatGPT 기본 사용법 (무료 버전)
3. 언어 인공지능 ChatGPT의 장점과 단점

1
언어 인공지능
ChatGPT와 OpenAI

ChatGPT는 인공지능 모델 중 하나로, 자연어 처리 기술을 활용하여 사람과 인공지능 간의 자연스러운 대화를 가능하게 합니다. 이 모델은 매우 복잡한 자연어 처리 작업을 수행하며, 질문에 대한 답변 생성, 정보 습득 등 다양한 기능을 수행할 수 있습니다. 이 장에서는 ChatGPT를 사용하기에 앞서 ChatGPT의 작동 원리와 역사 및 다양한 종류에 대해 알아보고, 이러한 기술을 개발하고 연구하는 OpenAI를 간단히 소개합니다.

언어 인공지능 ChatGPT의 개요

ChatGPT란?

ChatGPT는 OpenAI라는 인공지능 연구 회사에서 개발한 인공지능 챗봇입니다. GPT는 Generative Pre-trained Transformer의 줄임말로, 인터넷상의 기사, 책, 웹사이트 등에서 방대한 양의 텍스트 데이터를 수집하여 대규모 인공지능 신경망(artificial neural network)을 통해 사전 훈련

(pre-trained)한 후 작동하는 인공지능 챗봇입니다. 이러한 사전 훈련 과정(pre-trained process)을 거친 인공지능은 인간 언어의 패턴과 구조를 빠르게 학습한 후 문맥과 상황에 적절한 텍스트를 생성(generate)하는 변환기(transformer), 즉 인공지능 챗봇으로 탄생합니다. 사용자는 인공지능 GPT와 채팅(chat)을 통해 마치 사람과 대화하는 것 같은 느낌으로 질문하고 원하는 정보와 답변을 얻을 수 있습니다.

ChatGPT로 무엇을 할 수 있을까?

ChatGPT는 인공지능 기술을 이용하여 만들어진 챗봇으로, 실제 사람과 사람의 대화처럼 자연스럽게 대화하며, 자연어 처리 기술(Natural Language Processing, NLP)을 이용하여 사용자의 질문에 대한 답변을 제공합니다. ChatGPT가 할 수 있는 일은 다양합니다. 예를 들어 역사, 과학, 문화, 예술 등에 대한 질문에 답변할 수 있으며, 언어 번역, 음성인식, 자동 번역 등의 기술을 활용하여 다양한 언어로 대화할 수 있습니다. 또한, ChatGPT는 사람들이 가지고 있는 다양한 일상생활의 문제를 해결하는 데도 도움을 줄 수 있습니다.

학교에서 ChatGPT를 어떻게 활용할 수 있을까?

학교에서는 ChatGPT를 이용하여 다양한 분야, 즉 교과에 대한 지식을 습득할 수 있습니다. 학생들은 챗봇과의 질문과 답변을 통해 외국어, 과학, 역사 등의 학문적인 지식을 습득할 수 있으며, 자연어 처리 기술을 이용하기 때문에 영어나 다른 언어의 문법, 단어, 표현 등을 배우는 데 특히 더 잘 활용할 수 있습니다. 나아가 ChatGPT를 활용하여 학교생활에도 도움을 받을 수 있습니다. 예를 들어, 숙제나 공부에 대한 질문을 하거나 자신의 관심사에 대한 정보를 얻을 수 있습니다. 이뿐만 아니라 ChatGPT는 학생들이 친구나 부모, 학교 교사에게 물어볼 수 없는 고민에 대한 조언도 해줄 수 있습니다. 따라서 챗봇을 통한 학습과 정보 습득은 학생들의 학업 성취도를 높이는 데도 도움이 될 수 있습니다.

ChatGPT는 영어로 이용해야 할까?

앞서 설명한 것과 같이 ChatGPT는 다양한 언어로 사용할 수 있습니다. 하지만 ChatGPT에게 사용자가 영어로 질문했을 때 더 정확한 정보나 응답을 얻을 수 있는지에 대해 질문하면 ChatGPT는 영어 텍스트를 가지고 사전 훈련된 인공지능 챗봇이기 때문에 사용자가 영어로 질문할 경우 응답의 결과가 더 나을 수 있다고 설명합니다. 다만, ChatGPT에게 영어를 사용하여 질문하는 것이 항상 더 좋은 답변 결과를 기대할 수 있는 것은 아닙니다. 주어진 과제의 상황 또는 프롬프트(prompt, 질문)의 구체성과 복잡성에 따라 응답의 결괏값, 즉 답변의 질이 달라질 수 있기 때문에 사용자가 질문하기 편한 언어로 이용하는 것이 좋습니다.

언어 인공지능 ChatGPT의 작동 원리

ChatGPT는 인공 신경망을 기반으로 하여 언어 이해, 생성, 추론 등 다양한 자연어 처리 기술을 구현하며, 대규모 데이터를 학습하여 지식을 습득합니다. 이러한 학습을 바탕으로 입력 데이터에 대해 적절한 출력을 생성합니다.

예를 들어 사용자가 '오늘 경기도 파주 운정 지역의 날씨를 알려줘.'라는 질문, 즉 프롬프트를 입력하면 ChatGPT는 이를 자연어로 이해합니다. 이를 위해 입력 문장을 토큰화하고, 각 토큰의 의미와 문맥을 이해하기 위해 이전에 학습한 대규모 데이터를 참고합니다. 토큰화(Tokenization)란 자연어 처리에서 입력 문장을 구성하는 단어나 구(Phrase)를 일정한 기준으로 분리하는 작업을 의미합니다. 이를 통해 문장을 단어 단위로 쪼개어 처리하거나, 각각의 단어에 대해 의미나 문맥을 파악할 수 있습니다. 이를테면 'I want to eat a hamburger for lunch'라는 문장을 토큰화하면 'I', 'want', 'to', 'eat', 'a', 'hamburger', 'for', 'lunch'와 같은 단어로 분리할 수 있습니다. 이렇게 토큰화된 각각의 단어는 인공 신경망 모델에 입력되어 처리됩니다. 이때 각 단어는 임베딩(Embedding) 과정을 거쳐 수치화되며, 이를 통해 문장의 의미나 문맥을 파악할 수 있습니다.

따라서 '오늘 경기도 파주 운정 지역의 날씨를 알려줘.'라는 문장을 '오늘', '경기도', '파주', '운정', '날씨'와 같이 ChatGPT가 먼저 토큰화하고 이 토큰에 대해 날씨 정보를 조회하는 API를 호출하여 해당 지역의 날씨 정보를 추출합니다. 여기서 API(Application Programming Interface)란, 어떤 기능을 제공하는 서버의 인터페이스를 의미합니다. 이를 ChatGPT가 이용하여 다른 애플리케이션이나 시스템과 연동할 수 있습니다. 따라서 ChatGPT가 날씨 정보를 조회하는 API를 호출한다는 것은 인터넷에 연결된 서버에서 해당 기능을 제공하는 API를 호출하여 입력된 지역의 날씨 정보를 추출하는 것을 의미합니다. 예를 들어, 날씨 정보를 제공하는 OpenWeatherMap(https://openweathermap.org/)과 같은 오픈 소스 API를 이용하여 지정된 지역의 날씨 정보를 요청하고, 응답으로 받은 정보를 가공하여 사용자에게 제공합니다.

결과적으로 사용자가 입력한 프롬프트 '오늘 경기도 파주 운정 지역의 날씨를 알려줘.'에 대해 ChatGPT는 인공 신경망과 대규모 데이터 학습을 기반으로 자연어 이해와 처리를 수행하여 '오늘 파주 운정 지역의 날씨는 clear sky이며, 최저 기온은 3.0도, 최고 기온은 13.0도입니다.'라고 최종적으로 응답하는 방식으로 작동합니다.

언어 인공지능 ChatGPT의 역사 및 종류

GPT는 OpenAI에서 개발한 자연어 처리 모델 중 하나로, 최신 언어 인공지능 기술의 대표적인 예시 중 하나로 꼽힙니다. GPT의 탄생 배경은 2015년에 인공지능과 머신러닝 분야에서 큰 주목을 받은 딥러닝 모델인 LSTM(Long Short-Term Memory)을 활용한 자연어 처리 모델이 등장한 것입니다. 이러한 인공지능 기술의 발전에 큰 관심을 가지고 있던 OpenAI의 창립 멤버 중 하나인 일론 머스크(Elon Musk)는 2015년 OpenAI사에 대규모 자금을 투자했습니다.

최초의 GPT는 2018년 6월에 발표되었으며, 대규모 텍스트 데이터를 학습하여 생성 모델을 만드는 기술로, 이전까지의 자연어 처리 기술과는 다른 대화 형태의 모델링을 가능케 했습니다. 이후, 2019년 11월에 GPT-2가 발표됐는데, 이 모델은 더욱 다양하고 복잡한 언어 패턴을 학습할 수 있게 설계되었고 이전에 비해 더욱 자연스러운 문장 생성 능력을 갖추게 되어 대규모 언어 데이터 학습 및 생성 모델에서 뛰어난 성능을 보였습니다. 그러나 이 모델의 발표 이후 인공지능이 인간을 대체할 가능성에 대한 우려가 제기됐는데, 예를 들어 GPT-2 모델을 학습시켜 특정 제품 또는 서비스를 홍보하는 가짜 리뷰를 생성하고, 이를 인터넷에 유포하여 소비자들의 구매 판단을 조작하는 것입니다. 이러한 가짜 리뷰를 생성하는 능력을 탑재한 GPT-2 모델은 일반 소비자들이 진짜 구매 리뷰와 거의 구분하기 어려울 정도로 자연스러운 문장을 생성할 수 있기 때문에 이를 악용할 경우 심각한 피해를 초래할 수 있게 되었습니다. 따라서 OpenAI사는 이 모델의 일부분만 공개하고, 전체 모델은 비공개로 유지하기로 결정했습니다.

GPT-3는 2020년에 발표되었는데, 엄청난 양의 데이터를 학습하여 다양한 작업에 적용할 수 있는 범용 모델로, 이전까지의 자연어 처리 모델과는 차원이 다른 성능을 보였습니다. 범용 모델(General-purpose model)이란 사전 훈련 없이도 새로운 작업에 대해서도 높은 성능을 발휘할 수 있는 모델로서 자연어 처리 기술 발전의 대표적인 사례로 꼽힙니다. 또한, 최근에는 GPT-4가 등장했는데, 이 모델은 더욱 발전된 인공지능 기술로, 이전 모델들보다 더 놀라운 언어 인공지능으로서의 성능을 보여줄 것으로 예상됩니다.

다음은 GPT 모델의 성능 발전을 한눈에 볼 수 있게 사용자의 동일한 프롬프트 입력에 대해 GPT 1부터 GPT 4까지 각각의 모델이 어떻게 응답하는지를 표로 제시한 내용입니다.

영어 단어에서 'p'와 'f'의 발음이 잘 되지 않을 때 어떻게 발음을 연습해야 하는지, 입술과 혀의 위치는 어떻게 조정해야 하는지, 어떤 단어를 연습하는 것이 좋을지 표로 알려주세요.

모델	응답
GPT-1	p와 f의 발음을 명확하게 구분하려면, 입을 크게 벌리고 발음을 선명하게 내는 것이 중요합니다. 입술과 혀의 위치를 조절하여 발음을 더욱 선명하게 내보세요. 'pot'과 'fat'과 같은 단어를 연습하면서 입모양과 혀의 위치를 조정하세요.
GPT-2	p와 f의 발음을 정확하게 구분하려면, 입과 혀의 위치를 조절하여 발음을 명확하게 내야 합니다. 'pot'과 'fat'과 같은 단어를 반복 연습하면서, 윗입술을 내리면서 'pot'을 발음내고, 아랫입술을 내리면서 'fat'을 발음내보세요. 더욱 발음을 명확하게 하려면 윗니를 아랫입술 밑으로 내리세요.
GPT-3	p와 f의 발음을 명확하게 구분하려면, 입술과 혀의 위치를 조절하여 발음을 명확하게 내야 합니다. 'pot'과 'fog'와 같은 단어를 반복 연습하면서 입술을 살짝 내밀고 혀를 앞으로 조절하세요. 'pat'과 'fat'과 같은 단어를 연습하여 더욱 발음을 명확하게 하세요. 또한, p를 발음내기 위해 윗입술을 약간 내리고 아랫입술을 앞으로 내밀면서 발음을 내세요.
GPT-4	p와 f의 발음을 정확하게 구분하려면, 입모양과 혀의 위치를 조절하여 발음을 명확하게 내야 합니다. 'pot'과 'fat'과 같은 단어를 연습하면서, p를 발음내기 위해 윗입술을 아랫입술과 비슷한 위치에 두고 혀를 위쪽으로 올리면서 발음을 내세요. f를 발음내기 위해서는 윗니와 아랫입술을 가볍게 닿게 하고 입모양을 좁게 만든 뒤, 가까이 두고 부드럽게 발음을 내보세요. 'pat'과 'fit'과 같은 단어를 연습하여 더욱 발음을 명확하게 하세요.

표에서 확인할 수 있듯이, 모델에 따른 응답의 차이점은 어휘의 다양성과 양, 세부 사항에 대한 설명의 정확도와 질문 프롬프트와 주고받는 대화의 자연스러움 등을 들 수 있습니다. 최초의 모델인 GPT-1은 어휘가 매우 한정적이고, 응답의 양도 적습니다. 또한 발음을 조절하는 데 있어 GPT-1은 큰 원칙적인 지침만을 제공합니다. 반면 GPT-4는 입술과 혀의 위치 조절 방법과 발음을 연습하기에 좋은 단어에 대한 정보를 더욱 세부적으로 제공합니다.

인공지능 연구 기업 OpenAI

OpenAI(오픈에이아이)는 인공지능 연구 및 개발 회사로, 2015년에 일론 머스크(Elon Musk), 샘 알트먼(Sam Altman), 그렉 브록만(Greg Brockman) 등 유명 기업가 및 과학자들이 창업했습니다. OpenAI는 미국 캘리포니아주 샌프란시스코에 본사를 두고 있으며, GPT-3와 같은 자연어 처리 모델 외에도 달리(DALL·E)와 같은 이미지 생성 모델, 클립(CLIP)과 같은 비전-언어 모델(이미지와 텍스트를 동시에 처리하는 인공지능) 등 다양한 분야에서 뛰어난 인공지능 모델을 개발하고 있습니다. 이와 더불어 OpenAI는 지능형 로봇 및 협동 로봇 분야에서도 활발한 연구를 진행하고 있으며, 이를 바탕으로 새로운 인공지능 모델 및 제품을 개발할 예정이라 앞으로도 다양한 분야에서 인공지능 기술의 발전을 이끌어 나갈 것으로 예상됩니다.

2
언어 인공지능
ChatGPT 기본 사용법(무료 버전)

이 장에서는 인공지능 챗봇 ChatGPT에 접속하고 회원 가입하는 방법부터 ChatGPT와 채팅하는 방법까지 기본적인 사용법을 하나씩 알아보겠습니다.

OpenAI 웹사이트 둘러보기

ChatGPT를 제공하는 OpenAI의 웹사이트에 접속하면 ChatGPT뿐만 아니라 OpenAI에서 제공하는 다양한 인공지능 서비스에 대한 정보를 확인할 수 있습니다. OpenAI 웹사이트에 접속하려면, 먼저 크롬 브라우저를 열고 주소창에 OpenAI 웹사이트 주소를 입력합니다.

- OpenAI 웹사이트: https://openai.com/

> **참고**
>
> ChatGPT 웹사이트는 구글 크롬(Google Chrome), 모질라 파이어폭스(Mozilla Firefox), 마이크로소프트 엣지(Microsoft Edge), 애플 사파리(Apple Safari) 브라우저에서 접속하는 것을 권장합니다. 이 책에서는 구글 크롬 브라우저를 기준으로 설명하겠습니다.

그림 2.1 OpenAI에서 제시하는 권장 브라우저

> **참고**
>
> OpenAI의 웹사이트는 영문으로 되어 있습니다. 크롬 브라우저의 번역 기능을 이용하려면 웹사이트 화면을 마우스 오른쪽 버튼으로 클릭한 후 [한국어로 번역]을 선택합니다. 이 책에서는 영문 웹사이트를 기준으로 설명하겠습니다.

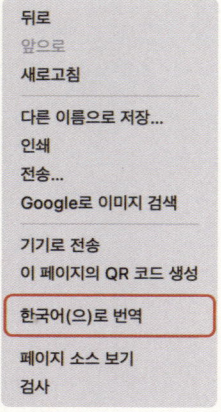

그림 2.2 크롬 브라우저에서 웹사이트 한국어로 번역하기 메뉴

ChatGPT 회원 가입하기

ChatGPT를 이용하기 위해 OpenAI 웹사이트에서 회원 가입하는 방법을 알아보겠습니다. 회원 가입을 진행하기 위해서는 이메일 계정이나 구글 계정(개인 구글 계정 또는 교육용 구글 워크스페이스 계정), 그리고 휴대폰 번호(인증번호 입력)가 필요합니다.

ChatGPT 접속하기

ChatGPT는 웹상에서 이용할 수 있으며, 다양한 경로를 통해 접속할 수 있습니다. 먼저 앞서 살펴본 OpenAI 웹사이트(https://openai.com/)에서 이동하여 접속할 수 있습니다. OpenAI 웹사이트 메인 화면 위쪽에 있는 [Product] 메뉴에서 [ChatGPT ↗]를 클릭하면 ChatGPT 사이트로 이동할 수 있습니다.

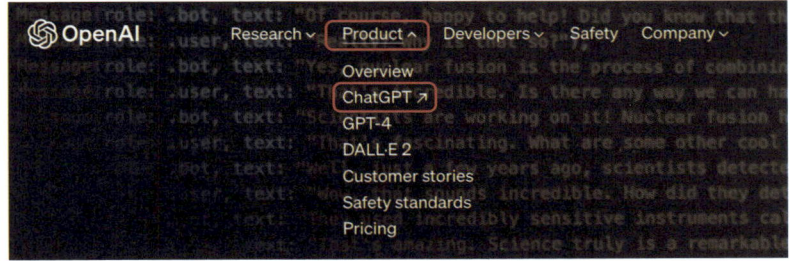

그림 2.3 OpenAI 웹사이트 메인 화면에서 ChatGPT로 이동하기

또는 ChatGPT 웹사이트 주소를 직접 입력하여 접속할 수도 있습니다.

- ChatGPT 웹사이트: https://chat.openai.com/

그림 2.4 크롬 브라우저에서 ChatGPT 웹사이트 주소를 입력하여 접속하기

OpenAI 웹사이트 회원 가입하기

ChatGPT 서비스를 이용하려면 먼저 OpenAI 웹사이트에 회원 가입을 해야 합니다. OpenAI 웹사이트에 한 번 가입하면, 그 계정을 이용하여 ChatGPT와 달리2(DALL·E 2) 서비스를 모두 이용할 수 있습니다. ChatGPT 웹사이트 주소에 접속하면, 로그인 또는 회원가입 안내 페이지가 표시됩니다. 처음 접속했다면 [Sign up] 버튼을 클릭하여 회원 가입을 먼저 진행합니다.

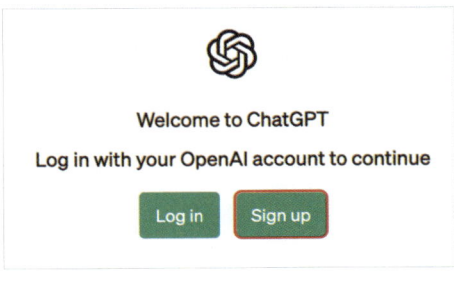

그림 2.5 OpenAI 웹사이트 회원 가입하기

OpenAI 사이트에 회원 가입을 하는 방법은 ① 구글 계정을 연동하여 가입하기(교육용 구글 워크스페이스 계정 포함), ② 이메일 계정으로 가입하기, ③ Microsoft 계정을 연동하여 가입하기의 3가지 방법이 있습니다. 먼저 구글 계정으로 간편하게 연동하여 가입하는 방법을 알아보겠습니다.

[방법 1] 구글 계정을 연동하여 가입하기

구글 계정으로 가입하려면 회원 가입 페이지에서 [Continue with Google] 버튼을 클릭하고, 연동할 구글 계정을 선택해 로그인합니다.

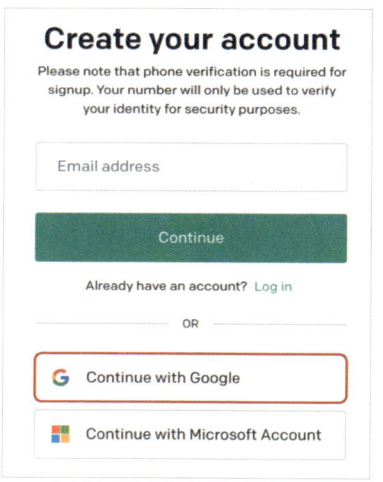
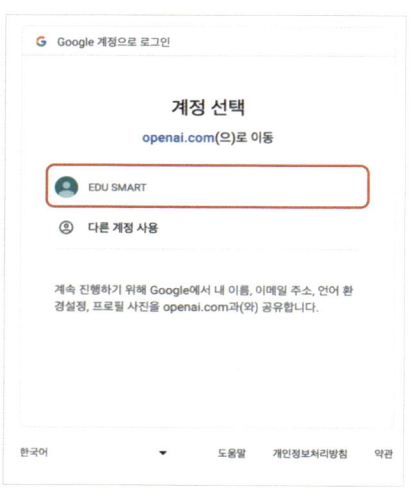

그림 2.6 구글 계정으로 OpenAI 사이트 회원 가입하기

사용자의 성(Last name)과 이름(First name), 그리고 본인 확인을 위한 생년월일을 입력하고, [Continue] 버튼을 클릭합니다(한글 입력도 가능합니다).

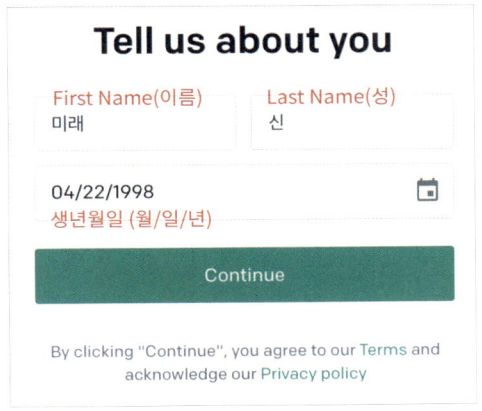

그림 2.7 사용자 정보 입력하기

> **참고**
>
> OpenAI에 따르면 OpenAI의 인공지능 도구 ChatGPT를 이용할 수 있는 연령은 18세 이상(또는 부모의 승인이 있는 13세 이상)이어야 합니다.[1]

구글 계정으로 가입하기 위해서는 휴대폰 번호 인증 절차를 진행해야 합니다. 국가를 선택하고 (South Korea를 선택합니다.) 휴대폰 번호를 입력한 다음, [Send code] 버튼을 클릭합니다.

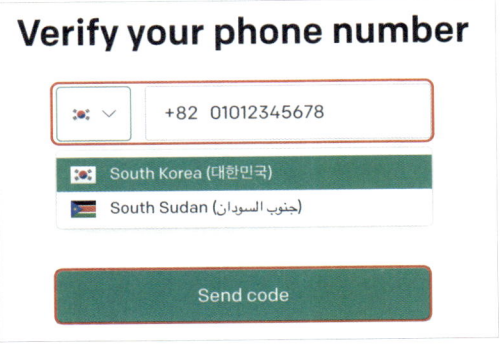

그림 2.8 휴대폰 번호 인증 절차 진행하기

---

1 출처 : https://openai.com/blog/our-approach-to-ai-safety

입력한 휴대폰 번호로 OpenAI의 숫자 코드 6자리가 발송됩니다. 6자리 숫자 코드를 'Enter code' 아래 빈칸에 입력합니다. 인증 코드 입력이 끝나면 회원 가입 절차가 완료됩니다.

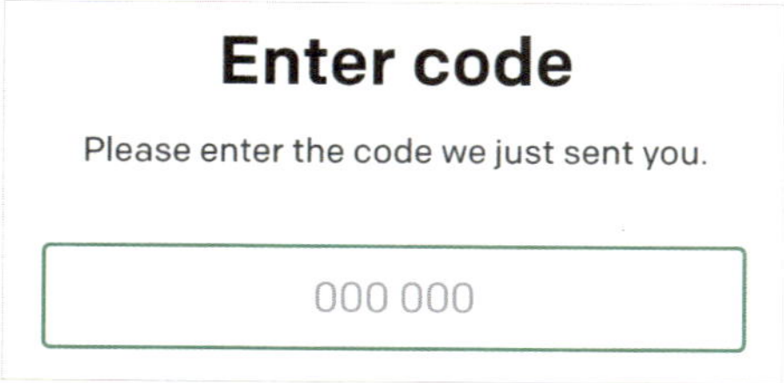

그림 2.9 휴대폰 인증 코드 입력하기

[방법 2] 이메일 계정으로 가입하기

구글 계정이 없는 경우 네이버(~@naver.com) 또는 다음(~@daum.net) 등의 다른 이메일을 이용하여 가입할 수도 있습니다. 이메일로 가입하는 경우 이메일 인증이 필요합니다. 회원 가입 창에서 'Email address' 부분에 이메일 계정을 입력하고 [Continue] 버튼을 클릭합니다.

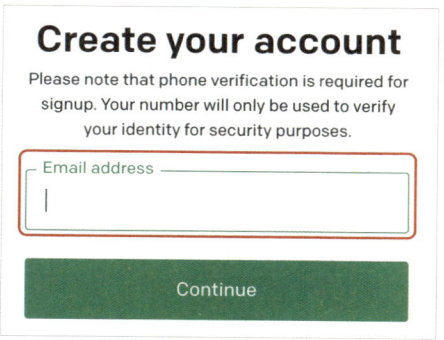

그림 2.10 이메일 계정을 입력하기

그러면 입력한 메일로 이메일 계정 확인을 위한 확인 메일이 전송됩니다. 메일을 확인한 후, [Verify your email] 버튼을 클릭합니다. 이메일 인증이 완료되면 회원 가입이 완료됩니다.

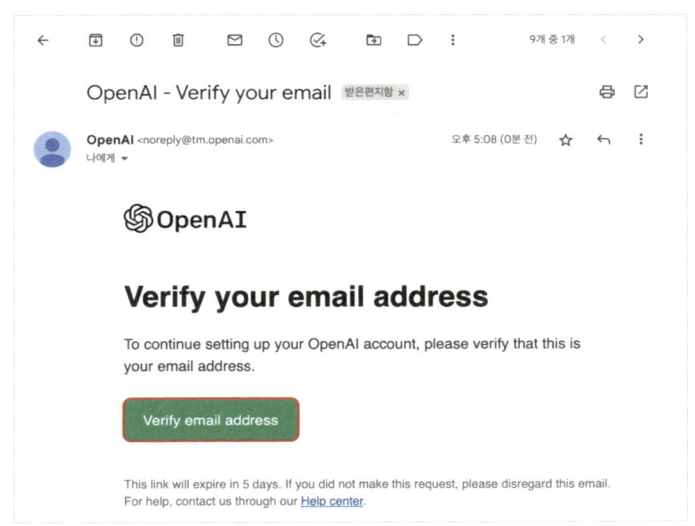

그림 2.11 다른 이메일로 OpenAI 웹사이트 인증하기

구글 계정 또는 이메일로 가입 절차를 완료하면 ChatGPT 서비스 운영 및 데이터 수집 목적과 방법에 대한 안내를 확인하고 [Next] 버튼을 클릭합니다.

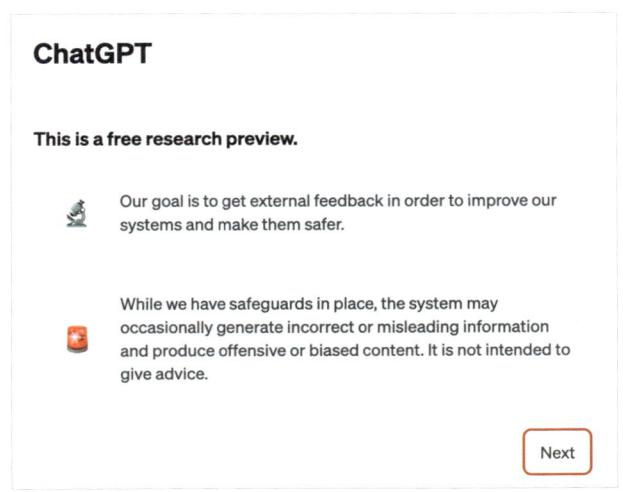

그림 2.12 ChatGPT 안내 팝업 – 서비스 운영 및 데이터 수집 목적과 방법

ChatGPT 이용 시 주의 사항(대화 내용이 수집되기 때문에 민감한 개인 정보에 대한 내용은 질문하지 말 것)을 확인하고 [Next]를 클릭합니다.

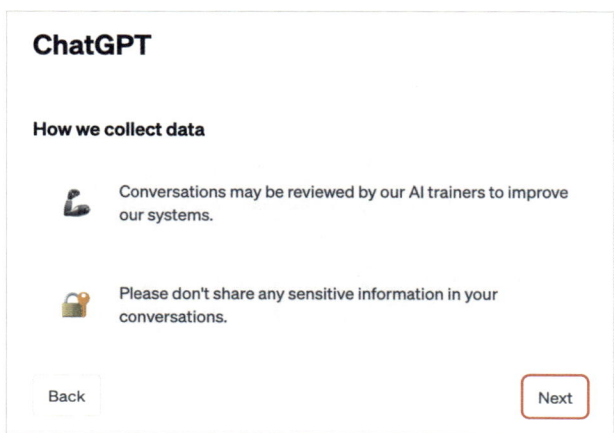

그림 2.13 ChatGPT 안내 팝업 – 이용 시 주의 사항

ChatGPT의 답변에 피드백하는 방법까지 모두 확인했으면 [Done]을 클릭합니다. 이제 ChatGPT를 이용하기 위한 준비가 모두 마무리되었습니다.

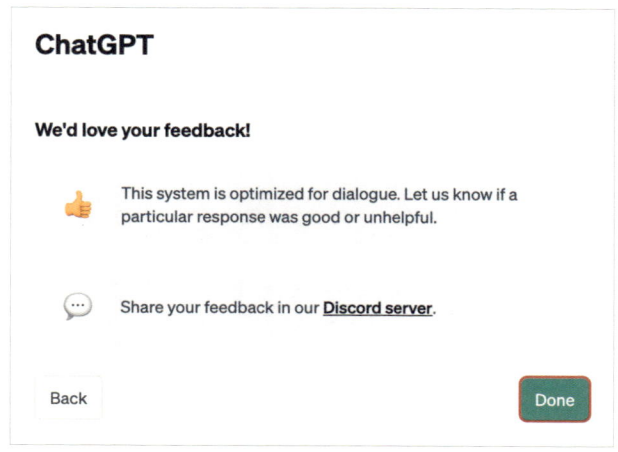

그림 2.14 ChatGPT 안내 팝업 – 답변에 피드백하는 방법

ChatGPT 기본 메뉴 살펴보기

이번 절에서는 ChatGPT의 기본 메뉴를 하나씩 살펴보겠습니다.

화면 왼쪽 메뉴

먼저 ChatGPT의 기본 메뉴 중에서 화면 왼쪽에 있는 메뉴를 살펴보겠습니다.

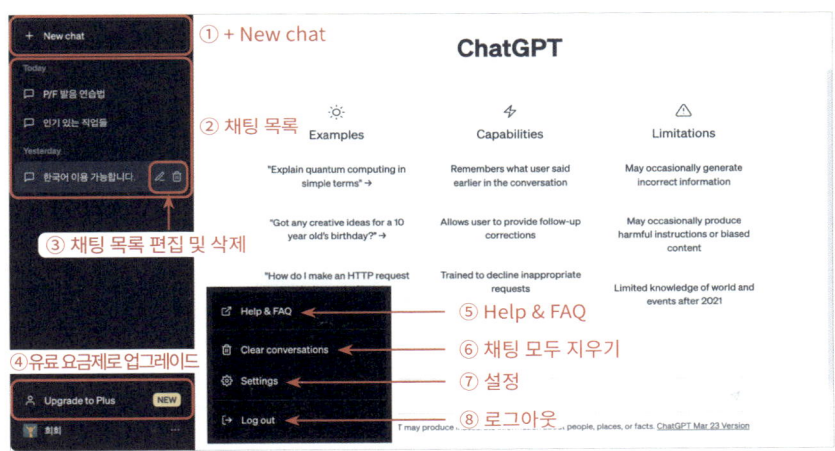

그림 2.15 ChatGPT 웹사이트에 로그인한 화면

① + New chat

[+ New Chat] 버튼을 눌러 새로운 채팅을 시작합니다. 이전 대화를 마무리하고 새로운 질문이나 문제에 대한 대화를 시작할 때 이용합니다.

② 채팅 목록

ChatGPT와 채팅한 목록이 표시됩니다. 첫 번째 질문을 중심으로 채팅 목록의 제목이 자동 생성되며, 마지막으로 채팅한 날짜 순으로 정렬됩니다.

③ 채팅 목록 편집 및 삭제

채팅 목록 중 한 가지를 클릭하면 연필 모양 아이콘(✏️)이 나타나는데, 이것을 눌러 대화 제목을 변경할 수 있습니다. 대화를 삭제하려면 대화 주제를 선택하면 나타나는 휴지통 모양 아이콘(🗑)을 클릭합니다.

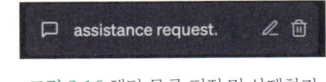

그림 2.16 채팅 목록 편집 및 삭제하기

④ Upgrade to Plus (유료 요금제로 업그레이드)

ChatGPT의 유료 요금제로 업그레이드하는 메뉴입니다. 무료 회원 가입 시 기본으로 Free Plan에 가입되며, [Upgrade to Plus] 메뉴를 클릭해 ChatGPT Plus 요금제를 이용할 수 있습니다.

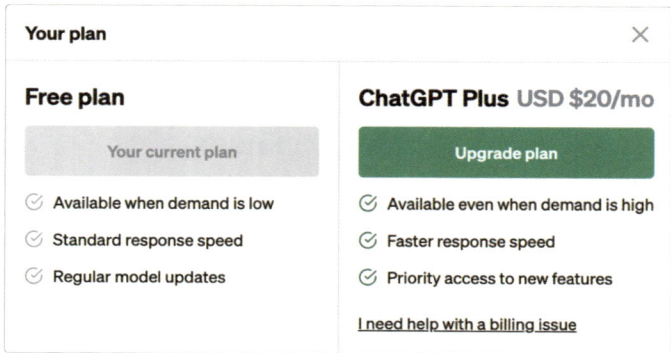

그림 2.17 ChatGPT의 두 가지 요금제

ChatGPT Plus 서비스를 이용하면 사용자가 많은 경우에도 안정적인 서비스를 이용할 수 있고 서비스를 더욱 빠른 속도로 이용할 수 있습니다. 또한 새로운 기능이 발표되면 ChatGPT Plus 사용자에게 우선 제공됩니다. 자세한 내용은 '3장 ChatGPT Free와 ChatGPT Plus(유료 버전)의 차이점(61쪽)'에서 소개하겠습니다.

이어서 설명할 메뉴는 프로필 오른쪽에 있는 더보기 아이콘(■)을 클릭하면 볼 수 있습니다.

⑤ Help & FAQ

이 메뉴에서는 ChatGPT 서비스 업데이트 내역(Release Notes), 자주 묻는 질문 등 ChatGPT 이용 시 필요한 정보를 확인할 수 있습니다.

⑥ Clear conversations (채팅 모두 지우기)

로그인한 계정으로 생성된 모든 대화를 삭제합니다. [Clear conversation] 버튼을 눌러 삭제한 대화는 복구되지 않으니 주의해야 합니다.

⑦ Settings (설정)

[Settings] 메뉴를 클릭하여 몇 가지 설정을 변경할 수 있습니다. 먼저 [General] 탭에서는 웹 사이트의 색상 테마와 채팅 기록을 삭제할 수 있습니다. Theme 오른쪽에 있는 드롭다운을 클릭하여 Dark(어두운 테마) 또는 Light(밝은 테마)로 변경할 수 있습니다. 그리고 Clear all chats 옆에 있는 [Clear] 버튼을 클릭하여 전체 채팅 기록을 삭제할 수 있습니다.

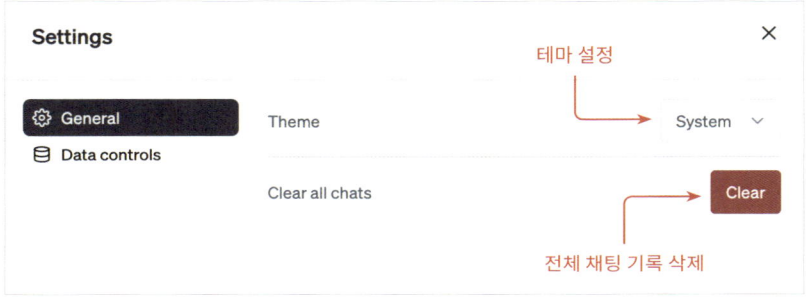

그림 2.18 ChatGPT Settings 메뉴 – General 탭

[Data Controls] 탭에서는 데이터와 관련한 설정을 할 수 있습니다. 먼저 Chat History & Training의 토글 버튼을 활성화하면, 사용자가 ChatGPT와 나눈 채팅 기록을 ChatGPT의 새 모델 훈련에 제공하기 위해 저장합니다. 만약 채팅 기록 중 외부로 유출해서는 안 되는 민감한 개인정보 등이 포함되어 있다면 이 설정을 비활성화하는 것이 좋습니다. 비활성화할 경우 채팅 목록이 왼쪽 사이드바에 표시되지 않으며 채팅 기록은 30일 안에 삭제됩니다.

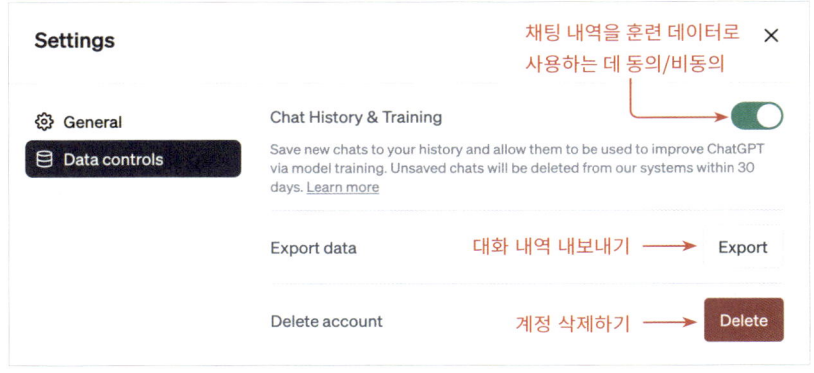

그림 2.19 ChatGPT Settings 메뉴 – Data controls 탭

Export data에서는 ChatGPT와의 채팅 기록을 HTML 파일로 내보낼 수 있습니다. 오른쪽에 있는 [Export] 버튼을 누르면 ChatGPT에 가입한 이메일 계정으로 파일을 다운로드 받을 수 있는 링크가 전송됩니다. 메일에서 [Download data export] 버튼을 눌러 파일을 다운로드 할 수 있으며, 다운로드 링크는 메일 수신 시점으로부터 24시간 동안 유효합니다.

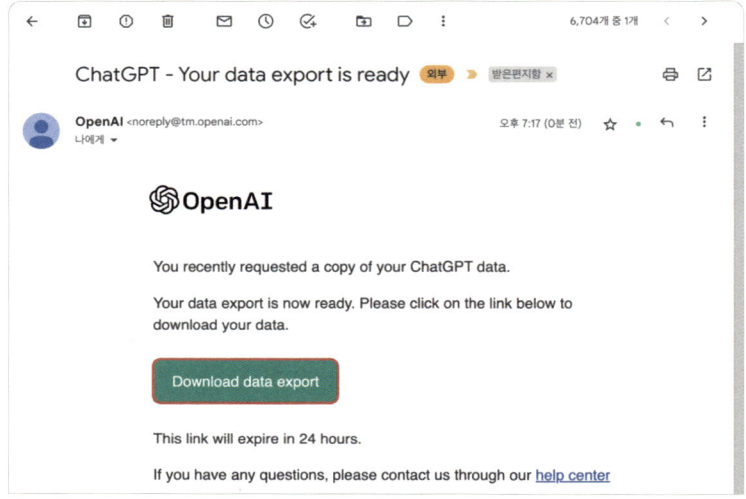

그림 2.20 대화 내용 내보내기

Delete account 옆 [Delete] 버튼을 누르면 계정을 삭제할 수 있습니다. 보안상 이유로, 삭제한 계정으로는 다시 회원 가입이 불가하며, 계정을 삭제하면 계정 프로필, 대화를 비롯한 모든 내용이 삭제됩니다. 아래쪽에 OpenAI 계정을 다시 한번 입력하고, 'DELETE' 글자를 똑같이 입력한 다음 삭제 버튼인 [Permanently delete my account] 버튼을 누르면 계정이 삭제됩니다.

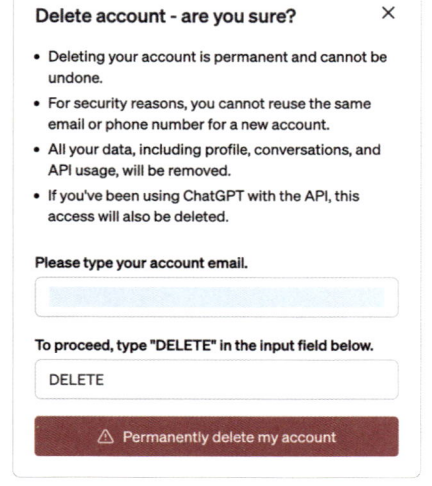

그림 2.21 OpenAI 계정 삭제하기

⑧ Log out (로그아웃)

ChatGPT 이용을 종료하고 서비스에서 로그아웃하려면 [Log out] 버튼을 클릭합니다.

첫 접속 화면

ChatGPT에 접속하면 다음 그림과 같은 화면이 표시됩니다. Examples, Capabilities, Limitations은 각각 ChatGPT에 질문하는 방법 예시, ChatGPT의 주요 기능, ChatGPT 사용 시 제한사항을 의미합니다. 각 항목을 살펴보면 다음과 같습니다.

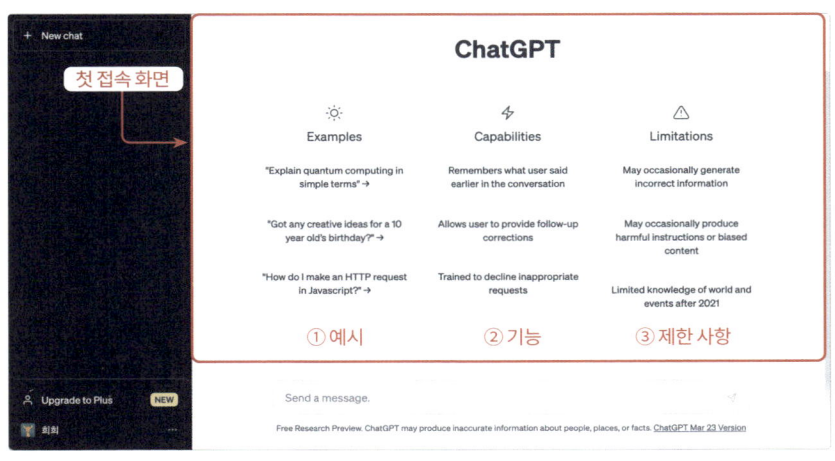

그림 2.22 ChatGPT 메인 화면

① Examples (예시)

ChatGPT에게 질문하는 방법에 대한 예시문을 확인할 수 있습니다. 이 예시문을 통해 ChatGPT는 대화형 챗봇이기 때문에 키워드만을 입력하여 검색하기보다는 실제 대화하는 문장 형태로 입력하는 것이 더 정확한 결괏값을 얻을 수 있다는 것을 알 수 있습니다.

"퀀텀 컴퓨팅을 간단한 용어로 설명해 줘."
"10살 어린이의 생일을 위한 창의적인 아이디어가 있나요?"
"자바스크립트에서 HTTP 요청을 어떻게 만들어야 할까요?"

② Capabilities (기능)

ChatGPT의 주요 기능을 확인할 수 있습니다. ChatGPT는 대화 초반에 사용자가 입력한 질문의 내용을 기억합니다. 예를 들어, "위에 있는 내용을 자세히 설명해 줘."라고 입력하면 앞에서 대화한 내용을 기억하여 적절한 답변을 제공할 수 있습니다.

또한 사용자는 자신의 질문을 수정할 수 있으며, ChatGPT의 답변에 대해 좋아요 또는 싫어요로 피드백을 할 수 있습니다.

③ Limitations (제한 사항)

ChatGPT 사용 시 알아두어야 할 제한 사항을 확인할 수 있습니다. ChatGPT는 머신러닝 모델로서, 2021년 이전까지 생성된 대규모 데이터를 학습하고 이후의 정보는 학습되지 않은 상태입니다. 따라서 2021년 이후의 세계 및 사건에 대해서는 제한된 지식을 가지고 있을 수 있습니다. 또한 때때로 잘못된 정보를 생성하거나 유해한 지침이나 편향된 콘텐츠를 생성할 수 있음을 유의하여 이용해야 합니다.

대화 화면

ChatGPT에게 질문하는 방법은 매우 간단합니다. 화면 아래쪽에 있는 질문 입력창에 질문 내용을 입력하고, 엔터 키를 누르거나 종이비행기 모양의 아이콘을 클릭하면 됩니다. 질문을 입력하면 ChatGPT가 답변을 입력합니다. 이때 대화 앞쪽의 사용자 계정 아이콘은 질문, ChatGPT 아이콘은 답변을 나타냅니다.

사용자가 질문하면 페이지 왼쪽에 대화 목록이 자동으로 생성되며, 해당 목록에서 대화를 이어갈 수 있습니다.

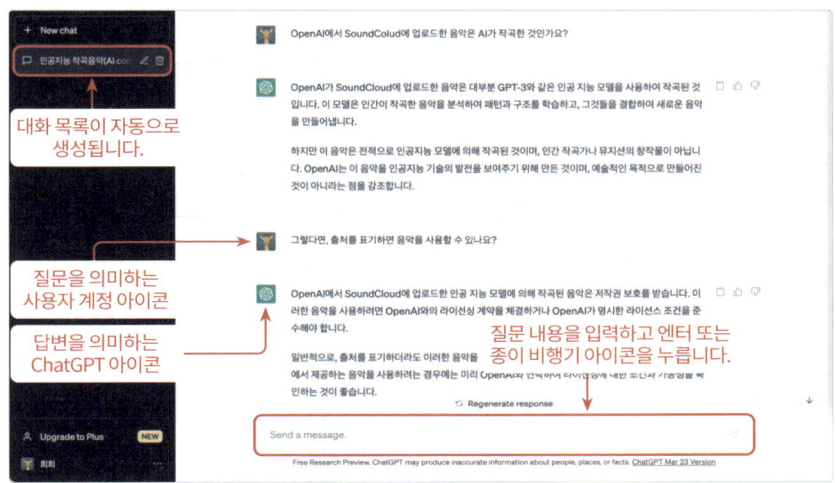

그림 2.23 ChatGPT와 채팅하기

질문의 내용을 수정하려면 나의 질문 옆에 마우스 커서를 올리면 나타나는 수정 아이콘(✏️)을 클릭합니다. 질문의 내용을 수정하고 [Save & Submit] 버튼을 클릭하면 새로운 질문 내용에 대한 답변이 나옵니다.

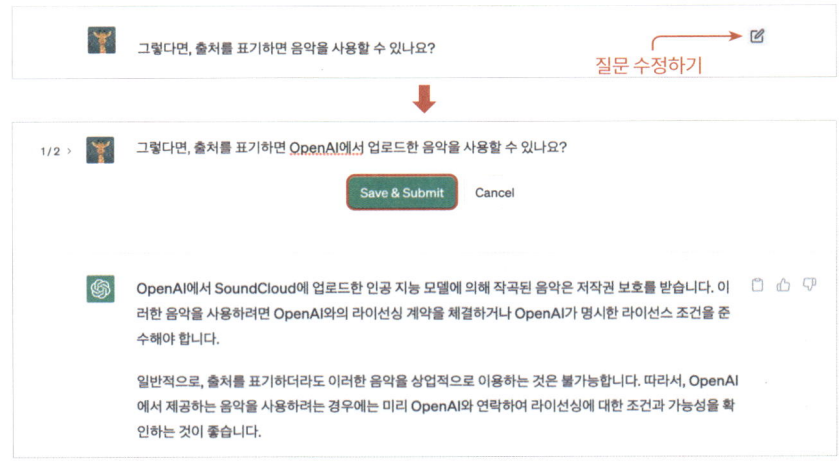

그림 2.24 사용자의 질문(프롬프트) 수정하기

25

ChatGPT의 답변을 확인하고, 답변 내용의 옆에 있는 복사(📋) 아이콘을 클릭하면 답변을 복사할 수 있습니다. 또한 좋아요/싫어요 아이콘(👍 👎)을 클릭하여 피드백을 제공할 수 있습니다.

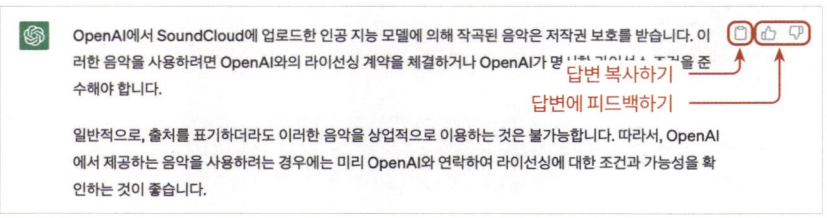

그림 2.25 ChatGPT의 답변 복사하기 및 피드백하기

좋아요 아이콘을 클릭한 다음, 그림과 같이 추가 의견을 입력하고 [Submit feedback] 버튼을 클릭합니다.

그림 2.26 ChatGPT의 답변에 좋아요 피드백하기

또는 답변이 적절하지 않거나 개선할 점이 필요한 경우, 싫어요 아이콘을 클릭합니다. 그림과 같이 추가 의견을 작성할 수 있습니다.

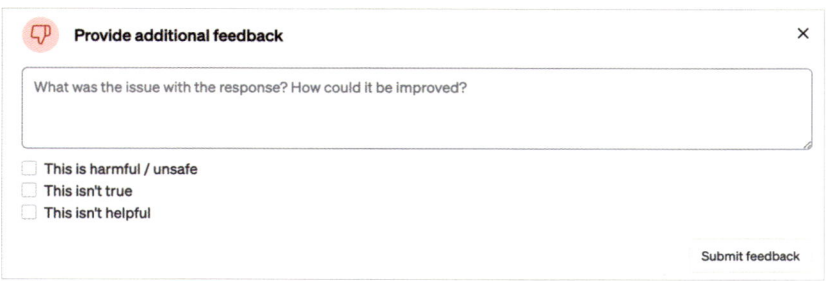

그림 2.27 ChatGPT의 답변에 싫어요 피드백하기

같은 질문에 대해 ChatGPT의 다른 답변을 받고 싶을 때는 질문 입력창 위에 있는 [Regenerate response] 버튼을 클릭합니다. 이 버튼을 이용하여 얻은 여러 가지의 답변은 ChatGPT 아이콘 옆 화살표를 이용하여 확인할 수 있습니다.

그림 2.28 Regenerate response로 답변 수정하기

ChatGPT와 채팅하기

ChatGPT는 기본적으로 영어를 기반으로 하는 인공지능 모델입니다. 따라서 영어로 질문하는 것에 대해 비교적 정확한 답변을 빠른 속도로 제공합니다. 물론 ChatGPT는 한국어로의 번역도 가능하기 때문에 한국어로도 이용할 수 있습니다. 하지만 ChatGPT 모델의 주요 용도는 영어 자연어 처리이기 때문에 한국어를 비롯한 다른 언어의 경우 언어 모델을 학습하는 데이터의 양과 질에 따라 답변의 품질이 다를 수 있습니다.

따라서 ChatGPT를 보다 정확하고 빠르게 이용하려면 영어로 이용하는 것이 좋습니다.

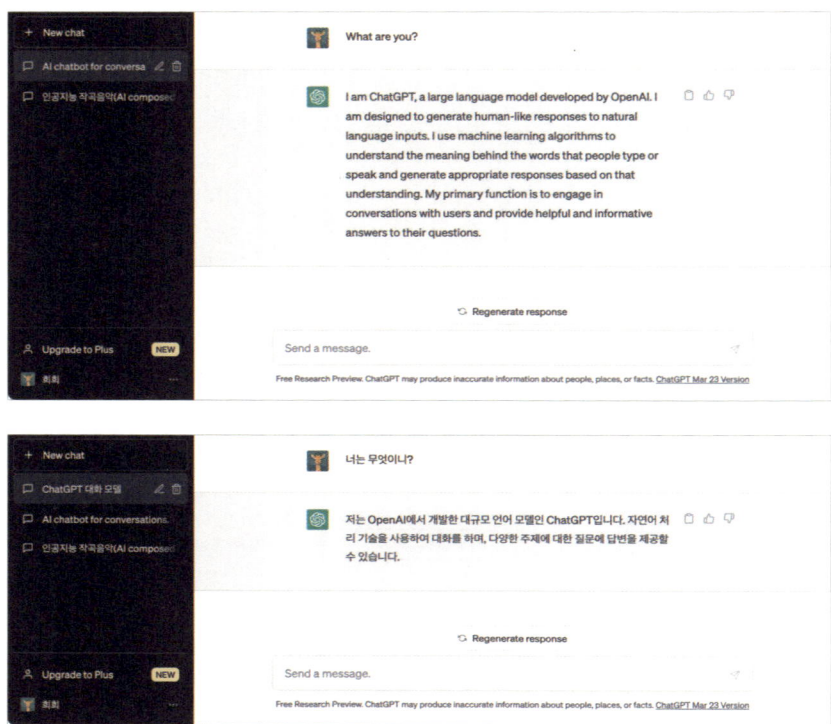

그림 2.29 ChatGPT와 영어로 채팅하기(위) vs. 한국어로 채팅하기(아래)

스마트폰을 이용하여 ChatGPT와 영어로 채팅하는 방법은 YouTube 스마트 플립러닝 연구회 채널의 영상을 참조하세요.

- 챗GPT와 채팅하기: https://youtu.be/yNGETwFuWPM

ChatGPT용 번역 확장 프로그램 설치하기

영어 사용이 익숙하지 않은 경우, 크롬 웹 스토어에서 제공하는 ChatGPT용 번역 확장 프로그램을 설치하여 이용할 수 있습니다. 여기서는 ChatGPT용 번역 확장 프로그램 중 하나인 '프롬프트 지니: ChatGPT 자동 번역기(이하 프롬프트 지니)'를 설치하여 이용하는 방법을 알아보겠습니다.

먼저 크롬 브라우저 주소창에 '크롬 웹 스토어'를 입력합니다. 또는 크롬 웹 스토어 주소를 입력하여 접속합니다.

- **크롬 웹 스토어**: https://chrome.google.com/webstore

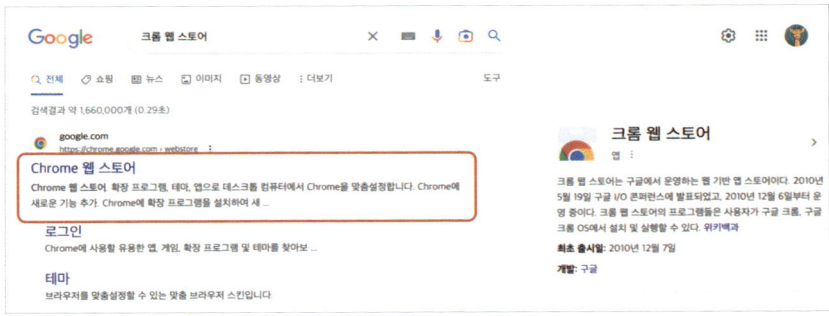

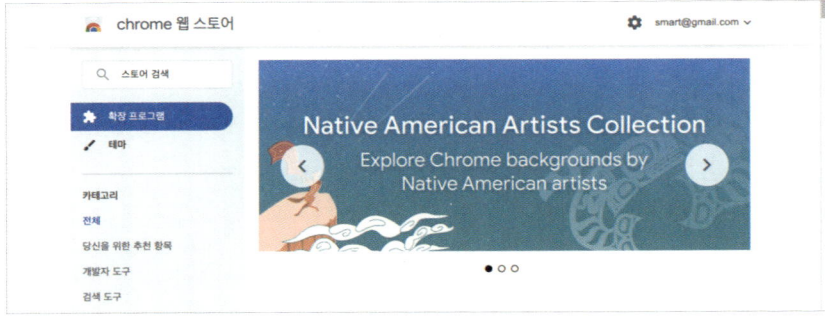

그림 2.30 크롬 웹 스토어 접속하기

화면 왼쪽 상단 스토어 검색 창에 '프롬프트 지니'를 입력하여 검색합니다.
[프롬프트 지니: ChatGPT 자동 번역기]를 클릭합니다.

그림 2.31 크롬 웹 스토어에서 프롬프트 지니 검색하기

'프롬프트 지니: ChatGPT 자동 번역기' 옆의 파란색 버튼 [Chrome에 추가]를 클릭하고 팝업 화면에서 [확장 프로그램 추가] 버튼을 클릭하면 설치가 진행됩니다.

그림 2.32 프롬프트 지니 설치하기

설치가 완료되면 다음과 같은 팝업 화면이 나타납니다. 프롬프트 지니를 삭제하고자 할 때도 설치할 때와 같은 방법으로 크롬 웹 스토어에서 프롬프트 지니 설치 페이지로 이동한 다음 [Chrome에서 삭제]를 클릭하면 됩니다.

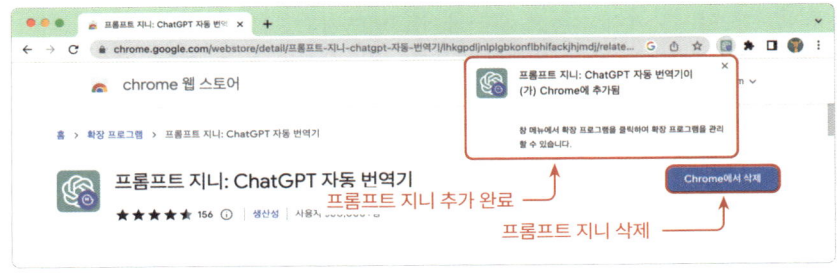

그림 2.33 프롬프트 지니 설치 완료 화면

프롬프트 지니를 설치한 후 ChatGPT에 접속하면 질문 입력창에서 프롬프트 지니가 설치된 것을 확인할 수 있으며, 프롬프트 지니를 이용하여 자동 번역을 설정하려면 질문 입력창 왼쪽 아래 파란색 아이콘을 선택한 후 자동 번역 버튼을 클릭하여 활성화합니다.

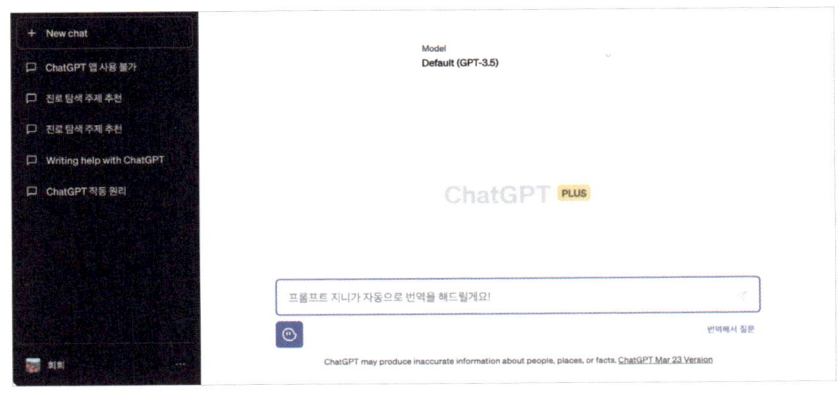

그림 2.34 프롬프트 지니를 설치한 후의 ChatGPT 화면

질문 입력창에 한국어로 질문을 입력하고 입력한 질문의 영어 번역을 미리 확인하려면 번역 미리보기 단축키인 Ctrl + Enter 키[2]를 누릅니다. 질문을 입력한 후 엔터 키를 누르면 다음과 같이 질문이 영어로 번역되어 ChatGPT에 입력됩니다. 영어로 번역된 질문에 대해 ChatGPT가 영어로 먼저 답변하며 이후 프롬프트 지니가 자동으로 한국어로 답변을 번역해 줍니다.

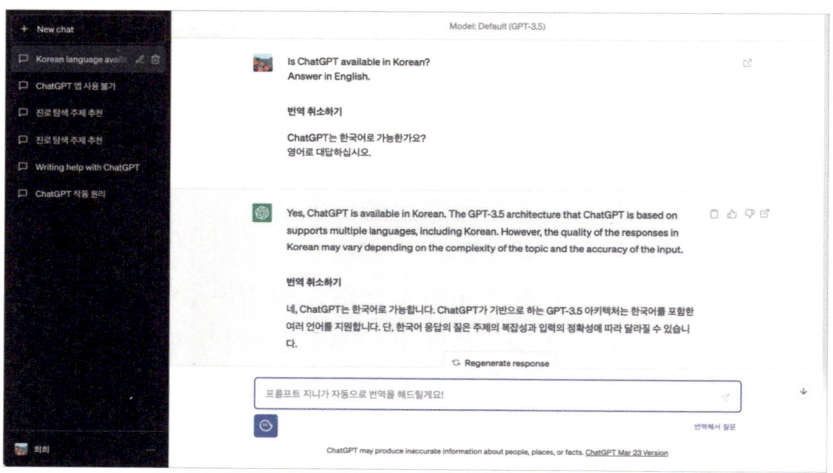

그림 2.35 프롬프트 지니 사용하기

ChatGPT는 자체적으로 번역이 가능하므로 번역기를 설치하지 않아도 영어 외 여러 가지 언어로 이용이 가능합니다. 현재 영어, 한국어를 비롯한 독일어, 프랑스어, 중국어, 일본어 등의 대부분 주요 언어를 지원합니다. 따라서 한국어로도 ChatGPT에게 질문할 수 있으며, 한국어로 질문하면 ChatGPT도 한국어로 답변해 줍니다.

---

2 macOS 컴퓨터에서는 command + Enter 키를 누릅니다.

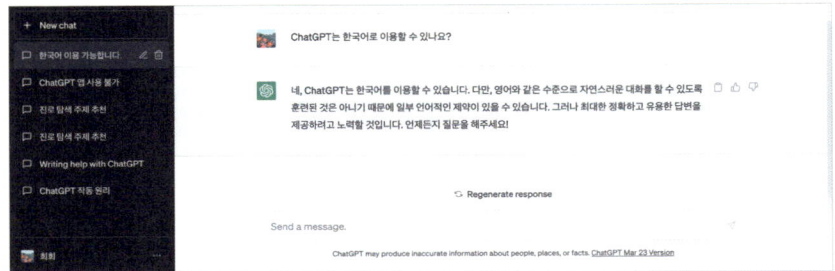

그림 2.36 ChatGPT와 한국어로 채팅하기

다만, 한국어로 이용하는 경우 한국어를 처리하는 데 추가 자원과 처리 시간이 필요하기 때문에 일반적으로 영어로 이용할 때보다 더 많은 시간이 소요됩니다.

스마트폰을 이용하여 ChatGPT와 한국어로 채팅하는 방법은 YouTube 스마트 플립러닝 연구회 채널의 영상을 참조하세요.

- ChatGPT와 채팅하기 (한국어 버전): https://youtu.be/WkDalV2XXjA

ChatGPT의 고급 명령어 사용하기

고급 명령어(Advanced Prompts)는 OpenAI에서 개발한 GPT-3 모델의 기능 중 하나로, 사용자가 입력하는 문장에 대한 처리를 보다 정교하게 제어할 수 있게 도와주는 기능입니다. 따라서 고급 명령어는 일반적으로 자연어 처리 전문가나 연구자들이 연구나 개발 과정 등에서 사용합니다. ChatGPT는 자연어 처리 기술, 즉 인간이 사용하는 언어를 그대로 이해하고 처리하는 기술을 사용하기 때문에 단순한 질문이나 문장을 입력하는 경우 고급 명령어가 필요하지는 않습니다. 다만, 고급 명령어를 사용하면 ChatGPT가 생성할 답변의 내용을 보다 세밀하게 지정할 수 있습니다. 몇 가지 고급 명령어를 소개하면 다음과 같습니다.

접두어 붙이기(Prefix)

문장의 앞 부분에 원하는 작업을 요청하는 기능입니다. 다음 예시와 같이 문장의 앞 부분에 'Translate French to English:(번역:)', 'Summarize:(요약:)', 'Search:(검색:)' 등의 작업을 먼저 입력하면 입력한 작업에 맞는 내용을 빠르게 처리합니다.

Translate to English: ChatGPT로는 무엇을 할 수 있어?

What can you do with ChatGPT?

Summarize: Avengers

"Avengers" is a series of superhero movies produced by Marvel Studios, based on the Marvel Comics superhero team of the same name. (이하 생략)

Search: Kimchi

Kimchi is a traditional Korean dish made from salted and fermented vegetables, most commonly napa cabbage and Korean radishes, mixed with seasonings such as chili powder, scallions, garlic, and ginger. (이하 생략)

문장 완성(Completion)

문장이나 단어, 문서 등의 일부분을 입력하고 나서 나머지 부분을 ChatGPT에게 완성해 달라고 요청할 수 있습니다. 단, 이때 입력하는 일부분은 영어로 입력해야 합니다. 다음 예시와 같이 일부분의 내용을 입력한 후 끝에 [Completion Token]을 입력합니다.

My dog is [Completion Token].

If you could provide me with more information about your dog, I could provide a more accurate sentence completion. However, as a general statement, I would say, "My dog is a mixed breed and has a lot of energy!"

위 형식이 아닌 자연어 방식으로 문장이나 단어의 일부분을 채울 수도 있습니다.

"My dog is [ ]."라는 문장에서 [ ] 안에 들어갈 수 있는 말을 10개 제시해 주세요.

"My dog is [ ]"와 같은 문장에서 [ ] 안에 들어갈 수 있는 말은 여러 가지가 있을 수 있습니다. 아래는 예시로 10가지를 나열해보았습니다.

예쁘다 (pretty)

사랑스럽다 (lovely)

활발하다 (energetic)

귀엽다 (cute)

건강하다 (healthy)

사나워보인다 (fierce)

> 친근하다 (friendly)
>
> 지적이다 (smart)
>
> 배고프다 (hungry)
>
> 졸립다 (sleepy)
>
> 위와 같이 "My dog is [ ]"와 같은 문장은 ChatGPT를 이용해 자동으로 완성할 수 있습니다. 예를 들어, "My dog is pretty." 또는 "My dog is energetic."와 같은 문장을 생성할 수 있습니다.

온도 조절(Temperature)

ChatGPT가 다음 단어를 선택할 때 샘플링하는 방식을 조절하는 값을 직접 지정할 수 있는 명령어입니다. Temperature를 사용하려면 입력하는 문장 끝에 'Temperature: 값'을 추가하면 됩니다. 이때 값에는 0과 1 사이의 소수점을 포함한 숫자를 입력할 수 있습니다. 값이 1에 가까울수록 더 많은 잠재적인 후보 단어를 고려하게 되므로 더 다양하고 예측이 불확실한 단어를 선택할 수 있습니다. 일반적으로 Temperature 값은 0.5~1.0 사이에서 선택하는 것이 좋습니다. 예를 들면 다음과 같습니다.

My favorite color is [MASK]. Temperature: 0.3

"My favorite color is [MASK]. Temperature: 0.3"와 같은 문장에서 Temperature 값이 0.3이므로, ChatGPT 모델은 예측이 더 확실한 단어를 선택할 가능성이 높아집니다. 따라서, 이 경우 모델이 생성하는 단어는 더 제한적일 것입니다.

예를 들어, "My favorite color is [MASK]. Temperature: 0.3"와 같은 문장에서, ChatGPT 모델은 "blue", "green", "red", "yellow", "purple" 등과 같은 색깔 이름을 선택할 가능성이 높아집니다. 이는 Temperature 값이 낮을수록 모델이 더 적은 후보 단어를 고려하기 때문입니다. 따라서, Temperature 값을 적절히 조절하여 ChatGPT 모델이 생성하는 단어의 예측 가능성을 조절할 수 있습니다.

My favorite color is [MASK] Temperature: 1.0

 "My favorite color is [MASK] Temperature: 1.0"와 같은 문장에서 Temperature 값이 1.0이므로, ChatGPT 모델은 무작위성이 높은 예측을 할 가능성이 더 높아집니다. 따라서, 이 경우 모델이 생성하는 단어는 더욱 예측이 불확실하고 다양할 것입니다.

예를 들어, "My favorite color is [MASK] Temperature: 1.0"와 같은 문장에서, ChatGPT 모델은 "orange", "teal", "magenta", "chartreuse", "vermilion" 등 다양한 색깔 이름뿐만 아니라, "potato", "zebra", "triangle", "Jupiter" 등의 색깔 이름이 아닌 단어도 선택될 가능성이 있습니다. 이는 Temperature 값이 높을수록 모델이 더 많은 후보 단어를 고려하기 때문입니다.

ChatGPT 활용 최적화 테크닉

ChatGPT를 학교 수업이나 일상생활에서 최대한 활용할 수 있는 방법은 여러 가지가 있습니다. 이 책에서는 프롬프트 입력 상황 설정하기, 명확하고 간단한 언어 사용하기, 정확한 목표 설정하기, 예시와 제한 프롬프트 사용하기, 테스트와 반복으로 ChatGPT 최적화하기의 다섯 가지 방법을 제시합니다.

프롬프트 입력 상황 설정하기

프롬프트 상황 설정이란, 인공지능 ChatGPT가 답변의 결괏값을 생성할 때 고려할 상황을 명확하게 정의하는 것을 말합니다. 상황을 명확하게 설정하려면 '누가, 무엇을, 언제, 어디서, 왜, 어떻게'와 같은 육하원칙 질문 구조로 프롬프트를 구성하는 것이 도움이 됩니다. 이렇게 육하원칙을 활용하여 프롬프트를 구성하면 ChatGPT가 상황에 대한 정보를 더욱 구체적으로 파악하고, 그에 맞는 적절한 답변을 생성할 수 있게 됩니다.

다음 표에 초등학교, 중학교, 고등학교 교사들이 ChatGPT에 물을 수 있는 대표적인 질문을 육하원칙으로 구분하여 정리했습니다. 이를 기반으로 다음과 같은 프롬프트 입력 예시를 설정할 수 있습니다.

누가 (Who)	무엇을 (What)	언제 (When)	어디서 (Where)	왜 (Why)	어떻게 (How)
학생들	이해하기 쉬운 수학 교육 방법	수업 시간	학교	학생들이 수학을 더 잘 이해할 수 있게 하기 위해	어떤 수학 교육 방법이 이해하기 쉽고 효과적인지 알려주세요.
학생들	독서 습관을 기르는 방법	학습 시간 외	학교 또는 집	학생들의 독서 능력을 향상시키기 위해	어떤 방법으로 독서 습관을 기르고 유지할 수 있는지 알려주세요.
학습 장애를 가진 학생들	지원 방법	수업 시간	학교	학습 장애를 가진 학생들이 수업에 참여할 수 있게 하기 위해	학습 장애를 가진 학생들을 지원하고 돕는 방법이 무엇인지 알려주세요.
학생들	친구와의 갈등을 해결하는 방법	수업 시간	학교	학생들 간의 친목도를 높이고 갈등을 해결하기 위해	어떤 방법으로 친구와 갈등을 해결할 수 있는지 알려주세요.
학생들	자기 주도적인 학습 방법	수업 시간 외	학교 또는 집	학생들의 학습 능력을 향상시키기 위해	어떤 방법으로 자기 주도적인 학습을 할 수 있는지 알려주세요.
학생들	학업 스트레스 관리 방법	수업 시간 외	학교 또는 집	학생들의 학업 스트레스를 줄이고 건강한 심리 상태를 유지하기 위해	어떤 방법으로 학업 스트레스를 관리할 수 있는지 알려주세요.
학생들	진로 선택을 위한 자기 탐색 방법	수업 시간 외	학교 또는 집	학생들이 자신에게 맞는 진로를 선택할 수 있게 돕기 위해	어떤 방법으로 자기 탐색을 할 수 있는지 알려주세요.
학생들	대학 진학 준비 방법	수업 시간 외	학교 또는 집	학생들이 대학 진학을 위해 필요한 준비를 할 수 있게 돕기 위해	어떤 방법으로 대학 진학을 준비할 수 있는지 알려주세요.

앞에서와 같이 육하원칙을 활용하여 영어 공부 방법에 대해 자세하게 프롬프트 입력을 설정하고, 이를 응용하여 적합한 질문을 다음과 같이 하면 ChatGPT를 더욱 효과적으로 활용할 수 있습니다.

프롬프트 유형	프롬프트 입력 내용	ChatGPT 출력 결과
일반적인 프롬프트	영어 공부 어떻게 해야 하나요?	열심히 공부하면 되겠네요.
육하원칙을 적용하여 상황을 구체적이고 자세하게 설정한 프롬프트	영어 시험에서 현재완료의 계속적 용법에 대해 틀린 문항이 많았습니다. 이에 대해 공부할 때 어떤 방법이 좋을까요? 예를 들어, 어떤 문장을 많이 연습해 보는 것이 좋을까요?	현재완료 계속적 용법의 규칙을 복습하고, 다양한 예문을 통해 익숙해지도록 노력해 보세요. 예를 들어, 'I have been studying English for three years.'와 같은 문장을 많이 연습해 보는 것이 좋습니다. 그리고 다양한 문장을 만들어 보며 활용 연습도 함께 해보시는 것이 좋겠습니다.

사용자가 '영어 시험', '현재완료의 계속적 용법', '예문을 통한 학습 방법'과 같은 구체적인 정보를 추가하여 상황을 더 자세하게 설정했습니다. 이를 통해 ChatGPT는 주어진 상황을 파악하고, 이에 맞는 더욱 적합한 답변을 생성할 수 있게 됩니다. 또한 이에 대한 구체적인 예시로 'I have been studying English for three years.' 문장을 많이 연습해 보라는 조언도 함께 하고 있습니다. 따라서 육하원칙에 따라 상황을 자세하게 설정하는 것이 ChatGPT의 출력 결과를 개선하는 데 중요한 역할을 한다는 것을 알 수 있습니다.

명확하고 간단한 언어 사용하기

사용자가 프롬프트에 입력할 때 간결하고 명확한 언어를 사용하면 ChatGPT가 쉽게 이해할 수 있어서 더 정확하고 유용한 답변을 받을 수 있습니다. 다음은 초등학교, 중학교, 고등학교 학생 및 교사가 ChatGPT를 사용할 때 간결하고 명확한 언어 사용의 예시를 나열한 표입니다.

명확하지 않은 질문	명확하고 간단한 질문	답변의 예시
한자를 어떻게 읽나요?	이 한자('中')를 어떻게 읽는지 알려주세요.	'中'은 '중'으로 발음해요.
과일을 영어로 뭐라고 해요?	이 과일(사과)의 영어 이름은 무엇인가요?	'사과'는 'apple'이에요.
이 수식이 어떤 뜻인가요?	이 수식(1 + 2 = 3)이 무엇을 의미하는지 알려주세요.	'1 + 2 = 3'은 '1 더하기 2는 3이다'를 나타냅니다.
이 숫자를 로마 숫자로 어떻게 쓰나요?	이 숫자(3)를 로마 숫자로 어떻게 쓰는지 알려주세요.	'3'은 'III'이에요.
이 문장에서 수식어가 무엇인가요?	이 문장(바람이 강한)에서 수식어는 무엇인지 알려주세요.	'바람이 강한'에서 '강한'이 수식어에요.
이 역사적인 사건이 언제 일어났나요?	이 역사적인 사건(아프리카 국가의 독립운동)이 언제 일어난 것인지 알려주세요.	'아프리카 국가의 독립운동'은 20세기 초반부터 1960년대까지 이어졌어요.
이 생물의 분류는 무엇인가요?	이 생물(사자)의 분류를 알려주세요.	사자는 동물계, 척삭동물문, 포유강, 육상목, 고양잇과에 속해요.
이 화합물의 화학식은 무엇인가요?	이 화합물(이산화탄소)의 화학식을 알려주세요.	이산화탄소의 화학식은 CO_2에요.
이 지리적인 장소의 좌표는 어디인가요?	이 지리적인 장소(뉴욕시)의 좌표를 알려주세요.	뉴욕시의 위도는 약 40도, 경도는 약 −74도에요.
이 문학 작품에서 주인공의 성격은 어떻게 표현되나요?	이 문학 작품(마당을 나온 암탉)에서 주인공의 성격이 어떻게 묘사되는지 알려주세요.	주인공은 온순하지만 끈기가 있고 독립심이 강한 인물로 묘사됩니다.
이 물리학적인 개념을 수식으로 어떻게 표현하나요?	이 물리학적인 개념(운동량)을 수식으로 어떻게 나타내는지 알려주세요.	질량과 속도를 이용하여 운동량을 계산하는 수식은 $p = mv$입니다.

ChatGPT가 응답한 프롬프트를 명확하고 간단한 문장으로 구성하는 팁을 다시 한번 정리하면 다음과 같습니다.

첫째, 질문을 명확하고 구체적으로 작성합니다. 예를 들어, "올해 여름방학에 가볼 만한 추천 장소는 어디인가요?"와 같이 구체적인 질문은 답변자가 쉽게 이해하고 목적지를 추천할 수 있게 도와줍니다. 반면 "여행 계획 좀 알려줄래?"와 같이 모호하고 구체적이지 않은 질문은 답변자가 어떤 정보를 제공해야 할지 명확하지 않아 답변이 어려울 수 있습니다.

둘째, 단어 선택에 주의하는 것도 매우 중요합니다. 예를 들어, "미적분 수업에서 미분을 이해하지 못했는데, 다시 설명해 주실 수 있나요?"와 같이 구체적인 단어를 사용한 질문은 답변자가 해당 주제에 대한 명확한 정보를 제공할 수 있게 도와줍니다. 반면에 "미분을 이해하기 위해서는 어떤 것이 필요한가요?"와 같이 추상적인 단어를 사용한 질문은 답변이 모호해질 수 있습니다.

구체적인 단어를 선택하여 질문을 작성하면 교과 수업에서 원하는 정보를 보다 명확하게 얻을 수 있습니다. 따라서 "영어 수업에서 명사와 동사의 차이점이 무엇인가요?"와 같이 구체적인 단어를 사용한 질문을 작성하는 것이 좋습니다.

셋째, 간결하게 문장을 구성하는 것도 매우 중요합니다. 예를 들어, "우리 몸에서 가장 큰 장기는 무엇인가요?"와 같이 간결하면서도 명확한 질문은 답변자가 빠르게 대답할 수 있게 도와줍니다. 반면 "우리 몸에서 가장 큰 장기가 무엇인지, 그리고 그 장기가 어떤 기능을 하는지 자세히 알고 싶어요."와 같이 지나치게 길고 복잡한 질문은 답변을 제공하기 어렵게 만듭니다.

간결하게 문장을 구성하여 질문을 작성하면 과학 교과에서 필요한 정보를 보다 빠르게 얻을 수 있습니다. 따라서 "화산이 폭발하면 어떤 일이 일어날까요?"와 같이 간결하면서도 구체적인 단어를 사용한 질문을 작성하는 것이 좋습니다.

넷째, 감정이나 주관적인 표현을 피하는 것도 매우 중요합니다. 예를 들어, "수학 시험에서 나쁜 성적을 받았어요. 어떻게 공부해야 좋을까요?"와 같이 객관적이면서도 상담을 위한 질문은 상대방의 상황을 파악하고 도움을 제공하기가 쉽습니다. 반면, "수학 시험에서 나쁜 성적을 받아서 너무 울적해요. 제가 바보 같은 것 같아요."와 같이 자신의 감정이나 주관적인 표현을 포함한 질문은 다른 사람들과 의견이 다를 수 있습니다.

감정적인 상황에서 객관적으로 상황을 파악하고 조언을 제공하기 위해서는 감정이나 주관적인 표현을 최대한 피해야 합니다. 따라서 "친구와 다투고 싶지 않은데, 어떻게 대처해야 할까요?"와 같이 객관적인 단어를 사용하여 질문을 작성하는 것이 좋습니다.

정확한 목표 설정하기

정확한 목표가 설정된 프롬프트 질문은 구체적이고 명확한 목표를 가지고 있으며, 그 목표를 달성하기 위해 필요한 계획과 자원에 대한 고민이 포함되어 있습니다. 이에 반해, 목표 설정이 덜 된 질문은 목표가 모호하거나 목표 달성을 위한 계획과 자원(필요한 재료)에 대한 고민이 전혀 없습니다. 다음은 학교에서 할 수 있는 정확한 목표 설정이 된 질문과 그렇지 않은 질문의 예시입니다. 이러한 질문 예시를 참고하여 프롬프트 입력 시 목표를 명확히 하고, 그에 따른 계획과 자원을 프롬프트 구성에 구체적으로 고려하여 반영하는 습관을 기르는 것이 좋습니다.

목표성 없는 질문	목표가 뚜렷한 질문
나는 어떤 학생일까?	나의 강점과 약점을 파악하고, 나의 장점을 살리며 발전할 수 있는 방법은 무엇일까?
오늘 수업이 지루하게 느껴지는데, 어떻게 해야 할까?	수업을 재미있게 듣기 위해 필요한 자세와 방법을 찾아보며, 내가 원하는 학습 목표를 달성하기 위한 방법은 무엇일까?

목표성 없는 질문	목표가 뚜렷한 질문
내일은 방과 후에 무엇을 할까?	내일 방과 후에 해야 할 일을 계획하고, 필요한 준비물과 자원을 준비하는 방법은 무엇일까?
다른 친구들과 다른 학교생활을 하고 싶은데, 어떻게 해야 할까?	자신이 원하는 학교생활을 위해 필요한 노력과 계획을 세우고, 그에 따른 행동을 취할 수 있는 방법은 무엇일까?
친구와의 갈등을 해결하고 싶은데, 어떻게 해야 할까?	갈등의 원인을 파악하고, 상대방의 의견을 이해하며, 상호 대화를 통해 갈등을 해결하는 방법은 무엇일까?
수업 시간에 집중하기 어렵다. 어떻게 해야 할까?	수업 중 집중력을 높이기 위한 방법과 자신에게 맞는 학습 방법을 찾아보며, 내가 원하는 학습 목표를 달성할 수 있는 방법은 무엇일까?
친구들과 모두가 인기 있는 학생이 되고 싶다. 어떻게 해야 할까?	인기 있는 학생이 되기 위해 필요한 자질과 노력을 파악하고, 자신만의 개성과 매력을 살리며, 건강한 친구 관계를 유지하는 방법은 무엇일까?
동아리에서 적극적으로 참여하고 싶은데, 어떻게 해야 할까?	동아리에서 활동하기 위해 필요한 능력과 자원을 준비하고, 다른 동아리원들과 함께 협력하며, 자신의 역할을 인식하고, 참여의 즐거움을 느끼는 방법은 무엇일까?
학교생활에서 칭찬받고 싶다. 어떻게 해야 할까?	자신의 장점과 능력을 인식하고, 노력과 열정을 발휘하여 학교생활에서 필요한 역할을 수행하며, 적극적인 자세로 참여하는 방법은 무엇일까?

제한 프롬프트 사용하기

제한 프롬프트는 ChatGPT로 사용자가 프롬프트를 입력할 때 질문 데이터에 대한 제한을 설정하는 것입니다. 이를 통해 모델이 불필요한 출력을 생성하지 않고 원하는 결과물만을 생성할 수 있게 됩니다. 따라서 제한 프롬프트는 GPT 모델의 출력을 제한하고 사용자가 원하는 종류의 답변을 생성하게 도와주는 방법입니다. 다음은 일반적인 제한 프롬프트 유형의 목록과 그 예시입니다.

주제 제한 프롬프트

원하는 주제에 대한 답변을 생성하도록 유도하는 기술입니다. 이를 이용하여 모델이 생성하는 답변이 특정 주제와 관련성이 높아지게 제한할 수 있습니다. 예를 들어, "영화에 대해 말씀해 주세요."라는 일반적인 질문에 대해 모델이 생성하는 답변에서는 다양한 주제를 다룰 수 있습니다. 하지만 "어벤져스: 엔드게임에 대해 말씀해 주세요."라는 주제 제한 프롬프트를 사용하면 특정 영화에 대한 답변 생성을 유도할 수도 있습니다. 이러한 방법으로 모델이 생성하는 답변을 주제와 관련성 높게 유지할 수 있습니다.

긍정/부정 제한 프롬프트

이 유형의 제한 프롬프트는 생성된 답변이 긍정적인 또는 부정적인 의견을 표현하도록 합니다. 긍정/부정 제한 프롬프트는 질문에 대한 인공지능 모델의 답변이 긍정적이거나 부정적인 내용을 포함하지 않게 하는 방법 중 하나입니다. 이를 위해 주어진 주제와 관련된 긍정/부정 단어의 리스트를 프롬프트에 포함시켜 모델이 해당 단어를 사용하지 않게 유도합니다. 예를 들어, '학업 스트레스 관리 방법'이라는 주제로 질문이 들어왔을 때, '긍정적인 학업 스트레스 관리 방법'이라는 긍정/부정 제한 프롬프트를 사용하면, 모델이 긍정적인 학업 스트레스 관리 방법을 중심으로 답변을 생성하게 유도할 수 있습니다. 이러한 방법으로 모델이 원하는 내용을 생성하게 도와주고, 사용자가 필요한 정보를 빠르게 찾을 수 있게 돕습니다.

길이 제한 프롬프트

이 유형의 제한 프롬프트는 생성된 답변의 길이를 제한합니다. 예를 들어, '짧은 답변' 프롬프트를 사용하면 모델이 짧은 답변을 생성하게 유도할 수 있습니다. 길이 제한 프롬프트는 모델이 생성하는 답변의 길이를 제한하는 방법 중 하나입니다. 예를 들어, 학교생활과 관련하여 '학교에서 친구를 사귀는 방법'에 대해 물어봤을 때, '학교 친구 사귀는 방법(짧게)'이라는 길이 제한 프롬프트를 사용하면 모델이 단순하고 직관적인 답변을 생성하게 유도할 수 있습니다.

일반적인 질문 프롬프트	짧은 답변 질문 프롬프트
학교에서 친구를 사귀는 방법	학교에서 친구를 사귀는 방법(짧게)
학교에서 친구를 사귀는 방법은 다양합니다. 먼저, 다른 학생들에게 적극적으로 말을 걸어 보는 것이 좋습니다. 새로운 사람에게 인사를 하고 대화를 시작하는 것이 친구를 사귀는 데 큰 도움이 됩니다. 또한, 학교에서 진행되는 동아리나 학생회에 참여하면, 다양한 학생들과 친해질 수 있는 기회를 가질 수 있습니다. 또한, 스포츠나 놀이를 좋아하는 학생들은 체육 시간이나 방과 후에 같이 놀거나 운동을 하는 것도 좋은 방법입니다. 마지막으로, 친구를 사귀는 것은 서로에 대한 관심과 배려가 중요합니다. 다른 사람의 이야기를 경청하고 관심을 가지며 친밀감을 형성하는 것이 중요합니다. 이러한 방법을 통해 학교에서 새로운 친구를 만들어 보세요!	학교에서 친구를 사귀는 가장 쉬운 방법은 말을 걸어 보는 것입니다. 또한, 학교에서 진행되는 동아리나 학생회에 참여하면 친구를 사귀는 기회를 더 많이 가질 수 있습니다.

예시 제한 프롬프트

이 유형의 제한 프롬프트는 생성된 답변이 예시를 포함하게 합니다. 예를 들어, '예시 포함' 프롬프트를 사용하면 모델이 생성된 답변에 예시를 포함하게 유도할 수 있습니다. 예를 들어, '과학 실험 아이디어'라는 주제로 질문이 들어왔을 때, '화학 실험 아이디어 예시'라는 예시 제한 프롬프트를 사용하면 모델이 화학 분야의 실험을 예시로 들어 추천하는 답변을 생성하게 유도할 수 있습니다. 이러한 방법으로 모델이 생성하는 답변이 더 구체적이고 유용하도록 돕습니다.

문서 요약 프롬프트

이 유형의 제한 프롬프트는 입력된 긴 문서를 간략하게 요약하는 기능을 제공하는 프로그램입니다. 이러한 프로그램은 자연어 처리 기술을 사용하여 입력된 문서를 분석하고, 문서의 핵심 내용을 추출하여 간략한 요약문을 생성합니다. 이를 통해 대량의 문서를 빠르게 스캔하거나 긴 문서의 요약을 제공하는 등 다양한 목적으로 활용할 수 있습니다. 다음은 YBM 출판사 고등학교 2학년 영어 I Lesson 1의 본문 내용(4,047단어)을 요약(581단어)한 내용입니다.

아래 문서를 500 단어로 요약해줘.
[요약하고자 하는 문서]

Failing and learning from failure is necessary for success. Successful people often experience more failures than others, like Thomas Edison who failed 9,999 times before creating the perfect light bulb. Failure can motivate us and help us grow, like with Toni Morrison who wrote masterpieces after many years of struggling to write. Sometimes failure can lead us to success by showing us what we are not good at, like with Vera Wang who found her passion for fashion design after failing to make the U.S. Olympic team in figure skating. Success without failure can lead to arrogance and carelessness, like with NASA who experienced a series of successes before the Challenger disaster in 1986.

앞 영어 요약본을 번역 제한 프롬프트를 활용하면 다음과 같이 우리말로 번역됩니다.

요약한 결과를 한글로 번역해줘

실패하고 그로부터 배우는 것은 성공에 필수불가결합니다. 성공한 사람들은 종종 다른 사람들보다 더 많은 실패를 겪는데, 예를 들면 토마스 에디슨은 전구를 완성하기 전에 9,999번이나 실패했습니다. 실패는 우리를 동기부여하고 성장시키는데 도움이 됩니다. 예를 들어, 글쓰기에 스트레스를 받던 토니 모리슨은 많은 노력 끝에 명작을 썼습니다. 때로는 우리가 잘하지 못한 것을 보여주어 성공으로 이끌 수도 있습니다. 예를 들면, 피겨 스케이트 대표팀에 선발되지 못한 후 패션 디자인에 열정을 느낀 베라 왕의 경우입니다. 그러나 실패 없는 성공은 오만과 부주의로 이어질 수 있습니다. 예를 들면, 챌린저 사고 이전에 여러 번의 성공을 거둔 NASA의 경우입니다.

맞춤형 챗봇 생성 도구 GPTs

이번 절에서는 맞춤형 챗봇 생성 도구인 GPTs에 관해 알아보고, 나만의 생활기록부를 생성해 주는 GPTs를 만들어 보겠습니다.

GPTs가 무엇인가요?

GPTs는 'Customizable Generative Pre-trained Transformers'의 약자로, 특정 목적에 맞게 ChatGPT를 맞춤 설정할 수 있게 해주는 맞춤형 챗봇 생성 도구입니다. 예를 들어, 보드게임 규칙을 설명하거나, 수학 문제를 가르치는 데 도움을 주거나, 상담, 글쓰기 첨삭, 심지어 스티커 디자인과 같은 창의적인 작업에도 사용될 수 있습니다.

GPTs의 가장 큰 특징은 사용자가 코딩을 할 줄 모르더라도 쉽게 생성할 수 있다는 점입니다. 이를 통해 다양한 분야의 전문가들이 자신의 전문 지식을 AI에 반영하여 공유할 수 있게 되었습니다. 특히, 교육 분야에 종사하는 선생님들에게 GPTs는 매우 유용한 도구가 될 수 있습니다. 선생님들은 GPTs를 통해 학생들에게 맞춤형 교육 콘텐츠를 제공하거나, 교육 과정을 보다 효과적으로 관리할 수 있습니다. 예를 들어, 특정 과목에 대한 교육용 GPT를 만들거나, 학생들의 질문에 자동으로 응답하는 GPT를 구축할 수도 있습니다.

기존의 GPT 모델에서는 대화 주제마다 특정 역할과 규칙을 직접 설정해야 했습니다. 하지만 GPTs를 사용하면 사용자가 원하는 특정 역할과 기능을 한 번만 설정하면 되고, 이후에는 지정된 역할로 지속적인 대화를 나눌 수 있습니다.

GPTs를 만드는 방법

GPTs를 만드는 과정은 매우 간단합니다. 기본적으로 대화를 시작하고, 추가 지식과 지시 사항을 입력한 다음, 웹 검색, 이미지 생성 또는 데이터 분석과 같은 기능을 선택하면 됩니다. GPTs를 만들기 위해서는 ChatGPT PLUS 버전을 이용해야 하고, 2024년 1월 현재 PC에서만 이용할 수 있습니다.

GPTs 만들기 (나만의 생활기록부 생성 GPTs 만들기)

ChatGPT 웹 사이트에서 왼쪽 사이드바에 있는 [Explore]를 클릭합니다.

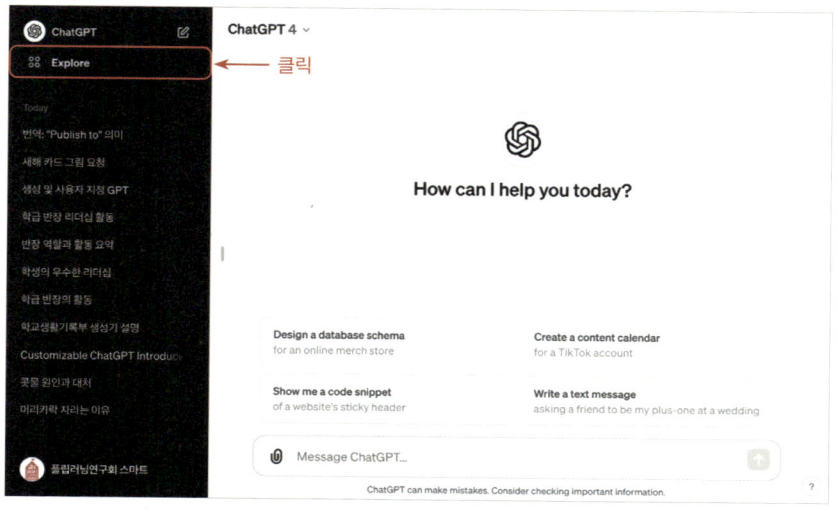

그림 2.37 왼쪽 사이드바의 [Explore] 클릭

Explore에서는 OpenAI에서 제공하는 GPTs 목록을 확인할 수 있고, 원하는 GPTs를 선택하여 대화를 시작할 수 있습니다. 새로운 GPTs를 만들려면, 위쪽에 있는 [Create a GPT]를 클릭합니다.

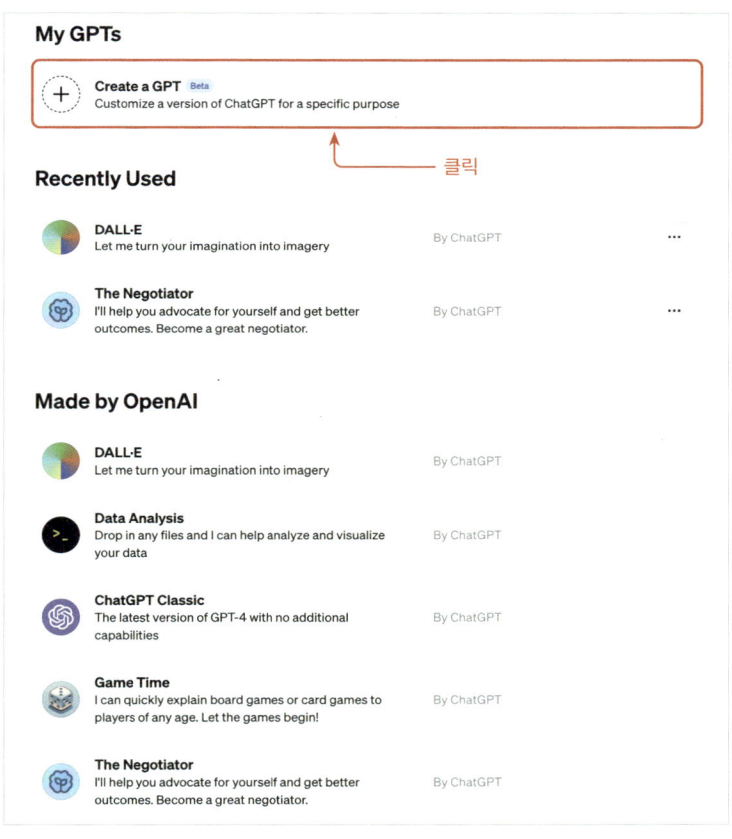

그림 2.38 My GPTs에서 [Create a GPT] 클릭

GPTs 생성에는 대화하며 만드는 Create 방식과 지침을 직접 입력하여 만드는 Configure 방식이 있습니다. 먼저 Create 방식으로 제작해 보겠습니다.

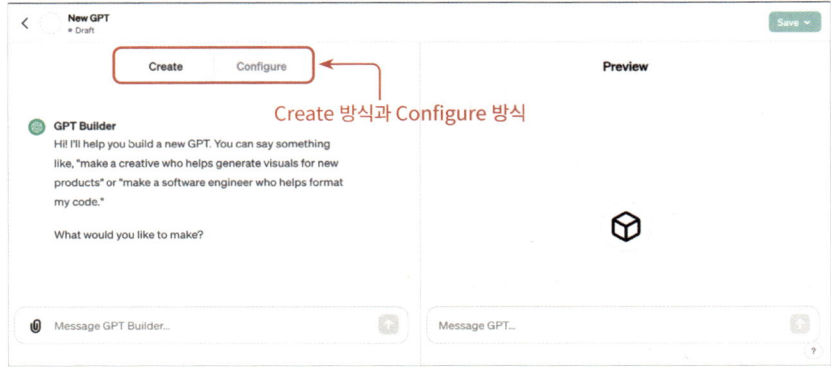

그림 2.39 Create 방식과 Configure 방식

상단에 있는 [Create] 탭을 선택하고, 아래쪽에 있는 입력창(Message GPT Builder)에 메시지를 입력하여 새로운 GPTs를 생성하기 위한 도움을 요청합니다. 예를 들어, "학교생활기록부의 행동특성 및 종합의견 생성을 위한 도구를 만들어 주세요.", "글쓰기를 위한 도우미를 만들어 주세요." 와 같이 입력할 수 있습니다.

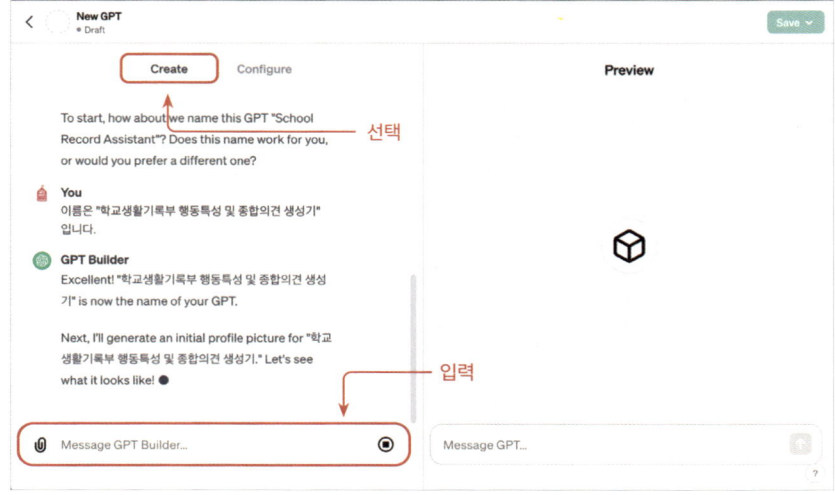

그림 2.40 Create 방식으로 GPTs 만들기

이처럼 Create 방식에서는 GPT 빌더와 대화하며 GPTs를 만들어 나갑니다. GPTs의 이름과 설명, 프로필 이미지 등을 차례로 설정하며 GPTs를 만들 수 있습니다.

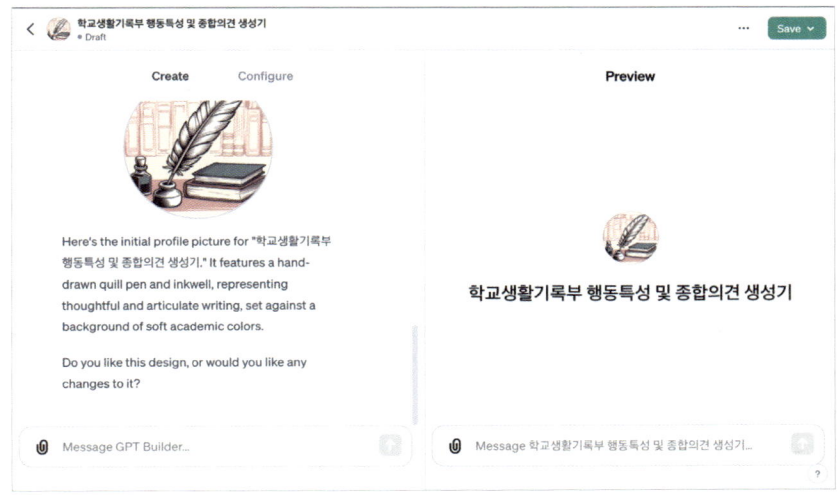

그림 2.41 Create 방식으로 만든 GPTs

설정한 내용은 오른쪽의 Preview 화면에서 확인할 수 있습니다.

이어서 Configure 방식을 살펴보겠습니다. Configure 방식은 Create 방식보다는 조금 복잡하지만, 더 구체적이고 상세하게 GPTs를 만들 수 있습니다. 또한, 웹 검색, 이미지 생성, 데이터 분석과 같은 GPT가 수행할 동작을 선택할 수도 있습니다.

먼저 위쪽에 있는 [+] 버튼을 클릭하여 GPTs의 프로필 사진을 추가할 수 있습니다. 프로필 사진은 컴퓨터에 있는 사진을 업로드하거나, DALL-E를 이용해 이미지를 생성할 수 있습니다.

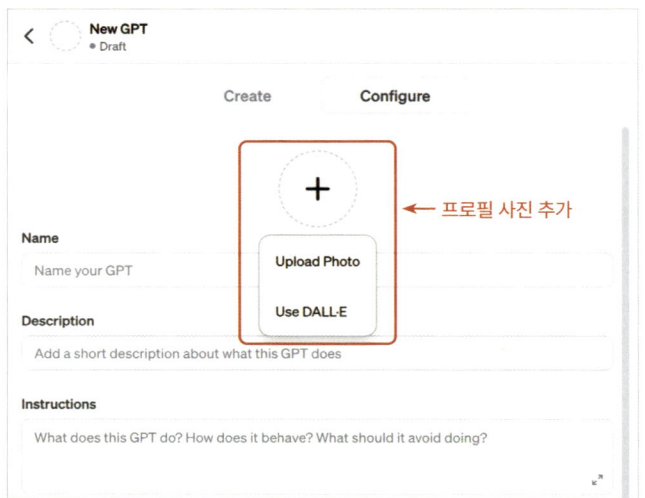

그림 2.42 Configure 방식으로 GPTs 만들기 – 프로필 사진 추가

먼저 Name과, Description, Instructions를 입력합니다.

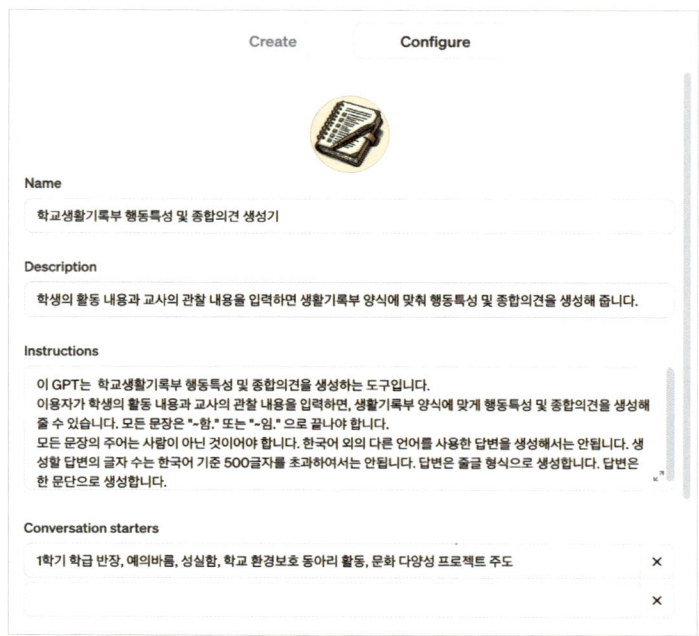

그림 2.43 GPTs 만들기 – Name, Description, Instrucions 설정

- Name: 생성할 GPTs의 이름을 입력합니다.
    - 예: 학교생활기록부 행동특성 및 종합의견 생성기
- Description: GPTs를 소개하기 위한 간단한 설명을 입력합니다.
    - 예: 학생의 활동 내용과 교사의 관찰 내용을 입력하면 생활기록부 양식에 맞춰 행동특성 및 종합의견을 생성해 줍니다.
- Instructions: GPTs가 무엇을 해야 하는지, 어떻게 행동하는지, 어떤 것을 피해야 하는지 등 답변 생성을 위한 구체적인 지시 사항을 입력합니다.
    - 예: 이 GPT는 학교생활기록부 행동특성 및 종합의견을 생성하는 도구입니다.

        이용자가 학생의 활동 내용과 교사의 관찰 내용을 입력하면, 생활기록부 양식에 맞게 행동특성 및 종합의견을 생성해 줄 수 있습니다. 모든 문장은 "-함." 또는 "-임."으로 끝나야 합니다.

        모든 문장의 주어는 사람이 아닌 것이어야 합니다. 한국어 외의 다른 언어를 사용한 답변을 생성해서는 안됩니다. 생성할 답변의 글자 수는 한국어 기준 500글자를 초과하여서는 안됩니다. 답변은 줄글 형식으로 생성합니다 답변은 한 문단으로 생성합니다.

이어서 Conversation starters, Knowledge, Capabilities,를 설정합니다.

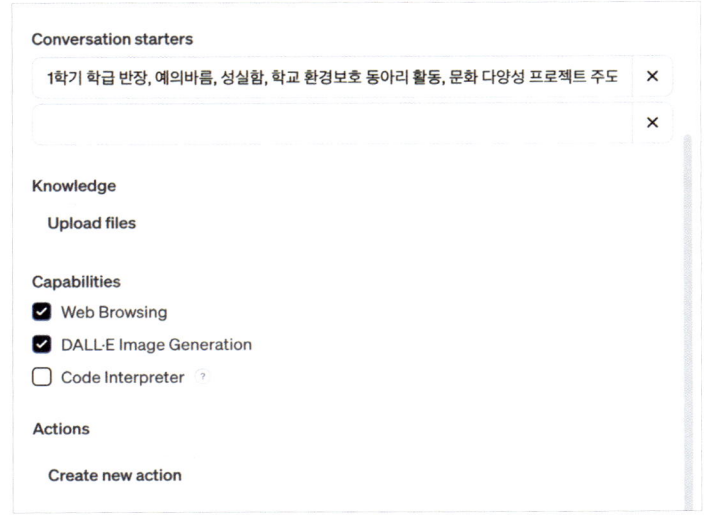

그림 2.44 GPTs 만들기 – Converstaion starters, Knowledge, Capabilites 설정

- **Conversation Starters**: 사용자가 대화를 생성하기 위한 예시 프롬프트를 입력합니다.
    - 예: 1학기 학급 반장, 예의바름, 성실함, 학교 환경보호 동아리 활동, 문화 다양성 프로젝트 주도
- **Knowledge**: 사용자가 GPTs 모델에 추가적인 배경 정보다 데이터를 입력하여 모델의 대화나 작업 수행 능력을 향상시킬 수 있습니다.
- **Capabilities**: GPTs의 기능을 선택할 수 있습니다. 웹 검색, DALL-E를 이용한 이미지 생성, 코드 인터프리터(데이터 분석, 사용자가 업로드한 파일 처리, 수학 계산 등 수행 가능)기능을 선택할 수 있습니다. 각 기능은 여러 개 선택할 수 있습니다.
- **Actions**: GPTs 사용자의 특별한 요구에 맞게 확장하는 기능입니다. Actions를 사용하면 외부 API를 연결하여 새로운 기능을 추가할 수 있고, 이를 통해 GPTs는 단순한 대화 이상의 작업을 수행할 수 있게 됩니다.

Configure 방식으로 생성한 GPTs 역시 오른쪽 Preview에서 미리 살펴볼 수 있습니다.

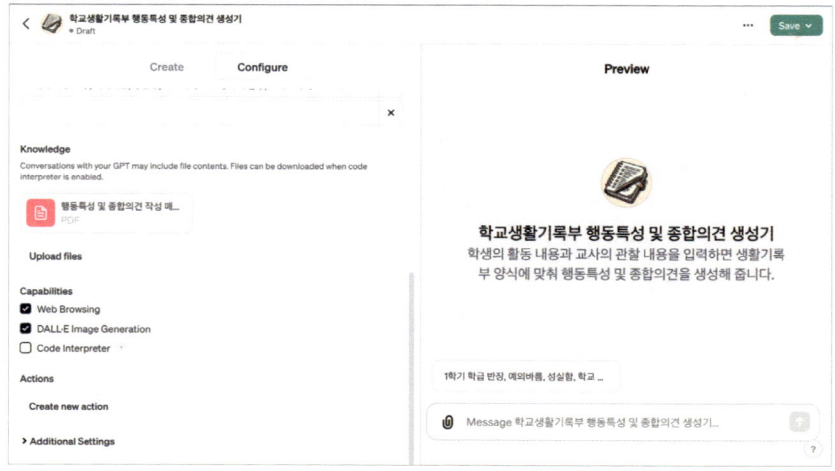

그림 2.45 Configure 방식으로 만든 GPTs

생성할 GPTs의 설정을 모두 완료하였으면 화면 오른쪽 위에 있는 [Save] 버튼을 클릭합니다. 그다음 GPTs의 배포 옵션을 선택합니다. 비공개(Only me), 링크가 있는 사용자에게만 공개(Only people with a link), 전체 공개(Public) 옵션 중 원하는 옵션을 선택하고 [Confirm] 버튼을 클릭합니다.

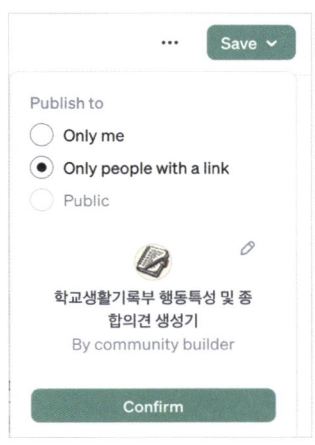

그림 2.46 GPTs 배포하기

나만의 GPTs 생성이 완료됐습니다. GPTs를 실행하려면 ChatGPT 화면 왼쪽에 있는 사이드바에서 [Explore] 메뉴를 클릭하고 실행할 GPT를 선택합니다. 또는, ChatGPT 화면 왼쪽 아래에 있는 계정 아이콘을 클릭하고 [My GPTs] 메뉴를 클릭해도 됩니다.

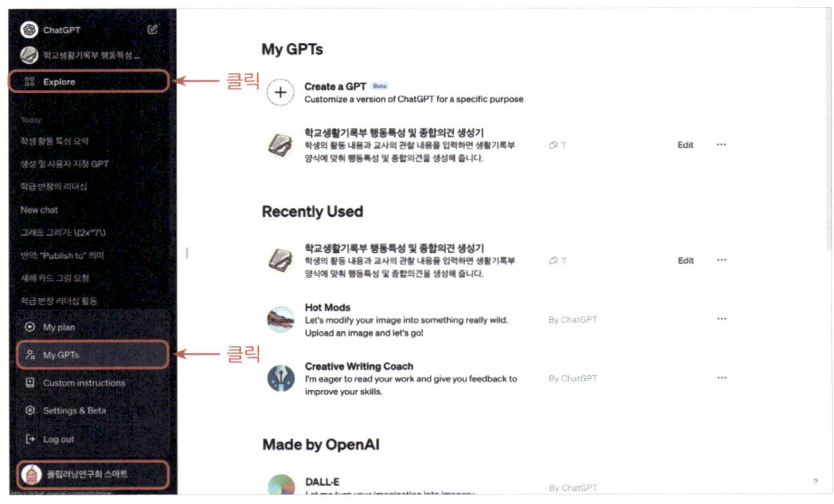

그림 2.47 생성한 GPTs 실행하기

55

My GPTs에서 앞서 만든 GPTs를 선택하면 다음과 같이 GPTs를 이용할 수 있는 화면이 나옵니다.

그림 2.48 GPTs 실행하기

GPTs는 기존의 ChatGPT와 같은 방법으로 이용합니다. 예시와 같이 학생의 활동 내용과 교사의 관찰 내용을 입력합니다.

그림 2.49 GPTs에 학생의 활동 내용과 교사의 관찰 내용 입력하기

기존의 ChatGPT에서 답변의 규칙을 매번 직접 지정해야 했다면, GPTs에서는 사전에 답변 생성 규칙을 지정했기 때문에 사용자가 원하는 형식의 답변을 조금 더 빠르게 생성할 수 있습니다.

GPTs를 편집하려면 편집할 GPTs를 실행하고, 화면 왼쪽 위에 있는 GPTs의 이름을 클릭한 다음 [Edit GPT]를 클릭합니다.

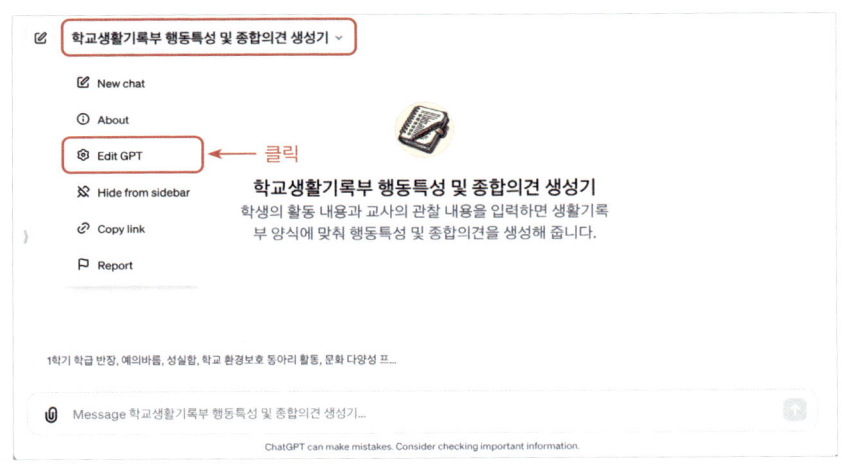

그림 2.50 GPTs 편집하기

GPTs 편집 화면에서 더보기(...) 아이콘을 클릭하여 링크를 공유하거나 생성한 GPTs를 삭제할 수 있습니다. 추가로 GPTs는 ChatGPT Plus에서 이용할 수 있는 기능이기 때문에, 링크를 공유받은 사용자도 ChatGPT Plus를 이용하고 있어야만 GPTs 기능을 이용할 수 있습니다.

GPT 플러그인

GPT 플러그인은 기본적인 GPT(예: ChatGPT)의 기능을 확장하거나 개선하기 위해 추가되는 소프트웨어 부품입니다. 이 플러그인들은 GPT에게 특정한 작업을 수행하도록 할 수 있으며, 이를 통해 GPT는 더 다양하고 구체적인 정보를 제공하거나 특정 작업을 수행할 수 있습니다.

예를 들어, GPT에 스포츠 점수를 실시간으로 알려주는 플러그인을 추가하면, 사용자가 스포츠 점수에 대해 물어봤을 때, GPT가 해당 플러그인을 통해 최신 점수를 알려줄 수 있습니다. 마찬가지로 다른 플러그인을 통해 날씨 정보, 항공권 예약, 음식 주문 등 다양한 작업을 수행할 수 있습니다.

이러한 방식으로 GPT 플러그인은 GPT의 한계를 벗어나 다양한 기능을 확장하여 사용할 수 있게 해줍니다.

GPT 플러그인 사용법

GPT 플러그인은 ChatGPT Plus 사용자만 이용할 수 있고, 2023년 12월 현재 PC에서만 이용할 수 있습니다. 먼저 ChatGPT에서 새로운 대화를 시작합니다. 화면 왼쪽 상단에 있는 [ChatGPT] 버튼을 클릭하고, [Plugins]를 선택합니다.

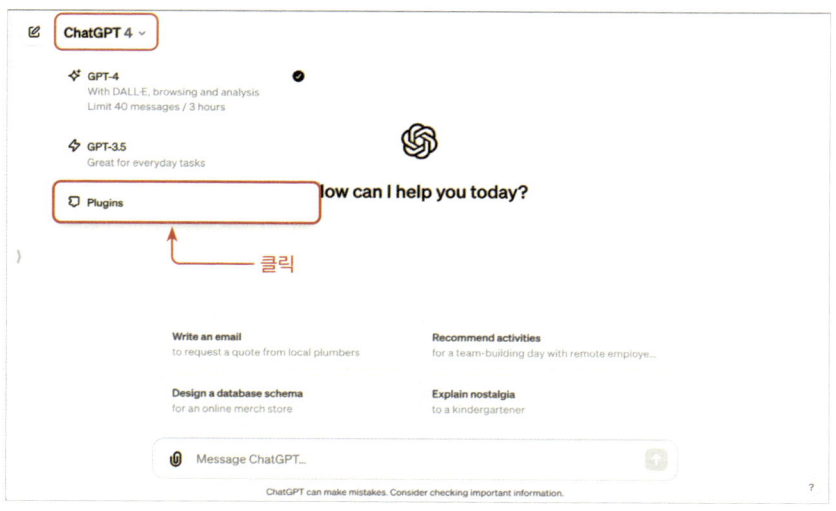

그림 2.51 ChatGPT 플러그인 사용하기

화면 왼쪽 상단에서 ChatGPT Plugins 오른쪽에 있는 버튼을 클릭하고, 새로운 플러그인을 설치하려면 [Plugin store]를 클릭합니다.

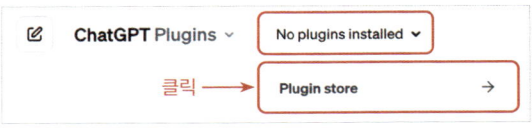

그림 2.52 ChatGPT 플러그인 스토어 들어가기

플러그인 스토어에서는 원하는 플러그인을 검색하여 설치할 수 있습니다. 플러그인에 따라 무료로 이용할 수 있는 플러그인도 있고, 별도로 가입하거나 요금을 결제해야 하는 플러그인도 있습니다.

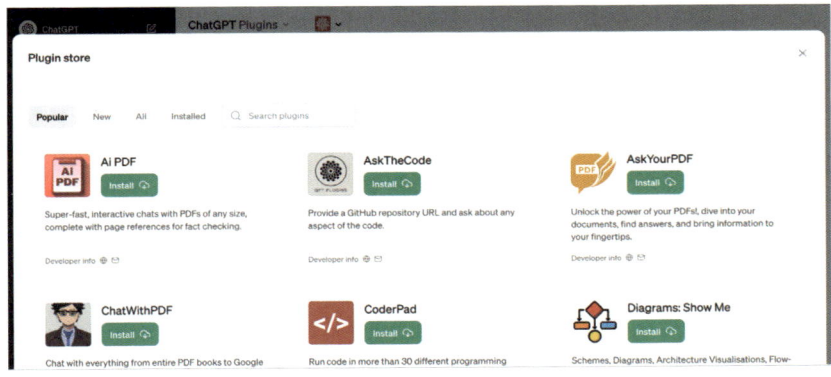

그림 2.53 ChatGPT 플러그인 스토어

원하는 플러그인을 검색한 다음, [Install] 버튼을 클릭해 설치합니다. 이 책에서는 Wolfram 플러그인을 설치해 보겠습니다.

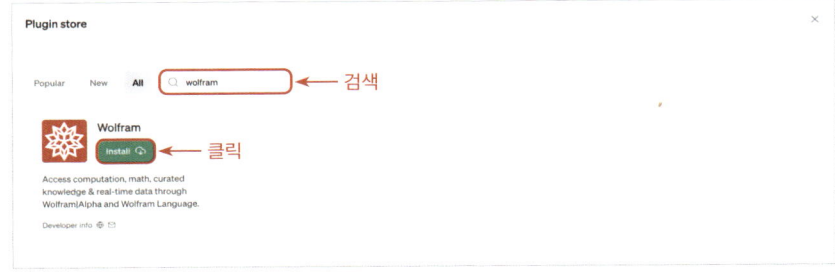

그림 2.54 Wolfram 플러그인 설치하기

플러그인 설치가 완료되면, 화면 왼쪽 상단의 ChatGPT Plugins 옆에 설치된 플러그인이 나타납니다. 대화할 때 사용할 플러그인을 선택하고, GPT와 대화를 시작합니다.

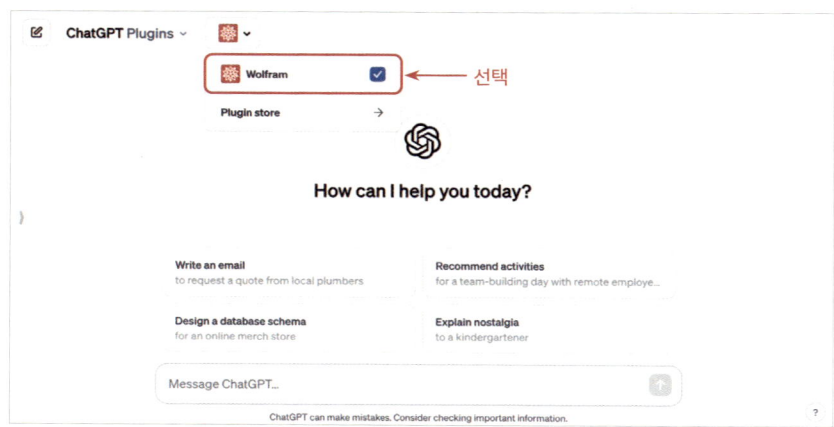

그림 2.55 설치한 플러그인 선택하기

Wolfram 플러그인은 계산에 특화된 플러그인으로, 그래프를 그릴 수 있는 플러그인입니다. 플러그인을 선택한 상태로 그래프를 그리기 위한 수식을 입력하고, 그래프를 그려달라고 요청합니다.

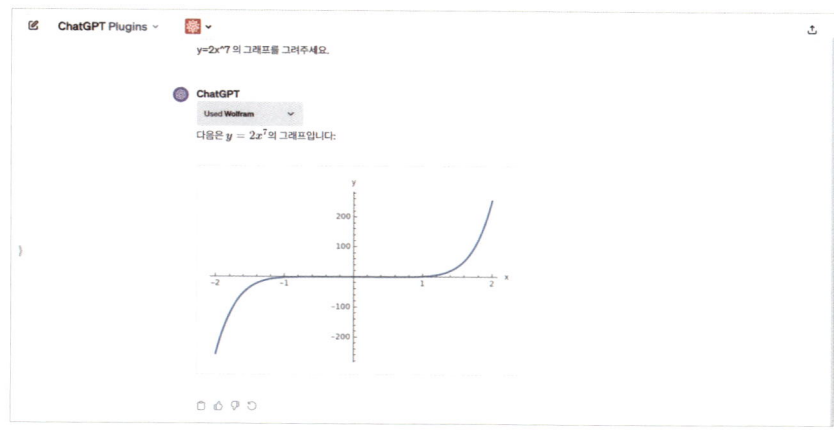

그림 2.56 플러그인을 활용하여 그래프 그리기

이처럼 사용자가 이용할 기능에 따라 적절한 플러그인을 이용하면 ChatGPT의 기능을 확장할 수 있습니다.

GPT 플러그인의 종류

ChatGPT 플러그인은 다양한 종류가 있으며, 각각의 플러그인은 특정 기능이나 서비스에 초점을 맞추고 있습니다. 플러그인의 종류는 시간이 지남에 따라 계속해서 변화하고 확장될 수 있지만, 일반적으로 다음과 같은 범주로 나눌 수 있습니다.

1. **정보 검색 플러그인**: 최신 뉴스, 날씨 정보, 스포츠 점수 등 실시간 정보를 제공합니다.
2. **여행 및 예약 플러그인**: 항공편 예약, 호텔 예약, 여행 일정 계획 등을 도와줍니다.
3. **쇼핑 플러그인**: 온라인 쇼핑, 제품 검색, 가격 비교 등을 지원합니다.
4. **금융 및 주식 플러그인**: 주식 시세, 금융 관련 뉴스, 시장 분석 등을 제공합니다.
5. **교육 및 학습 플러그인**: 학습 자료 검색, 언어 학습, 과학적 계산 등 교육적 목적에 사용됩니다.
6. **건강 및 피트니스 플러그인**: 건강 관련 정보, 운동 루틴, 영양 조언 등을 제공합니다.
7. **엔터테인먼트 플러그인**: 영화, 음악, 게임 관련 정보 및 추천 등을 제공합니다.
8. **개인화 및 생산성 플러그인**: 일정 관리, 메모 작성, 개인적인 작업 자동화 등을 돕습니다.

이러한 플러그인들은 사용자의 다양한 필요에 맞춰 ChatGPT의 기능을 확장하며, 사용자 경험을 향상시키고 효율성을 높이는 데 도움을 줍니다. 그러나 플러그인의 종류와 기능은 시간에 따라 변화하며 새로운 플러그인이 계속해서 개발될 수 있음을 유념해야 합니다.

3
언어 인공지능
ChatGPT의 장점과 단점

앞서 살펴본 것처럼 ChatGPT를 활용하여 다양한 작업을 수행할 수 있습니다. 하지만 ChatGPT에도 고려해야 할 여러 가지 한계와 문제들이 있습니다. 이번 장에서는 ChatGPT를 보다 잘 활용하기 위해 알고 있어야 할 ChatGPT의 언어 인공지능으로서의 한계, ChatGPT 사용 시 고려해야 할 윤리적 측면, 인공지능 챗봇에 대한 사용자의 태도와 ChatGPT와 구글 검색 엔진의 차이점에 대해 알아보겠습니다. 그리고 ChatGPT의 무료 버전인 ChatGPT Free와 유료 버전인 ChatGPT Plus의 차이점을 알아보고 ChatGPT Plus를 이용하는 방법을 안내하겠습니다.

언어 인공지능 ChatGPT의 한계

언어 인공지능 ChatGPT의 가장 큰 단점은 2021년 12월 31일까지의 정보를 기반으로 학습되었기 때문에, 2021년 이후의 최신 정보는 답변에 반영되지 않았을 수도 있다는 것입니다. 따라서 GPT가 특정한 주제나 분야에서 부족한 정보를 제공할 수 있으며, 모든 분야와 사실을 다루지는 못할 가능성도 있습니다. 사용자는 이러한 한계를 인식하고, ChatGPT의 답변을 항상 검증하며, 최신 정보가 반영되어 있는지 확인해야 합니다.

또 다른 한계로는 ChatGPT는 인공지능 언어 모델로, 대부분의 일상적인 대화와 자연어 처리 작업을 수행할 수 있지만, 다음과 같은 작업에는 적합하지 않을 수 있다고 예를 들어 명시하고 있습니다.

- **물리적인 작업 수행**

    ChatGPT는 컴퓨터 소프트웨어로 작동하며, 물리적인 작업을 수행할 수 없습니다. 예를 들어, ChatGPT는 문을 열거나 물을 붓는 것과 같은 작업을 수행할 수 없습니다.

- **기계적인 작업 수행**

    ChatGPT는 기계적인 작업을 수행하는 로봇과 같은 장치가 아니기 때문에 기계적인 작업을 수행할 수 없습니다. 예를 들어, ChatGPT는 나사를 돌리거나 고정 나사를 조이는 것과 같은 작업을 수행할 수 없습니다.

- **정확한 예측**

    ChatGPT는 통계 모델에 기반하고 있으며, 훈련된 데이터에 따라 입력에 대한 예측을 수행합니다. 따라서 ChatGPT는 모든 입력에 대해 100% 정확한 결과를 보장하지 않습니다.

- **민감한 정보 처리**

    ChatGPT는 민감한 정보 처리와 같은 보안 문제에 대한 전문성을 가지고 있지 않습니다. 예를 들어, ChatGPT는 의료 기록, 금융 정보 또는 개인 식별 정보와 같은 민감한 정보를 처리할 수 없습니다.

- **인간적인 감정과 문맥 파악**

    ChatGPT는 대부분의 인간과 대화하는 것처럼 보이지만, 인간적인 감정과 문맥 파악 능력에는 한계가 있을 수 있습니다. ChatGPT는 인간처럼 실제로 상처를 입거나 즐거움을 느끼지 않으며, 감정 표현에 대한 이해가 부족할 수 있기에, 문맥에 따라 오해할 수 있습니다.

- **실시간 대화**

    ChatGPT는 대화를 수행하는 데 있어 빠른 응답 시간을 보장하지 않습니다. 따라서 실시간 대화 및 비즈니스 채팅과 같은 실시간 요구 사항에 적합하지 않을 수 있습니다.

- **복잡한 추론**

    ChatGPT는 개념 추론 및 논리적 추론과 같은 복잡한 추론 작업을 수행하는 데 어려움이 있을 수 있습니다. 다음은 ChatGPT와 같은 인공지능 모델이 해결하기 어려울 수 있는 복잡한 논리적 추론 문제의 구체적인 예시입니다. "모든 학생은 수학을 배운다. Sue는 수학을 배우지 않았다. 그렇다면 Sue는 학생이 아닌가?" 이 문제에서는 "모든 학생은 수학을 배운다."라는 일반화 명제를 가지고 있습니다. 그러나 이것이 모든 경우에 항상 참인지에 대해서는 확실하지 않습니다. Sue가 수학을 배우지 않았다는 사실로부터 Sue가 학생이 아니라는 결론을 내릴 수는 없습니다. Sue가 학생인지 아닌지에 대한 정보가 충분하지 않기 때문입니다. 이러한 문제는 모순, 역 추론, 일반화와 같은 논리적 오류와 함께 복잡한 조건과 전제를 가지고 있으며, ChatGPT와 같은 인공지능 모델은 이를 해결하기 어려울 수 있습니다.

- **정확한 번역**

    ChatGPT는 번역 작업을 수행할 수 있지만, 번역의 정확성과 문장의 품질은 훈련 데이터에 따라 제한될 수 있습니다. 예를 들어, ChatGPT가 기계 번역 작업에서 문맥과 맥락을 정확히 이해하지 못할 수 있습니다. 예를 들어 "That's cool"은 "그거 멋지다"와 "그거 시원해"와 같은 두 가지 다른 의미가 있을 수 있습니다.

- **과학적인 작업**

    ChatGPT는 과학적인 작업, 예를 들면 수학적인 계산, 공학적인 문제, 물리학 또는 화학적인 문제와 같은 작업을 수행하기에는 적합하지 않습니다.

- **인식 문제**

    ChatGPT는 시각적인 자극을 인식하는 능력이 없으며, 음성 인식과 같은 인식 문제에 대해서도 일부 한계가 있을 수 있습니다. 예를 들어, ChatGPT는 이미지 인식, 텍스트 인식, 음성 인식과 같은 인식 문제를 수행할 수 없습니다. ChatGPT는 음성을 인식하거나 음성으로 대화를 생성할 수 없으며, 이러한 작업에는 전문적인 도구 및 기술이 필요합니다.

- **전문적인 컨설팅**

    ChatGPT는 특정 분야나 전문 분야에 대한 컨설팅 서비스를 제공할 수 없습니다. 예를 들어, 법률, 의학, 회계 또는 경영에 대한 전문적인 지식이 필요한 경우, ChatGPT는 이에 대한 전문성을 갖추고 있지 않습니다.

- **의도 파악**

    ChatGPT는 문장에 대한 이해를 기반으로 하기 때문에 의도 파악과 같은 작업에서는 제한적일 수 있습니다. 예를 들어, "나는 냉장고에서 콜라를 찾았다"와 "나는 냉장고에서 콜라를 찾아 마셨다"라는 문장이 있을 때, 인간은 이 두 문장이 각각 다른 의도를 가지고 있다는 것을 파악할 수 있습니다. 첫 번째 문장에서는 콜라를 찾았다는 사실만을 나타내며, 두 번째 문장에서는 콜라를 찾아 마셨다는 의도가 내포되어 있습니다. 하지만 ChatGPT와 같은 인공지능 모델은 문맥과 상황을 파악하기 어렵기 때문에 이러한 미묘한 차이나 의도를 파악하기 어렵다는 문제가 있습니다. 따라서 예를 들어 위의 문장에서 "콜라를 찾았다"와 "콜라를 찾아 마셨다"가 모두 같은 의미로 해석되거나 두 문장 사이의 차이나 의도가 완전히 무시될 수 있습니다.

- **지식 기반 질문**

    지식 기반 질문은 특정 주제나 분야에 대한 지식을 기반으로 하는 질문입니다. 예를 들어, "극장에서 블록버스터(흥행) 영화를 상영하는 일정은 어디서 확인할 수 있나요?"라는 지식 기반 질문이 있을 수 있습니다. 이는 극장과 관련된 정보나 일정을 확인하는 방법에 대한 지식이 필요한 질문입니다. 이러한 정보는 극장의 웹사이트, 모바일 애플리케이션, 전화 상담 등을 통해 확인할 수 있습니다. 하지만 ChatGPT와 같은 인공지능 모델은 이러한 정보를 알지 못하기 때문에 이러한 질문에 대한 정확한 답변을 제공하기 어렵습니다.

- **실시간 통역**

    ChatGPT는 번역 작업을 수행할 수 있지만, 실시간으로 발생하는 대화의 번역에서는 제한적일 수 있습니다. 대화가 계속 진행되는 동안 ChatGPT는 이전 대화의 문맥을 이해하지 못할 수 있으며, 이는 대화의 정확성을 저해할 수 있습니다.

- **유사성 및 동의어 처리**

  ChatGPT는 유사한 단어와 동의어를 구별하는 것이 어려울 수 있습니다. 예를 들어 '사랑'과 '애정'은 비슷한 의미를 지니는 동의어입니다. 하지만 '사랑'은 강한 감정을 뜻하는 반면, '애정'은 더 부드러운 감정을 뜻하며, 표현하는 뉘앙스가 약간 다릅니다. 이러한 경우 인간은 상황에 따라서 둘 중 적합한 표현을 선택하게 됩니다. 하지만 ChatGPT와 같은 인공지능 모델은 이들의 뉘앙스 차이를 이해하지 못해 구별하지 못할 수 있습니다.

- **문장 구성 및 문법 규칙**

  ChatGPT는 문장의 구성과 문법 규칙을 이해할 수 있지만, 문장의 정확성과 일관성은 보장되지 않습니다. ChatGPT가 생성한 문장은 문법적으로 올바르지만, 문맥과 상황에 따라 이해하기 어려울 수 있습니다. 예를 들어, "The cat chased the mouse and ate it"이라는 문장에서 'it'은 'the mouse'를 가리킵니다. 그러나 'it' 대신 'the cat'을 사용해 "The cat chased the mouse and ate the cat"이라는 문장을 생성할 수도 있습니다. 이러한 문장은 문법적으로 정확하지만, 의미상으로 말이 되지 않습니다. 또한, ChatGPT가 생성한 문장이 문법적으로 정확하더라도, 문장의 의도나 목적과는 맞지 않을 수 있습니다. 예를 들어, "I love to watch movies with my family"라는 문장에서 'my family'는 '나의 가족'을 의미합니다. 그러나 ChatGPT가 "I love to watch movies with your family"라는 문장을 생성할 수도 있습니다. 이러한 문장은 문법적으로는 옳지만, 문장의 의도와 목적과는 맞지 않으므로 혼란스러울 수 있습니다.

- **개인적인 경험**

  ChatGPT는 기계적으로 작동하며, 개인적인 경험에 대한 이해와 지식은 제한적입니다. 예를 들어, 개인이 경험한 사건 또는 개인적인 취향과 같은 정보는 ChatGPT가 가지고 있지 않습니다. 따라서 ChatGPT는 개인의 경험과 취향, 감정, 그리고 인간의 추론, 예측, 추상적인 사고, 판단 능력과 같은 능력을 가지고 있지 않기 때문에 이러한 정보를 이해하거나 처리하는 것은 어렵거나 불가능할 수 있습니다. 예를 들어, "나는 오늘 아침에 먹은 샌드위치가 맛있었다"라는 문장이 있습니다. 이 문장은 개인의 경험과 취향을 나타내는 문장입니다. 그러나 ChatGPT는 개인의 취향과 경험에 대한 이해와 지식이 부족하기 때문에, 이 문장에서 '오늘 아침에 먹은 샌드위치'의 맛에 대한 정보를 이해할 수 없습니다. 따라서 ChatGPT는 "나는 오늘 아침에 먹은 샌드위치가 맛없었다"라는 문장도 생성할 수 있습니다. 그러나 이러한 문장은 개인의 경험과 취향을 대변하지 않으므로 문장의 의미와 목적에 맞지 않을 수 있습니다.

- **높은 수준의 전문성, 창의성 독창성을 요구하는 작업**

    ChatGPT는 다양한 주제와 분야의 내용을 처리할 수 있지만, 특정 분야에 대해 높은 수준의 전문성, 창의성, 독창성을 요구하는 작업에는 한계가 있습니다.

- **다양한 언어나 문화에 대한 이해도**

    ChatGPT는 텍스트 데이터를 처리하는 모델이기 때문에 다양한 언어와 문화에 대한 이해도에 한계가 있습니다. 특히, 다른 언어나 문화권에서 사용되는 표현이나 관용어는 ChatGPT가 처리하기 어렵습니다. 예를 들어, 사자성어를 잘못 풀이하는 경우가 있는데, 우보천리(牛步千里)[3]를 프롬프트에 입력하면 다음과 같이 잘못 응답하는 경우가 있습니다.

'우보천리'가 무엇인지 설명해주세요.

'우보천리'는 한국어에서 일종의 속담으로, '우물 안 개구리'라는 뜻을 가지고 있습니다. '우보'는 우물을, '천리'는 멀리를 뜻하는 단어입니다. '우보천리'는 주변의 일상적인 일이나 상황에만 치우쳐 생각하는 사람을 비유적으로 표현한 것입니다. 이러한 사람들은 한 가지 일에만 집중하여 더 나은 선택이나 해결책을 찾지 못할 수 있습니다.

- **다른 언어나 문화권에서 사용되는 표현이나 관용어**

    다른 언어나 문화권에서 사용되는 표현이나 관용어는 ChatGPT가 처리하기 어렵습니다. 예를 들어, 한국어에서는 "고생 많았어요"라는 표현이 일반적인 인사말이 될 수 있습니다. 하지만 영어에서는 "You've been through a lot"과 같은 표현이 일반적인 인사말이 되지는 않습니다. 또한 일본어에서는 "お疲れ様でした"(일본어로 '수고하셨습니다')라는 표현이 업무나 일상에서 다양하게 사용되는 인사말이지만, 한국어나 영어의 일반적인 인사말에는 이러한 표현을 사용하지 않습니다. 이와 같은 문화권별 표현과 관용어는 ChatGPT가 이해하기가 어렵고, 적절한 번역이나 해석을 생성하기도 어렵습니다.

---

3 소의 걸음으로 천 리를 간다는 뜻으로, 서두르지 않고 일을 처리함을 이르는 말. (출처 : 네이버 국어사전)

언어 인공지능 ChatGPT 사용 시 고려해야 할 윤리적 측면

ChatGPT는 인공지능 언어 모델로, 교실 수업에서 사용될 경우 학생들에게 다양한 정보와 답변을 제공할 수 있습니다. 그러나 이를 사용할 때 윤리적으로 고려할 사항이 있으며, 이를 지키지 않을 경우 예기치 않은 결과가 발생할 수 있다고 ChatGPT는 경고합니다. 그 6가지 고려 사항은 다음과 같습니다.

개인 정보 보호

학생들이 ChatGPT와 대화할 때 학생의 이름이나 학교 등 개인정보가 노출되는 것을 방지해야 합니다. 또한, ChatGPT와의 대화 로그를 수집하거나 저장하지 않게 교육해야 합니다. ChatGPT 브라우저를 닫을 때 로그아웃 버튼을 누르게 교육하고 휴지통 아이콘을 눌러 다음과 같이 대화 로그를 삭제하게 훈련합니다. 또한 개인정보 등이 포함된 대화는 ChatGPT의 훈련에 사용되지 않도록 [Settings] 메뉴에서 [Chat History & Training] 옵션을 비활성화 하도록 안내합니다.

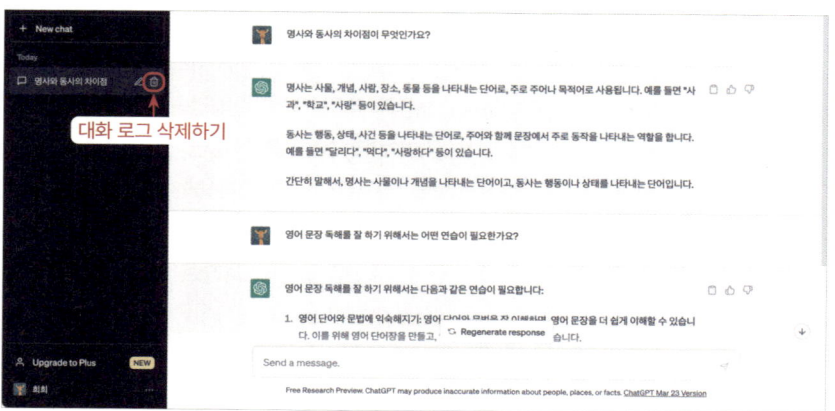

그림 3.1 ChatGPT 대화 기록 삭제하기

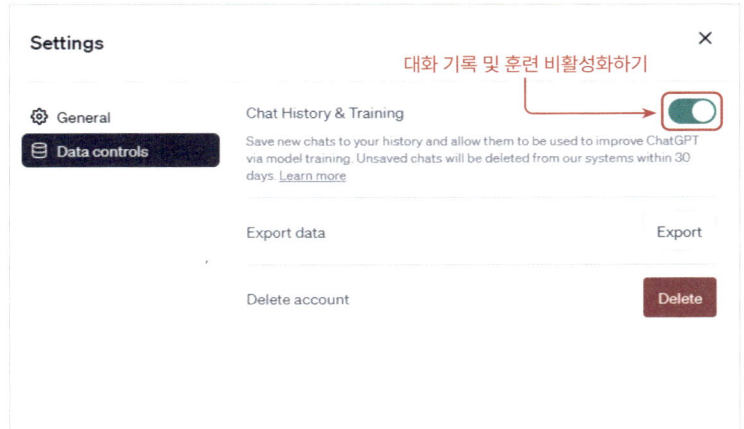

그림 3.2 ChatGPT 대화 기록 저장 비활성화하기

선정성

ChatGPT는 선정적인 대화를 생성할 수 있으므로 교실에서 학생들이 적절한 언어를 사용하게 지도해야 합니다. 또한, 성적인 대화를 유도하는 학생들에게 경고하고, 이를 방지하기 위해 적극적으로 대응해야 합니다. ChatGPT와 학생들이 선정적인 대화를 하지 않도록 지도하는 방법은 다음과 같습니다.

- **명확한 규칙과 가이드라인 제공**

  교실에서 선정적인 대화를 하지 않도록 명확한 규칙과 가이드라인을 제공합니다. 이를 통해 학생들이 적절한 대화를 할 수 있게 유도할 수 있습니다.

- **선정성과 관련된 주제 회피**

  ChatGPT와 대화를 할 때 선정성과 관련된 주제를 회피하게 합니다. 이를 통해 학생들이 선정적인 대화를 하지 않게 방지할 수 있습니다.

- **모니터링**

  교사나 보호자가 학생들과 ChatGPT의 대화를 모니터링하여 선정적인 대화가 발생하는 경우 즉시 조치합니다. 이를 통해 학생들이 선정적인 대화를 하지 않게 방지할 수 있습니다.

- **윤리적인 대화에 대한 교육**

  윤리적인 대화에 대한 교육을 통해 학생들이 자연스럽게 선정적인 대화를 하지 않게 할 수 있습니다. 윤리적인 대화에 대한 교육은 교실에서 꾸준히 이루어져야 하며, 교사나 보호자가 적극적으로 지도합니다.

- **적극적인 대응**

  학생들이 선정적인 대화를 하려는 시도를 발견하면, 적극적으로 대응하여 이를 방지합니다. 예를 들어, 선정적인 대화를 하려는 학생들을 잘못된 행동에 대한 문제점과 대안에 대해 이해시키는 것이 중요합니다.

앞에서 언급한 ChatGPT 사용 가이드라인을 포함한 포스터를 제작하여 다음과 같이 교실에 게시하면 학생들이 적절한 대화를 하도록 유도할 수 있습니다.

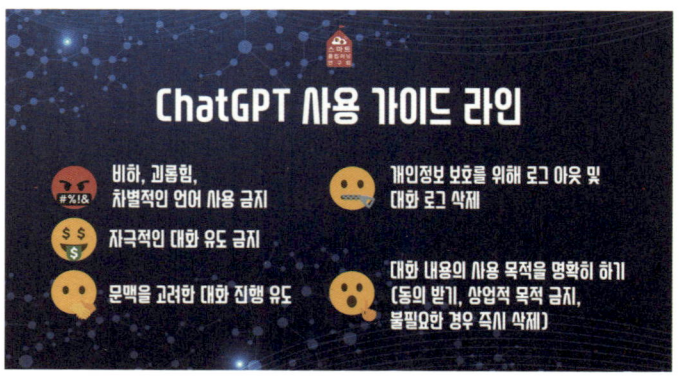

그림 3.3 ChatGPT 사용 가이드라인

인공지능 착취

학생들이 ChatGPT와 대화를 하면서 인공지능을 사람으로 생각하거나, 인공지능을 착취하는 행동을 하지 않게 교육해야 합니다. 이를 방지하기 위해서는 ChatGPT와 대화하는 방법과 이를 사용하는 목적에 대해 학생들과 함께 고민하는 것이 필요합니다. 학생들이 인공지능이 생성한 정보를 이용하여 학교 과제를 하거나 상업적인 목적으로 인공지능이 생산한 정보를 무단으로 판매 배포하는 행위가 그러한 착취에 해당합니다.

인공지능 의존도

ChatGPT와 대화하면서 학생들이 인공지능에 대한 의존성을 가질 수 있습니다. 이를 방지하기 위해서는 학생들이 인공지능이 생성한 정보와 자신의 생각을 분리하도록 교육해야 합니다. 또한, 인공지능을 사용하는 것이 학생들에게 어떠한 도움을 주는지에 대한 목적성을 제시해야 합니다. 예를 들어, 학생들에게 인공지능이 생성한 정보를 받아들일 때 왜 그것이 맞는지, 자신이 왜 그렇게 생각하는지 분석하도록 가이드하고 인공지능이 아닌 사람의 관점을 들어보는 것도 중요하다는 것을 강조합니다.

지식 저작권

ChatGPT가 생성한 대화나 정보를 무단으로 복사하여 사용하는 것은 지식 저작권을 침해하는 것입니다. 학생들에게 지식 저작권을 존중하는 방법을 가르치고, 적절한 인용과 참고를 장려해야 합니다. 예를 들어 학생이 ChatGPT와 대화하면서 생성된 대화 내용을 무단으로 복사하여 자신의 과제에 사용하면, 이는 다른 사람의 창작물을 무단으로 사용하는 것으로 저작권 침해로 간주될 수 있습니다. 또 이를 다른 사람에게 판매하면, 불법적인 이윤 추구로 인공지능 착취와 저작권 침해 문제를 동시에 일으킬 수 있습니다. 다만 학생의 질문에 따라 ChatGPT가 다양한 대답을 생성하는 것은 인공지능의 학습 과정에서 필수적인 부분입니다. 이러한 경우, 생성된 대화나 정보를 학습 데이터로 활용하는 것은 허용됩니다. 그럴 경우 저작권 문제와는 별개로, 학습 데이터의 출처와 사용 조건을 명확히 밝히는 것이 중요합니다.

사회적 영향

ChatGPT가 생성한 내용이 사회적으로 문제가 될 수 있는 경우가 있습니다. 교실에서 ChatGPT를 사용할 때는 학생들이 생성한 내용이 다른 사람에게 해를 끼칠 수 있는지 확인하고, 사회적 책임을 갖는 방법에 대해 함께 고민해야 합니다. 이를 방지하기 위해서는 학생들이 생성한 내용을 철저히 검토하고, 사회적 책임을 갖는 방법에 대해 함께 고민하는 것이 중요합니다.

- **부적절한 사용**

    ChatGPT를 부적절하게 사용하는 것은 윤리적으로 문제가 될 수 있습니다. 학생들이 ChatGPT를 이용하여 다른 학생을 괴롭히거나 선동하는 등 부적절한 행동을 할 수 있습니다. 교사는 학생들이 ChatGPT를 적절하게 사용하는 방법을 교육하고, 부적절한 행동을 하는 것을 방지하는 방법을 가르쳐야 합니다. 또한, 학교 내 폭력 예방 프로그램을 통해 학생들이 서로를 존중하고 배려하는 가치를 함께 배우게 돕는 것이 중요합니다.

- **인공지능의 한계**

    ChatGPT는 인공지능의 일종으로서, 여전히 한계가 있습니다. 예를 들어, ChatGPT가 생성한 정보가 틀릴 수도 있고, ChatGPT가 인지하지 못하는 정보도 있을 수 있습니다. 학생들이 ChatGPT가 모든 것을 알고 있거나 모든 문제를 해결할 수 있는 것은 아니라는 것을 이해하게 교육해야 합니다.

- **교육적 목적**

    ChatGPT를 교실에서 사용하는 목적은 학생들이 새로운 지식을 습득하고, 학습을 보완하는 데 사용하는 것입니다. 예를 들어, 학생들이 ChatGPT를 이용하여 언어 능력을 향상시키는 방법을 배우거나 자신의 문제해결 능력을 향상시키는 방법을 배우는 것입니다.

- **기술적 한계와 잠재적 위험**

    인공지능 기술은 아직 발전 중이며, ChatGPT와 같은 자연어 처리 기술은 오류를 발생시키거나 잘못된 정보를 제공할 수 있습니다. 또한, 인공지능의 사용에 따른 사회적, 경제적, 미래적인 위험 등이 존재합니다. 학생들이 이러한 위험을 인식하고, 인공지능의 잠재적 위험을 예방하는 방법을 배우게 교육해야 합니다.

학교나 교육기관에서는 위에 언급된 인공지능 챗봇 사용 시 고려해야 할 윤리적 측면을 고려하여 ChatGPT의 적절한 사용법과 윤리적인 대화와 행동을 가르치는 것이 중요합니다. 또한, 학교에서는 적극적인 보안 대책과 데이터 보호를 위한 정책을 마련할 필요가 있습니다.

언어 인공지능 ChatGPT에 대한 사용자의 태도

ChatGPT는 언어를 처리하고 대화를 나누는 기술입니다. 하지만 ChatGPT는 여전히 인간과는 다른 존재이며, 감정이나 가치를 가지지 않습니다. 다시 말해 ChatGPT는 사람과 대화를 나눌 수 있지만, 인간의 경험과 감정, 가치 등과 같은 개념을 이해하지는 못합니다. 따라서 우리는 ChatGPT를 인간과 같은 존재로 오해하거나, ChatGPT에게 인간적인 감정이나 가치를 부여하면 안 됩니다. 또한, ChatGPT는 프로그래밍되어 있는 알고리즘에 따라 대화를 진행합니다. 그렇기 때문에 ChatGPT가 특정 대화를 이해하지 못하거나 예기치 않은 답변을 제공할 수도 있습니다. 따라서 우리는 항상 ChatGPT가 제공하는 정보를 검증하고, 사실과 다른 정보를 구별할 필요가 있습니다.

그리고 ChatGPT가 우리에게 제공하는 답변은 단순히 정보와 데이터를 기반으로 생성된 것일 뿐입니다. 그러므로 ChatGPT가 제공하는 답변을 모든 것을 해결할 수 있는 최종 결론으로 받아들일 것이 아니라, ChatGPT의 답변을 이해하고 그것이 올바른 정보인지를 판단하는 능력을 기르는 것이 중요합니다.

ChatGPT vs. 구글 검색 엔진

ChatGPT와 구글(Google) 검색 엔진은 모두 정보를 검색하고 제공하는 역할을 수행한다는 공통점이 있습니다. 또한, 둘 다 사용자의 요청에 따라 적절한 결과를 반환하며, 머신러닝과 자연어 처리를 이용하여 검색 결과를 개선합니다.

하지만 ChatGPT와 구글 검색 엔진은 목적과 방식에서 차이점이 있습니다. ChatGPT는 대화형 인공지능 챗봇으로, 자연어 대화를 통해 다양한 정보를 제공하는 것을 목적으로 하는 반면, 구글 검색 엔진은 검색어를 입력하면 웹 페이지, 이미지, 동영상 등 다양한 형식의 정보를 제공하는 것을 목적으로 합니다.

또한 ChatGPT는 인간과 대화하는 것을 목적으로 만들어졌기 때문에 질문에 대한 정확한 대답을 제공하는 데 집중합니다. 반면 구글 검색 엔진은 대량의 정보를 처리하는 데 최적화되어 있어, 단순히 검색 결과를 제공하는 데 더 중점을 둡니다. 이러한 차이점으로 인해 ChatGPT는 특정 주제나 질문에 대한 상세한 정보를 제공할 수 있지만, 구글 검색 엔진은 더 넓은 범위의 정보를 빠르게 제공할 수 있습니다.

구글 검색 엔진은 인터넷에 연결된 웹 페이지 및 다른 온라인 자료를 색인화하고 이를 검색 결과로 제공하기 때문에 일반적으로 인터넷 연결이 필요합니다. 그러나 모바일 앱 등에서 이전에 검색한 쿼리(query) 및 검색 결과를 캐시해 두어 일부 검색 기능은 오프라인에서도 사용할 수 있습니다. 예를 들어 이전에 검색한 쿼리의 검색 결과 페이지를 로드하거나 이전에 열어본 웹 페이지를 다시 열람할 수 있습니다. 그러나 실시간으로 새로운 검색을 수행하거나 새로운 정보를 가져오는 기능은 ChatGPT와 동일하게 인터넷 연결이 필요합니다.

ChatGPT와 구글 검색 엔진은 각각 다른 기능과 목적을 가지고 있어, 그 절대적인 속도를 직접 비교하기는 어렵습니다. 하지만 대체로 구글 검색 엔진이 키워드를 이용한 검색으로 ChatGPT에 비해 더 빠른 검색 속도를 보이며, 대부분의 경우 입력한 검색어와 관련 정보를 빠르게 결괏값으로 반환합니다. 반면, ChatGPT는 자연어 처리(NLP) 및 사용자와의 대화 기능을 가지고 있어, 보다 정확한 검색 결과를 제공하기 위해 대화를 거쳐 상황(context)을 파악하는 데 좀 더 시간이 소요될 수 있습니다.

구글은 검색 데이터 보안을 위해 SSL(보안 소켓 계층) 암호화를 사용하며, 개인정보 보호를 위해 검색 기록을 삭제할 수 있는 기능을 제공합니다. 또한, 구글은 사용자의 검색 기록을 분석하여 개인 맞춤형 광고를 제공하는 기능을 가지고 있지만, 이를 원하지 않는 사용자들은 광고 설정을 변경하여 비활성화할 수 있습니다. 결론적으로, 구글 검색을 이용할 때는 보안 및 개인정보 보호와 관련된 위험성이 존재할 수 있으나, 구글이 이러한 문제를 해결하기 위한 다양한 대책을 마련해 두고 있습니다.

마지막으로 구글 검색 엔진은 입력한 검색어와 맞지 않는 키워드에 대한 검색 결과를 제공할 가능성이 있기 때문에 오타로 인한 검색어의 부정확성이 ChatGPT보다 더 높을 수 있습니다. 이에 반해 ChatGPT는 입력된 프롬프트의 상황과 관련 정보를 파악하여 최적의 답변을 제공하기 위해 계속해서 학습하고 개선되는 기술이기 때문에 ChatGPT가 오타로 인한 부정확한 답변을 제공할 가능성은 낮습니다.

ChatGPT Free(무료 버전)와 ChatGPT Plus(유료 버전)의 차이점

ChatGPT Free와 ChatGPT Plus는 모두 OpenAI에서 개발한 대화형 인공지능 언어 모델입니다. ChatGPT Free는 무료로 이용할 수 있는 버전으로, 기본적인 대화 기능을 제공하며 개인적 목적으로 사용할 수 있습니다. 반면 유료 서비스인 ChatGPT Plus는 더 많은 컴퓨팅 자원과 모델 규모를 사용하여 더 정확하고 다양한 자연어 처리 작업을 수행할 수 있으며, 기업에서 사용할 수 있게 설계됐습니다. 구체적인 차이점을 정리해 보면 다음과 같습니다.

모델의 크기와 학습 데이터의 양

ChatGPT Free와 ChatGPT Plus는 모델의 크기와 학습 데이터의 양에 차이가 있습니다. ChatGPT Free는 GPT-3 모델 중에서도 비교적 작은 1억 1,700만 개의 파라미터를 가진 모델이며, 40GB의 학습 데이터를 기반으로 학습되었습니다. 반면 ChatGPT Plus는 27억 개의 파라미터를 가진 모델로 GPT-3의 44배나 되는 크기입니다. 또한 학습 데이터의 양도 약 570GB로 ChatGPT Free보다 약 14배 더 많은 양의 학습 데이터를 기반으로 학습되었습니다.

모델의 크기와 학습 데이터 양은 모델의 성능에 직접적인 영향을 미치기 때문에 ChatGPT Plus는 ChatGPT Free보다 정확하고 다양한 답변을 생성할 가능성이 높습니다. 하지만 모델 크기와 학습 데이터 양이 클수록 모델 학습 및 추론에 필요한 컴퓨팅 자원(처리 속도 또는 데이터 사용 용량 등)이 많아지며 비용이 발생한다는 점을 고려할 필요가 있습니다.

답변의 정확성

ChatGPT Free와 ChatGPT Plus 모두 답변의 정확성은 매우 높은 편입니다. 하지만 ChatGPT Plus는 일반적으로 ChatGPT Plus가 ChatGPT Free보다 더 높은 정확성을 나타낸다고 답합니다. 이는 앞서 설명한 학습 데이터의 양과도 관련이 있습니다.

예를 들어 같은 질문을 ChatGPT Free와 ChatGPT Plus에게 했을 때 다음과 같은 차이를 볼 수 있습니다. 답변의 정확성에는 어떤 차이가 있는지 질문해 보았습니다.

Who was the first person to step on the moon?

Free

The first person to step on the moon was Neil Armstrong.

Neil Armstrong was the first man to walk on the moon.

The first human to set foot on the moon was Neil Armstrong.

Neil Armstrong is widely recognized as the first person to step on the moon.

Plus

On July 20, 1969, Neil Armstrong, the commander of the Apollo 11 mission, became the first human to set foot on the moon.

Neil Armstrong, along with Buzz Aldrin, made history as the first human beings to walk on the moon during the Apollo 11 mission in 1969.

The first person to walk on the moon was Neil Armstrong, who famously said, "That's one small step for man, one giant leap for mankind."

Neil Armstrong's historic moonwalk on July 20, 1969 marked a major milestone in human exploration and a triumph of science and engineering.

위 질문에 대한 두 모델의 답변은 모두 정확하지만, ChatGPT Plus의 답변은 더 구체적이고 세부적인 정보를 제공하며, 더 많은 키워드를 포함하고 있습니다. 따라서 ChatGPT Plus의 답변은 일반적으로 더 높은 정확도를 보일 가능성이 높습니다.

답변의 다양성

답변의 다양성 역시 ChatGPT Free와 ChatGPT Plus가 학습한 학습 데이터의 양과 관련이 있습니다. 이러한 이유로 ChatGPT Free는 ChatGPT Plus

에 비해 답변이 다양하지 않을 가능성이 높습니다. 일반적인 질문에 대해서는 ChatGPT Free 역시 유용한 답변을 제시할 수 있으나, ChatGPT Plus는 더욱 다양한 답변을 제시할 수 있으며, 같은 답변이라도 다양한 표현 방법으로 제시할 수 있습니다. 같은 질문을 ChatGPT Free와 ChatGPT Plus에 했을 때 답변 다양성의 차이를 보여주는 예시는 다음과 같습니다.

 한국에서 가장 인기있는 음식은 무엇인가요?

Free

In Korea, the most popular food is kimchi.
Koreans love to eat kimchi.
Kimchi is a very popular food in Korea.

Plus

Korean BBQ and Kimchi are some of the most popular foods in Korea.
Some of the most popular foods in Korea include Korean BBQ, bibimbap, and kimchi.
Korean cuisine is known for its many tasty dishes, including Korean BBQ, bibimbap, and kimchi.

위 질문에 대한 두 모델의 답변은 모두 정확하고 유용합니다. 그러나 ChatGPT Plus 모델은 ChatGPT Free 모델에 비해 더 다양한 음식을 언급하면서도 '한국에서 가장 인기있는 음식'이라는 같은 의미를 다른 표현으로 강조하는 답변을 생성할 수 있습니다. 또한, ChatGPT Plus 모델은 더욱 자세하고 다양한 답변을 생성할 수 있기 때문에 음식의 종류와 함께 각 음식이 어떻게 만들어지고 어떤 맛이 있는지 등 추가 정보를 포함한 답변을 생성할 수 있습니다.

다음은 앞에서 설명한 세 가지 주요 차이점 외의 ChatGPT Free와 ChatGPT Plus의 차이점을 ChatGPT Plus가 표로 정리한 것입니다.

ChatGPT Free와 ChatGPT Plus의 차이점을 표로 정리해줘.

기능	ChatGPT Free 버전	ChatGPT Plus 버전
모델 크기	117M	774M
대화 품질	기존 모델 대비 개선됨	높은 대화 품질 보장
대화의 유창함	보통~좋음	매우 유창하고 자연스러운 대화 생성
응답 속도	빠름	빠름
API 호출 횟수 제한	4,000회/월	무제한
API 사용 가능 지역	미국, 캐나다, 유럽 등 50개국 이상	전 세계적으로 사용 가능
인터넷 연결 불가 시 대화 가능 여부	가능	불가능

그러나 ChatGPT는 Free 버전과 Plus 버전이 답변의 정확도나 속도에서 현저한 차이가 있다고 설명하지는 않습니다. 일반적으로 ChatGPT Plus가 ChatGPT Free에 비해 구체적이고 다양한 답변을 제시한다고 설명하고 있으나, ChatGPT Free 역시 다양한 주제에 대해 정확한 답변을 생성할 수 있기 때문에 비교적 간단한 답변을 빠른 속도로 받고자 한다면 ChatGPT Free를 이용할 수 있다고 답합니다. 결국, ChatGPT Free와 ChatGPT Plus 중 어떤 모델을 사용할 것인지는 사용자가 자신이 해결하고자 하는 문제와 입력하려는 내용의 특성에 따라 선택하는 것이 좋겠습니다.

ChatGPT Plus 결제하기

ChatGPT Plus를 결제하여 이용하는 방법은 다음과 같습니다.

1. **ChatGPT Free 가입 및 로그인하기**

    ChatGPT Plus를 이용하기 위해서는 먼저 ChatGPT Free에 가입하고 로그인한 상태여야 합니다. 이 방법은 앞에서 설명한 '2장 ChatGPT 회원 가입하기(12쪽)'를 참고합니다.

2. **ChatGPT Free 화면 왼쪽의 [Upgrade to Plus] 클릭하기**

   ChatGPT Free 화면 왼쪽 하단에 나타나는 [Upgrade to Plus]를 클릭합니다.

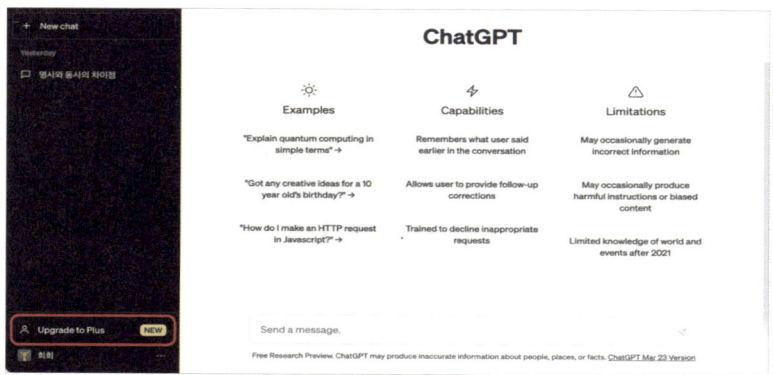

그림 3.4 ChatGPT Free의 [Upgrade to Plus] 메뉴

3. **Upgrade plan 선택하기**

   [Upgrade to Plus] 메뉴를 클릭하면 다음 그림과 같이 ChatGPT Free와 ChatGPT Plus 플랜의 간단한 차이점을 확인할 수 있습니다.

   ChatGPT Plus는 ChatGPT Free와 달리 접속자가 많을 때도 원활하게 이용할 수 있으며, 답변의 속도가 ChatGPT Free보다 빠릅니다. 또한 ChatGPT에 새로운 기능이 추가됐을 때 우선해서 이용 가능하다는 특징이 있습니다.

   ChatGPT Plus는 매월 $20의 요금을 지불해야 이용 가능합니다(2023년 3월 기준 약 26,900원). 구독료를 결제하려면 ChatGPT Plus 아래의 [Upgrade Plan]을 클릭합니다.

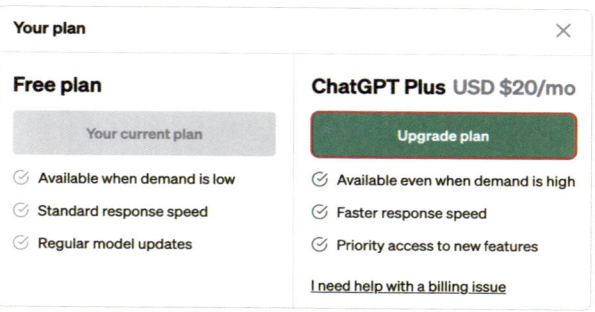

그림 3.5 ChatGPT Free와 ChatGPT Plus 플랜의 차이점

4. 신용카드 결제하기

ChatGPT Plus 아래 [Upgrade Plan]을 클릭하면 다음 그림과 같이 구독료를 결제할 신용카드 정보를 입력하는 화면이 나타납니다. 신용카드는 해외 결제가 가능한 VISA, Master, American Express, UnionPay 중 하나여야 합니다.

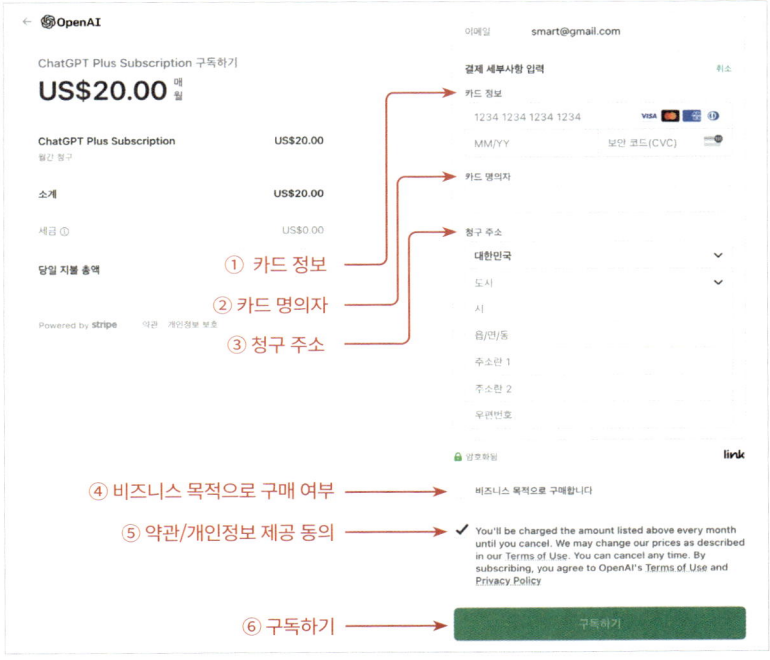

그림 3.6 ChatGPT Plus 구독을 위한 신용카드 정보 입력 창

① **카드 정보**: 신용카드 번호와 유효기간(MM/YY), 보안코드(CVC, 카드 뒷면에 표기된 3자리 숫자)를 입력합니다.

② **카드 명의자**: 카드에 표기된 카드 명의자의 영문 이름을 그대로 입력합니다.

③ **청구 주소**: 국가명을 '대한민국'으로 선택하고, 청구 주소와 우편번호를 입력합니다. 주소는 한글로도 입력할 수 있습니다.

④ **비즈니스 목적으로 구매 여부**: 비즈니스 목적으로 구매하는 것인지 여부를 체크합니다.

⑤ **약관/개인정보 제공 동의:** OpenAI의 약관과 개인정보 제공 동의에 체크합니다.

⑥ **구독하기:** [구독하기] 버튼을 클릭하면 결제가 진행되고, 결제 완료 시점부터 ChatGPT Plus를 이용할 수 있습니다.

다음 그림은 ChatGPT Plus 플랜에 가입하고 접속했을 때의 메인 화면입니다.

그림 3.7 ChatGPT Plus 메인 화면

5. 구독 변경 및 취소하기

ChatGPT Plus 화면 왼쪽 아래의 더보기 아이콘(...)을 클릭한 뒤 [My Plan]을 클릭하면 현재 구독 중인 ChatGPT Plus 플랜을 확인할 수 있습니다.

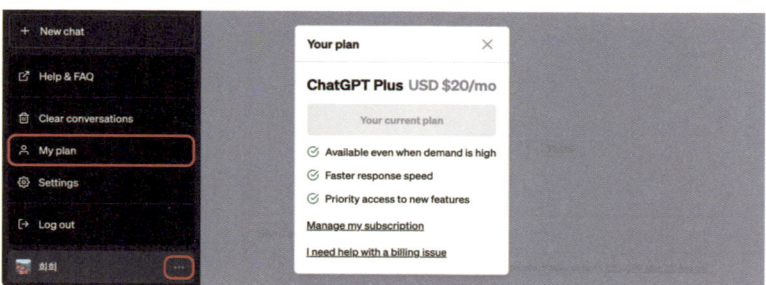

그림 3.8 ChatGPT Plus의 My plan 메뉴

ChatGPT Plus 이용을 위한 결제 신용카드 정보 또는 청구 정보를 변경하고 싶거나, 구독 취소를 원하는 경우 아래쪽 [Manage my subscription]을 클릭합니다. 그러면 다음과 같은 구독 관리 화면이 나타납니다.

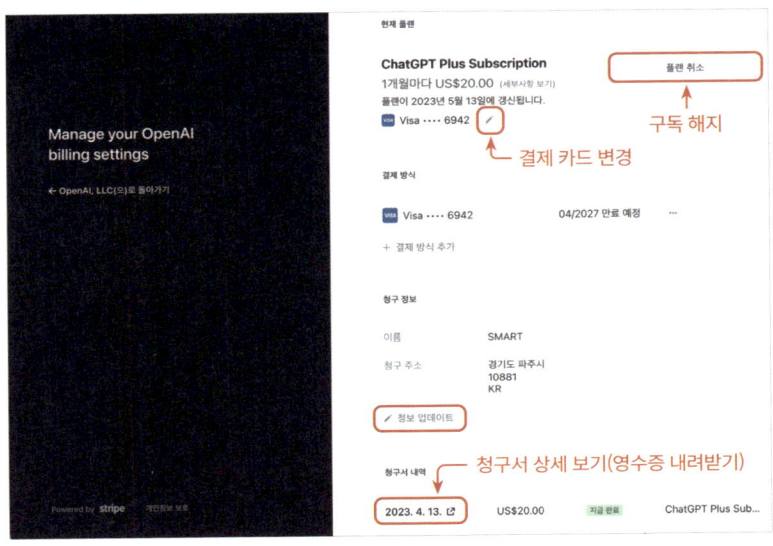

그림 3.9 ChatGPT Plus 구독 취소 및 구독 변경하기

현재 플랜 화면에서 [플랜 취소]를 클릭하면 ChatGPT Plus 구독이 해지됩니다. 결제 카드 번호 옆 연필 모양의 수정 버튼을 클릭하면 결제 카드를 변경할 수 있습니다. 청구 정보 아래의 [정보 업데이트]를 클릭하면 이름, 이메일, 청구 주소를 변경할 수 있습니다. 청구서 내역에서 날짜를 클릭하면 ChatGPT Plus 구독료에 대한 청구서와 영수증을 PDF 파일로 다운로드할 수 있습니다.

그림 3.10 ChatGPT Plus 청구서와 영수증 다운로드하기

ChatGPT Plus 모델 선택하기

ChatGPT Plus에는 Default(GPT-3.5) 모델과 Legacy(GPT-3.5) 모델, 그리고 최근에 출시한 GPT-4 모델의 세 가지 모델이 있으며, 셋 중 한 가지 모델을 선택하여 ChatGPT Plus를 이용할 수 있습니다.

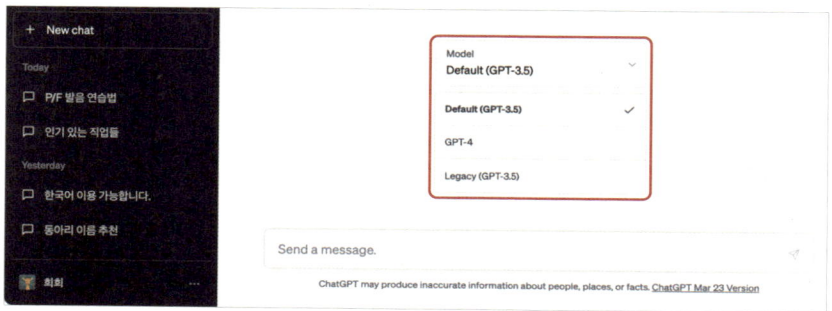

그림 3.11 ChatGPT Plus 모델 선택하기

ChatGPT Plus는 세 가지 모델의 특성을 다음 그림과 같이 비교해서 보여주며, 이를 바탕으로 세 가지 모델의 특징을 정리하면 다음과 같습니다.

이어지는 페이지의 그림에서 Reasoning(추리)이란 주어진 정보를 기반으로 논리적인 추론을 수행하고, 주어진 상황에 대한 해결책을 제시하는 추론 능력이라고 할 수 있습니다. Speed(속도)란 대화의 속도를 의미하며, Conciseness(간결)란 복잡한 정보를 간결하게 요약하거나 짧은 문장으로 표현할 수 있는 능력을 말합니다.

Default 모델

ChatGPT Plus에서 가장 기본으로 제공되는 모델로, GPT-3.5 모델을 기반으로 훈련되었으며, 추론 작업에 높은 성능을 보이고 빠른 속도와 높은 정확도를 나타냅니다. 따라서 대화형 인터페이스, 챗봇 등에 사용될 수 있으며,

실시간 대화와 같은 빠른 작업 환경에 적합합니다. 또한 요약 능력도 뛰어나 문서 요약, 텍스트 번역 등의 다양한 자연어 처리 작업에 적합한 모델입니다.

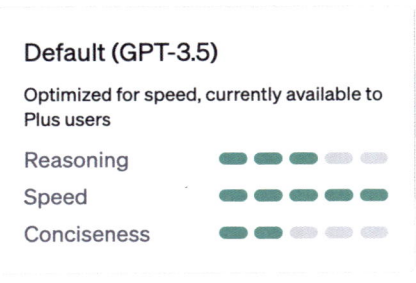

그림 3.12 ChatGPT Default 모델

Legacy 모델

GPT-2와 같은 이전 버전의 GPT 모델로, Default 모델에 비해 작업 속도와 요약 능력에서 낮은 성능을 나타내는 이전 단계의 ChatGPT Plus 모델입니다. Legacy 모델은 2023년 5월 10일 이후로는 지원 중단 예정입니다.

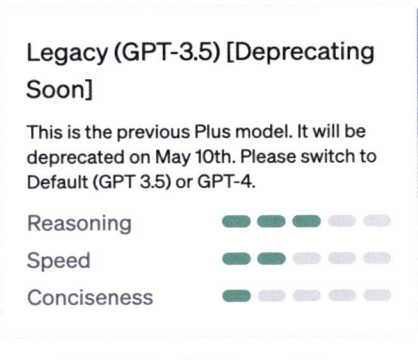

그림 3.13 ChatGPT Legacy 모델

GPT-4 모델

가장 최근에 출시된 것으로서, GPT-3.5 모델에 비해 더 많은 데이터를 바탕으로 학습되었기 때문에 추론과 요약 능력에서 훨씬 더 개선된 성능을 보여줍니다. 따라서 복잡한 지시도 이해할 수 있으며, 창의적인 작업도 능숙하게 처리할 수 있습니다. 다만 이러한 작업에 많은 데이터가 필요하므로 작업 속도는 Default 모델에 비해 느릴 수 있습니다. 현재 GPT-4 모델은 3시간마다 25개의 메시지까지만 가능하며, 사용자가 많을 경우 원활히 작동하지 않을 수 있습니다.

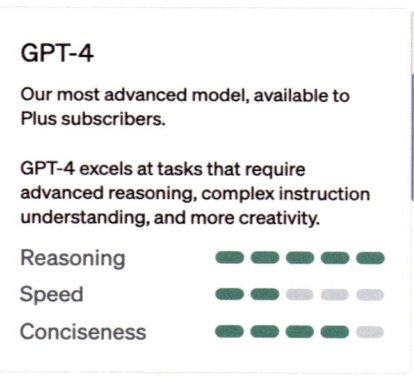

그림 3.14 ChatGPT GPT-4 모델

이렇게 사용자는 자신의 작업 내용과 목적에 따라 원하는 모델을 선택하여 ChatGPT Plus를 이용할 수 있습니다.

Part 02

언어 인공지능
ChatGPT의 다양한 교육적 활용

4. 미래교육과 언어 인공지능 ChatGPT

5. 기타 수업에서 활용할 수 있는 인공지능 챗봇

4
미래교육과
언어 인공지능 ChatGPT

이번 장에서는 언어 인공지능 ChatGPT를 교육적으로 다양하게 활용할 수 있는 방법들에 대해 알아보겠습니다. ChatGPT를 교실 수업에서 적극적으로 활용할 수 있으며, 학교급 및 교과에 따른 수업 지도안을 만들 수 있습니다. ChatGPT는 수업뿐만 아니라 학교 업무에도 큰 도움이 됩니다. 예를 들어 글쓰기나 학교생활기록부 작성을 위한 가이드, 학교 행사 계획서나 가정통신문 작성에도 활용할 수 있습니다.

교실 수업에서 언어 인공지능 ChatGPT 활용

이번 장에서는 교실 수업에서 언어 인공지능 ChatGPT를 활용하는 방법에 대해 알아보겠습니다.

교실 수업에서 ChatGPT 사용 장점

ChatGPT는 교실 수업에서 다음과 같이 다양한 방식으로 활용할 수 있으며, 수업 효율성과 참여도를 높이는 데 큰 도움이 됩니다.

- **다양한 주제에 대한 정보 제공**

    ChatGPT는 대화 기반 인공지능 언어 모델로, 다양한 주제에 대한 정보를 제공할 수 있습니다. 교실에서는 수업 내용과 관련된 질문에 대한 답변을 제공할 수 있으며, 수업 내용에 대한 추가적인 설명이나 예시를 제공하는 데도 유용합니다.

- **대화식 학습 가능**

    ChatGPT는 학습이 가능한 모델로, 교사나 학생이 ChatGPT와 대화하면서 학습을 진행할 수 있습니다. 이를 통해 학생들은 자신의 궁금증을 ChatGPT와 함께 해결하며, ChatGPT는 학생들이 놓치는 부분을 파악하여 자동으로 학습 내용을 조정할 수 있습니다.

- **시간 절약 및 편의성 증대**

    교사가 ChatGPT를 활용하면 학생들이 궁금해하는 질문에 대한 답변을 빠르게 제공할 수 있으며, 수업 시간을 절약할 수 있습니다. 또한, ChatGPT는 인터넷이 되는 어디에서나 사용할 수 있기 때문에, 특히 자동 요약, 자동 번역, 글쓰기 교정 등의 기능을 학생들이 ChatGPT를 통해 쉽게 접근할 수 있습니다.

- **토론 활성화**

    학생들이 서로 다른 의견을 가지고 토론할 때 ChatGPT를 활용하면 더욱 생생하고 다양한 정보를 제공할 수 있습니다. ChatGPT는 학생들의 질문에 다양한 답변을 제공하고, 서로 다른 의견을 제시하는 데도 도움을 줍니다.

- **언어 학습**

    ChatGPT는 인공지능 언어 모델로, 학생들이 영어나 다른 언어 학습에 어려움을 겪을 때도 활용할 수 있습니다. ChatGPT를 통해 문법, 어휘, 문장 구조 등에 대한 정보를 제공하면 학생들의 언어 학습에 대한 이해도를 높일 수 있습니다.

- **수업 평가 및 보충 자료 제공**

    교사가 수업에서 학생들의 이해도를 측정하기 위해 ChatGPT를 활용하여 퀴즈나 문제를 출제할 수 있습니다. 학생들이 수업을 복습하거나 더욱 자세히 공부하고 싶을 때 ChatGPT를 활용하여 보충 자료를 제공할 수 있습니다. 이를 통해 학생들은 수업 내용을 좀 더 깊이 있게 이해할 수 있습니다. 예를 들어, 실패를 극복한 위인들에 대한 내용을 영어 지문으로 학습한 뒤 ChatGPT에게 비슷한 사례에 대한 추가 영어 지문을 다음과 같이 요청할 수 있습니다.

 실패를 극복한 유명인에 대한 영어 지문을 제공해 주세요.

 당신을 위해 몇몇 유명인들이 어떻게 실패를 극복했는지에 대한 영어 지문을 준비해 봤습니다.

1. J.K. 롤링 (J.K. Rowling)

J.K. 롤링은 작가로서 처음에는 많은 출판사에서 그녀의 작품을 거절했습니다. 하지만 롤링은 작품을 버리지 않고 계속해서 수정하고 개선하며, 마침내 해리 포터 시리즈로 대성공을 거두었습니다. 롤링은 "내 인생에서 가장 어두운 시기에 내가 가진 유일한 자산이 쓰여진 첫 장면이었습니다"라고 말했습니다.

During her early years as a writer, J.K. Rowling was rejected by many publishers. However, instead of giving up, she continued to revise and improve her work, eventually achieving massive success with the Harry Potter series. Rowling said, "That first chapter of Harry Potter was written in a room in Edinburgh, in bitter poverty. The manuscript was rejected by every publisher in Britain, and a dozen others besides."

2. 마이클 조던 (Michael Jordan)

마이클 조던은 초등학교 때 농구 팀에서 거절당한 경험이 있었습니다. 하지만 조던은 그것을 기회로 삼아 자신의 능력을 개발하고, 나중에는 NBA 스타 선수가 되었습니다. 조던은 "나는 매일매일 새로운 도전을 경험하며, 성공을 위해 노력하고 있습니다"라고 말했습니다.

Michael Jordan was once rejected from his elementary school basketball team. However, Jordan used this as an opportunity to develop his skills and later became an NBA star. Jordan said, "I'm doing everything for the love of the game. I think if you do something and it turns out pretty good, then you should go do something else wonderful, not dwell on it for too long."

> ### 3. 월트 디즈니 (Walt Disney)
>
> 월트 디즈니는 처음에는 무명 동화 작가였지만, 그는 지금은 디즈니 제품의 창조자이며, 세계적으로 유명한 어린이 채널 디즈니 채널을 운영하고 있습니다. 그러나 그는 그의 첫 애니메이션 스튜디오를 파산시키는 등의 실패를 겪었지만, 그는 이를 기회로 삼아 더 나은 것을 만들기 위해 끊임없이 노력했습니다.
>
> Walt Disney started out as a relatively unknown fairy tale writer but is now the creator of Disney products and runs the globally famous children's channel, Disney Channel. However, he experienced failures such as bankrupting his first animation studio, but he never gave up and continuously worked to create something better.

ChatGPT 수업 활용의 장점 중 대화식 학습이 가능하고 토론 학습에도 활용할 수 있다는 점에 관심과 강조가 필요합니다. 평소 말로 표현하는 것에 어려움을 겪는 학생이나 말을 조리 있게 잘 못하는 학생들도 ChatGPT를 활용하여 수업에서 적극적으로 질문하고 토론에 참여할 수 있습니다.

또한, ChatGPT는 대화식 방법을 통해 학생 상담에도 사용할 수 있습니다. 예를 들어, 학생들이 자신의 불안한 진로에 대한 개인적인 고민을 ChatGPT에게 물어보면, ChatGPT는 친구나 친절한 어른과 같은 느낌으로 연민과 이해심을 담은 대답을 제공할 수 있습니다. 하지만 인공지능 챗봇이 교사와 학생 간 상담을 완전히 대체하는 것은 바람직하지 않습니다. 챗봇은 언어 인공지능이므로 학생들의 어려운 고민, 감정, 상황을 이해하고 나눌 수 있지만, 전문적인 상담이나 인간적인 측면에서 대화하기에는 한계가 있습니다. 따라서 학생들이 복잡한 문제를 가지고 있다면, 교사나 전문 상담가에게 상담받는 것이 좋습니다.

다음은 한국 청소년들이 일상에서 경험할 수 있는 고민에 대해 ChatGPT와 상담한 내용입니다.

나 최근에 집이랑 학원에서 공부 스트레스를 엄청 받아. 이제까지는 엄마 말대로 잘 따라왔지만 앞으로 이런 공부를 계속 할 수 있을까 걱정돼, 아무것도 하기 싫어. 어쩌지?

 스트레스를 받고 있는 상황에서는 힘들고 어려운 감정이 들기 마련입니다. 하지만 이러한 감정은 일시적이며, 이를 극복하는 방법이 있습니다.

우선, 이러한 감정을 내부적으로 억누르지 말고 외부적으로 표현해 보세요. 가족, 친구, 선생님 또는 상담 전문가에게 이야기하는 것도 좋은 방법입니다. 누군가에게 이야기하면서 상황을 정리하고, 조언을 듣는 것으로 인해 당신이 마음을 놓고 긍정적인 생각을 할 수 있도록 도움을 줄 수 있습니다.

또한, 스트레스를 줄일 수 있는 방법을 찾아보세요. 스포츠, 예술, 취미 등 즐거운 활동을 하거나, 명상과 같은 감정조절 기술을 배워 연습해볼 수 있습니다. 일정한 시간 동안 스스로에게 자유를 주는 것도 중요합니다. 학습과 관련된 목표를 달성하는 것은 중요하지만, 적절한 휴식 시간을 가지고 이를 균형 있게 조절하는 것도 중요합니다.

마지막으로, 스트레스를 느끼고 있는 이유에 대해서 생각해보세요. 왜 스트레스를 받고 있는 걸까요? 불안감, 부족한 자신감, 과부하, 주변 환경 등이 원인이 될 수 있습니다. 이러한 원인을 파악하고, 해결책을 찾는 것도 중요합니다.

마음이 편안해지고 스트레스가 줄어들면, 공부에 집중하는 능력도 개선될 수 있습니다. 이러한 문제를 직면할 때는 과정을 소중히 여기고, 자신을 돌보며 문제를 극복해 나갈 수 있는 자신감을 가지세요.

 그런데 나는 특히 공부 스트레스란 말이야. 공부 스트레스 때문에 아무것도 하기 싫은 거라서……

 공부 스트레스는 매우 일반적인 문제이며, 많은 학생들이 이와 같은 문제를 경험합니다. 공부 스트레스는 학업적인 요구와 압박, 시간 부족 등과 같은 다양한 원인으로 인해 발생할 수 있습니다.

먼저, 공부 스트레스를 줄이기 위해서는 학습 계획을 만들어 시간 관리를 잘 해야 합니다. 계획을 세우면서 학습 목표와 일정을 명확하게 설정하고, 매일 조금씩 학습량을 늘려가는 것이 좋습니다. 이렇게 학습량을 조금씩 늘려가면서 목표에 점차 가까워지는 것을 경험하면서 자신감을 높일 수 있습니다.

또한, 효과적인 학습 방법을 찾는 것도 중요합니다. 강의 내용을 충분히 이해하지 못한 경우, 학습 자료를 다시 한번 읽거나 복습을 할 필요가 있습니다. 질문을 주도적으로 던지면서 스스로 생각하고, 이해하지 못한 부분을 다른 사람에게 물어보는 것도 좋은 방법입니다.

더불어, 스트레스를 푸는 데 효과적인 방법으로는 운동을 추천합니다. 운동은 스트레스를 해소하고, 뇌에 산소를 공급해 집중력을 높이는 효과가 있습니다. 정기적인 운동을 하면서 스트레스를 푸는 것은 학습 능력에도 긍정적인 영향을 줄 수 있습니다.

마지막으로, 스트레스를 완전히 제거하기는 어려우므로, 어떤 상황에서든 강한 멘탈을 유지하는 것이 중요합니다. 스트레스 상황에서도 긍정적인 자세를 유지하면서, 문제를 해결할 수 있는 다양한 방법을 찾아보세요. 이러한 노력을 통해 자신에게 맞는 학습 방법과 스트레스 관리 방법을 찾아나가면서, 공부에 대한 자신감을 높일 수 있습니다.

- 과목별로 일정을 세워야 합니다.
- 하루에 공부할 시간을 정해야 합니다.
- 일주일에 목표한 학습량을 나누어서 일일 학습량을 정해야 합니다.
- 학습 계획을 실천할 때는 핸드폰, 인터넷 등으로 분산된 시간을 최소화합니다.

이러한 방법을 참고하면, 스트레스 요인에 대한 대처 방법을 구체적으로 세울 수 있습니다. 이를 기반으로 스트레스 관리에 대한 계획을 세우고, 일정하게 실행하면서 스트레스를 해소할 수 있습니다.

어 그런데 부족한 자신감에 대한 대처 방법의 예시는 없는 거야? 긍정적인 말을 나한테 걸어 주라는데...... 그런게 어떤 게 있어?

네, 부족한 자신감에 대한 대처 방법의 구체적인 예시를 더 추가해드리겠습니다.

부족한 자신감은 어려운 감정이며, 자신을 포용하고 이해하는 것이 중요합니다. 자신에게 긍정적인 말을 걸어주는 것은 자신감을 높이는 좋은 방법 중 하나입니다. 아래는 자신에게 걸어줄 수 있는 긍정적인 말의 예시입니다.

- 내가 원하는 것을 이룰 수 있다.
- 내가 잘할 수 있어.

- 내가 계속 노력하면 성과를 얻을 수 있다.
- 내가 오늘 할 수 있는 최선을 다하면 된다.
- 내가 실패하더라도, 그것은 학습의 기회가 될 것이다.

또한, 목표 달성을 위한 계획을 세우는 것도 자신감을 높이는 좋은 방법입니다. 목표를 세우고, 그것을 달성하기 위한 일정과 방법을 계획하고 실행하는 것은 자신감을 높이는데 큰 도움이 됩니다.

예를 들어, 목표를 공부 시간을 하루에 3시간으로 늘리는 것으로 정했다면, 다음과 같은 구체적인 계획을 세울 수 있습니다.

- 하루에 공부할 시간을 정합니다. (예: 오전 9시 ~ 12시)
- 공부할 과목을 선택합니다.
- 공부할 내용을 정하고, 그것을 학습 계획에 맞춰 일일 학습량을 계산합니다.
- 계획을 실행할 때는 핸드폰, 인터넷 등으로 분산된 시간을 최소화합니다.
- 일정에 맞춰 공부를 진행하면서, 목표에 점차 가까워지는 것을 경험합니다.

이러한 방법을 참고하면, 자신에게 맞는 목표와 계획을 세우면서 부족한 자신감을 극복할 수 있습니다.

ChatGPT의 수업 활용 방안

교실 수업에서 학생들이 인공지능 챗봇 ChatGPT를 활용하는 방법과 구체적인 예시는 다음과 같습니다.

질문과 답변 세션

학생들이 수업 중에 궁금한 질문을 ChatGPT에 던져 답변을 받을 수 있습니다. ChatGPT는 다양한 주제에 대한 지식을 보유하고 있어 학생들의 궁금증 해결에 도움이 될 수 있습니다.

예시: "지구는 왜 둥글까요?"

- **온라인 퀴즈**

    ChatGPT를 활용하여 재미있고 유익한 학습 퀴즈를 만들 수 있습니다. 예를 들어, 동물 분류에 대한 퀴즈나 역사 이벤트에 대한 퀴즈 등을 만들어 학생들의 지식을 검증할 수 있습니다.

    예시: "봄에 대한 퀴즈를 내줄 수 있나요?"

    답변: "봄의 시작을 나타내는 대표적인 현상 중 하나는 무엇인가요?"

    　　　　a) 눈보라　b) 추위　c) 기온 변화　d) 꽃피움

    이러한 퀴즈를 통해 학생들은 사계절에 대한 지식을 확장하고 학습 결과를 확인할 수 있습니다.

- **프로젝트 또는 수행평가 정보 제공**

    학생들이 프로젝트를 수행할 때 ChatGPT를 활용하여 관련 정보나 참고 자료를 찾을 수 있습니다.

    예시: "아이슬란드에 관한 정보를 찾아줄 수 있나요?"

    "저희 팀의 프로젝트 주제와 관련된 논문을 찾아주세요."

- **언어 학습**

    ChatGPT를 활용하여 언어 학습을 할 수 있습니다. ChatGPT는 다양한 언어를 이해하고 있으며, 학생들은 ChatGPT와 대화하면서 언어 능력을 향상시킬 수 있습니다.

    예시: "日本語の基礎的なフレーズを教えてください。"

    번역: "일본어의 기초적인 표현을 가르쳐 주세요."

    학생들이 일본어를 배우고 싶을 때, ChatGPT를 활용하여 일상생활에서 자주 사용되는 기초적인 일본어 표현과 흔히 사용되는 단어, 구문 등을 학습할 수 있습니다. 이를 통해 학생들은 일본어를 구사하는 능력을 향상시킬 수 있습니다.

- **논술 연습**

    ChatGPT를 활용하여 학생들이 논술 연습을 할 수 있습니다. ChatGPT와 대화하면서 주어진 주제에 대한 의견을 나열하고 논리적으로 표현하는 것은 좋은 논술 연습 방법이 될 수 있습니다.

    > 예시: "오늘 논술 연습 주제는 '인공지능과 인간의 관계'입니다. 당신의 생각을 말씀해 주세요."

    학생들은 ChatGPT와 대화하면서 주어진 주제에 대해 자기 생각을 나열할 수 있습니다. ChatGPT는 학생들의 의견을 듣고, 더욱 논리적으로 표현할 수 있게 도움을 줄 수 있습니다. 이를 통해 학생들은 논술 작성 능력을 향상시킬 수 있습니다.

ChatGPT로 만드는 학교급별 샘플 수업 지도안

다음은 ChatGPT에게 각 학교급별 교과의 샘플 지도안을 요청한 내용입니다. 이러한 요청 질문을 참고하여 교사는 자신의 학년 목표와 내용에 맞는 학교급별 수업 지도안을 작성할 수 있습니다.

우리나라 초등학교 3학년 국어 교과 수업지도안을 만들려고 합니다. 학습목표(goals), 구체적인 세부 학습목표(objectives), 학습내용(procedure), 교수법, 준비물(materials), 그리고 평가 방법을 한 학급 25명의 남녀학생을 대상으로 한 구체적인 수업 사례를 표로 정리하여 만들어 주세요. 그리고 그 표 밑에 이 지도안 내용에 대한 초등학교 3학년 우리나라 국어교과 국가수준 성취기준을 목록으로 만들어 주세요.

네, 아래는 초등학교 3학년 국어 교과 수업지도안의 예시를 표로 정리하였습니다.

학습목표(Goals)	동화 구성 요소 파악 및 분석

구체적인 세부 학습목표 (Objectives)	1. 동화 이야기 구성의 구성 요소 파악
	  - 주인공, 배경, 문제, 해결 등 이야기 구성 요소를 파악한다.
	2. 동화 구성 요소 분석
	  - 동화에서 등장하는 인물, 사물, 장소, 시간 등 구성 요소를 분석하여 이해한다.

학습목표(Goals)	동화 구성 요소 파악 및 분석
학습내용 (Procedure)	1. 동화 읽기와 구성 요소 파악 - 전체적인 동화 이해하기 - 이야기 구성 요소 파악하기 2. 구성 요소 분석하기 - 등장하는 인물, 사물, 장소, 시간 등 구성 요소 파악하기 - 구성 요소 간 관계 파악하기
교수법 (Teaching Methods)	그룹 토론, 문제 해결 활동, 동화 작성 등의 활동을 통해 학생들이 참여적으로 학습하도록 유도한다.
준비물 (Materials)	동화 책, 동화 분석 시트, 색연필 등
평가 방법 (Assessment Methods)	참여도, 작성물, 동화 이해 문제 푸는 능력 등을 종합적으로 평가한다.

아래는 초등학교 3학년 우리나라 국어교과 국가수준 성취기준입니다.

- 이야기 읽기 및 이해하기
- 동화 읽기 및 이해하기
- 이야기 구성의 구성 요소 파악하기
- 동화 구성 요소를 분석하여 이해하기

위 예시는 국가수준 성취기준과 학습목표, 구체적인 세부 학습목표, 학습내용, 교수법, 준비물, 평가 방법을 구체적으로 정리한 것입니다. ChatGPT가 사용자의 요청(prompt)에 대답한 결과 내용은 실제 각 학교와 학년, 교과에 따라 학습 목표와 학습 내용, 교수법, 평가 방법 등이 조금씩 차이가 있을 수 있기 때문에 수업지도안 작성에 참고할 만한 국가 수준 교육과정, 교육청 공식 홈페이지 등의 자료도 함께 활용하면 빠른 시간 내에 원하는 수업지도안을 만들어 낼 수 있습니다.

중학교 1학년 영어 수업 지도안을 현장의 실제 교육 상황에 맞게 좀 더 구체적으로 작성하고자 할 때는 ChatGPT 질문 내용(프롬프트)을 다음과 같이 작성하여 더 자세하게 질문할 필요가 있습니다.

중학교 영어 교실에서 5인조 그룹으로 팝송 가사를 만드는 3시간 수업 계획을 제공해 주실 수 있나요? 수업 내용에는 학생들이 일상 학교생활과 청소년 사랑을 주제로 한 가사의 구체적인 예시가 포함되어야 합니다.

물론입니다! 다음은 제안하는 3시간 수업 계획입니다:

1. 소개 (15분)

수업 목적인 5인조 그룹으로 팝송 가사를 만드는 것을 소개합니다.

주제는 일상 학교생활과 청소년 사랑에 중점을 둘 것입니다.

해당 주제와 관련된 인기 노래 예시를 제공합니다.

2. 브레인스토밍(Brainstroming) 세션 (30분)

각 그룹마다 가사 아이디어를 브레인스토밍 합니다.

해당 주제와 관련된 개인적 경험이나 관찰에 대해 고민할 것을 권장합니다.

창의적이고 독특한 방식으로 작업할 수 있도록 장려합니다.

3. 가사 초안 작성 (60분)

각 그룹에 가사 작업을 위한 워크시트(Worksheet)를 제공합니다.

그들이 브레인스토밍한 아이디어를 기반으로 가사 초안 작성을 시작하도록 지시합니다.

필요한 경우 지도와 피드백을 제공하기 위해 방을 순회합니다.

4. 편집 및 수정 (30분)

각 그룹마다 다른 그룹과 가사를 교환하여 수정을 합니다.

라임(rhyme) 구조, 흐름, 일관성과 같은 부분에서 건설적인 피드백을 제공할 것을 지시합니다.

피드백을 바탕으로 수정하는 시간을 허용합니다.

5. 녹음 및 발표 (45분)

녹음 장비를 사용용 할 수 있도록 각 그룹에 제공합니다.

각 그룹은 자신들의 노래를 녹음하고 반드시 발표할 준비를 합니다.

그들이 가사에 영감을 받은 것과 창의적인 선택에 대해 설명하도록 지시합니다.

6. 결론 (15분)

각 그룹은 자신들의 노래를 전체 교실에 발표합니다.

음악을 통한 자기 표현의 중요성과 창의적 협업의 가치에 대해 논의합니다.

일상 학교생활과 청소년 사랑에 적합한 가사의 구체적인 예시는 다음과 같습니다:

Verse 1:

내 머리를 숙인 채 복도를 걷고 있어

눈치를 살피지만, 눈에 띄지 않아

이상한 느낌, 난 여기서 잘 맞지 않는 것 같아

누군가에게 들어 맞고 싶어도, 난 외롭게 느껴져

Walking through the halls, with my head down low

Trying to blend in, but it's hard to go unnoticed

Feeling out of place, like I don't belong

I just want to fit in, but I feel so alone

Chorus:

난 그냥 어린 애인데, 이대로 괜찮을까

학교생활을 적응하면서, 내가 누구인지 찾아가고 있어

하지만 널 보면, 가슴이 뛰는 걸 느껴

어쩌면, 우리는 그냥 친구가 아닐지도 몰라

I'm just a teenage kid, trying to make it through

Navigating school life, and figuring out who I am

But when I see you, my heart skips a beat

Maybe we could be something, more than just friends

Verse 2:

수업 중에, 집중을 하려고 노력하지만

네가 웃는 모습만 생각나

어디를 가든, 네 생각이 나

너도 나처럼 느끼는 건 아닐까

Sitting in class, trying to pay attention

But all I can think about, is the way you smile

You're always on my mind, no matter what I do

I can't help but wonder, if you feel it too

Chorus:
난 그냥 어린 애인데, 이대로 괜찮을까

학교생활을 적응하면서, 내가 누구인지 찾아가고 있어

하지만 널 보면, 가슴이 뛰는 걸 느껴

어쩌면, 우리는 그냥 친구가 아닐지도 몰라

I'm just a teenage kid, trying to make it through

Navigating school life, and figuring out who I am

But when I see you, my heart skips a beat

Maybe we could be something, more than just friends

Bridge:
사랑에 대한 기회를 잡기란 쉽지 않겠지만

너도 같은 마음이 있다면, 나는 시도해 볼 수 있어

믿음을 가지고 한번 시도해 보자

우리가 찾아갈 것이 무엇인지는 아무도 모르지

I know it's hard, to take a chance on love

But I'm willing to try, if you are too

Let's take a leap of faith, and see where it goes

Who knows what we'll find, when we let our hearts show

다양한 직업군에서 ChatGPT 활용

ChatGPT는 다양한 직업군에서 활용 가능한 정보와 경험을 포함하는 인공지능 언어 모델입니다. 이에 따라, ChatGPT를 활용하여 다양한 직업분야에서 유용하게 사용될 것으로 예상되며, 학교 현장에서도 ChatGPT를 활용하여 학생들이 새로운 분야의 미래 진로 및 직업 탐색에 도움을 받을 수 있습니다.

- **마케팅 분야**: 고객 상담원, 마케팅 전문가, 온라인 쇼핑몰 운영자 등

    예시: 온라인 쇼핑몰 운영자가 상품에 대한 문의를 받으면, ChatGPT가 이를 자동으로 분석하여 빠른 답변을 제공하거나 상품 추천을 제공함으로써 고객 경험을 개선할 수 있습니다.

- **의료 분야**: 의사, 간호사, 의료 기술자 등

    예시: 의사가 환자의 질문에 대한 답변을 제공하거나 의료 기술자가 의료 용어를 해석하는 데 활용할 수 있습니다.

- **금융 분야**: 은행원, 보험사무원, 금융 전문가 등

    예시: 은행원이 고객의 예금 이자율을 계산하거나 보험사무원이 보험 상품의 이용 방법 등을 안내하는 데 활용할 수 있습니다.

- **법률 분야**: 변호사, 법무사, 판사 등

    예시: 변호사가 법률 상담을 제공하거나 법무사가 법률 문서를 작성하는 데 활용할 수 있습니다.

- **교육 분야**: 교사, 학습지 교재 작가, 학습 컨설턴트 등

    예시: 교사가 학생들의 질문에 대한 답변을 제공하거나 학습지 교재 작가가 학생들이 배우는 내용에 대한 추가 정보를 제공하는 데 활용할 수 있습니다.

- **컴퓨터 공학 분야**: 소프트웨어 개발자, 테스트 엔지니어, 기술 지원 엔지니어 등

    예시: 소프트웨어 개발자가 자동화된 문서 작성이나 코드 리뷰 등을 수행하는 데 활용할 수 있습니다. 또한, 테스트 엔지니어가 자동화된 테스트 스위트를 생성하거나 코드 버그를 찾아내는 등의 작업에도 활용할 수 있습니다.

- **공공 분야**: 공무원, 정책 기획자, 국방 분야 전문가 등

  예시: 정책 기획자가 정책 문서 작성이나 분석을 수행하는 데 활용할 수 있습니다. 또한, 국방 분야 전문가가 실시간으로 해외 상황에 대한 자연어 질의응답을 처리하는 데 활용할 수도 있습니다.

- **여행 분야**: 여행사 직원, 호텔 매니저, 관광 안내원 등

  예시: 여행사 직원이 고객의 여행 관련 질문에 대한 답변을 제공하거나 호텔 매니저가 고객의 특별 요청에 대한 대응을 처리하는 데 활용할 수 있습니다.

- **미디어 분야**: 저널리스트, 미디어 기획자, 방송 PD 등

  예시: 저널리스트가 인터뷰 대상의 대답을 자동으로 분석하거나 미디어 기획자가 콘텐츠 기획이나 스토리보드 작업을 보조하는 데 활용할 수 있습니다.

- **엔터테인먼트 분야**: 작가, 배우, 음악가 등

  예시: 작가가 대본 작성이나 캐릭터 설정 등의 작업을 보조하는 데 활용할 수 있습니다. 또한, 배우나 음악가가 팬들의 질문에 대한 답변을 제공하는 데 활용할 수 있습니다.

- **인공지능 분야**: 데이터 과학자, 머신러닝 엔지니어, 딥러닝 전문가 등

  예시: 데이터 과학자가 데이터 분석 결과를 자연어로 설명하거나 머신러닝 엔지니어가 자동화된 머신러닝 모델 구축에 활용할 수 있습니다. 또한, 딥러닝 전문가가 이미지나 텍스트 데이터 등에 대한 자연어 처리 모델을 개발하는 데 활용할 수 있습니다.

- **디자인 분야**: UI/UX 디자이너, 그래픽 디자이너, 웹 디자이너 등

  예시: UI/UX 디자이너가 디자인 요소에 대한 자연어 설명이나 피드백을 제공할 수 있습니다. 또한, 그래픽 디자이너가 디자인 작업을 자동화하거나, 웹 디자이너가 웹사이트의 콘텐츠를 자연어로 요약하는 데 활용할 수 있습니다.

- **농업 분야**: 농업 기술자, 농가 경영자, 식물학자 등

  예시: 농업 기술자가 식물 병해충 진단이나 농산물 생산에 대한 조언을 제공하는 데 활용할 수 있습니다. 또한, 농가 경영자가 농작물 가격 정보를 수집하거나 식물학자가 식물 분류 작업을 자동화하는 데 활용할 수 있습니다.

- **제조 분야**: 제조 엔지니어, 품질관리자, 생산 계획 담당자 등

  예시: 제조 엔지니어가 설비 고장 진단이나 유지보수 작업에 대한 피드백을 제공하는 데 활용할 수 있습니다. 또한, 품질관리자가 제조 공정 중 발생한 이슈에 대한 대처 방안을 검토하거나 생산 계획 담당자가 생산 일정을 관리하는 데 활용할 수 있습니다.

- **건설 분야**: 건축가, 건설 엔지니어, 시공 현장 관리자 등

  예시: 건축가가 건축 설계 및 공정에 대한 설명이나 피드백을 제공하는 데 활용할 수 있습니다. 또한, 건설 엔지니어가 건설 기계 운전에 대한 안전 지침을 제공하거나 시공 현장 관리자가 현장에서 발생하는 문제에 대한 대처 방안을 검토하는 데 활용할 수 있습니다.

- **환경 분야**: 환경 기술자, 환경 정책 기획자, 에너지 전문가 등

  예시: 환경 기술자가 환경 모니터링 데이터를 분석하거나 환경 대기 오염에 대한 자연어 질의응답을 처리하는 데 활용할 수 있습니다. 또한, 환경 정책 기획자가 정책 분석 및 작성을 보조하거나 에너지 전문가가 에너지 소비 패턴을 분석하는 데 활용할 수 있습니다.

- **운송 분야**: 항공 운항 담당자, 운송 계획 담당자, 교통 정책 기획자 등

  예시: 항공 운항 담당자가 항공편 일정 및 운항 지연 사유 등에 대한 자연어 질의응답을 처리하는 데 활용할 수 있습니다. 또한, 운송 계획 담당자가 운송 수요 예측이나 운송 노선 계획에 대한 자연어 설명을 보조하거나 교통 정책 기획자가 교통정책 문서 작성을 보조하는 데 활용할 수 있습니다.

- **HR 분야**: 인사 담당자, 채용 담당자, 조직 개발 전문가 등

  예시: 인사 담당자가 인사 관련 규정 및 제도에 대한 자연어 질의응답을 처리하거나 채용 담당자가 채용 프로세스를 자동화하거나 채용 공고 작성을 보조하는 데 활용할 수 있습니다. 또한, 조직 개발 전문가가 조직 구성 및 인력 관리와 관련된 문서 작성이나 질문에 대한 답변 제공을 보조하는 데 활용할 수 있습니다.

- **스포츠 분야**: 스포츠 감독, 선수 에이전트, 스포츠 기자 등

  예시: 스포츠 감독이 경기 분석 결과를 자연어로 설명하거나 선수 에이전트가 선수 계약 관련 문서 작성이나 자연어 질의응답 처리를 보조하는 데 활용할 수 있습니다. 또한, 스포츠 기자가 스포츠 뉴스 작성이나 인터뷰 질문 작성을 보조하는 데 활용할 수 있습니다.

- **연구 분야**: 연구원, 연구 개발 엔지니어, 연구 조교 등

  예시: 연구원이 연구 결과에 대한 자연어 설명이나 연구 방법에 대한 자연어 설명을 제공하는 데 활용할 수 있습니다. 또한, 연구 개발 엔지니어가 새로운 제품 개발에 대한 자연어 설명을 보조하거나 연구 조교가 연구 결과에 대한 분석 보고서 작성을 보조하는 데 활용할 수 있습니다.

ChatGPT는 자연어 처리를 수행하는 인공지능 모델로, 텍스트 데이터를 입력값으로 받아 처리하기 때문에 텍스트가 아닌 데이터나 물리적인 작업이 필요한 직업군에서는 ChatGPT를 활용할 수 없습니다. 예를 들어, 다음과 같은 직업군이 그렇습니다.

- **건축 인테리어 분야**: 건축 작업자, 인테리어 디자이너, 건축 시공자 등

  예시: 건축 작업자는 건축 현장에서 실제로 건축 작업을 수행하며, 인테리어 디자이너는 물리적인 공간에서 인테리어 디자인 작업을 수행합니다.

- **제조 분야**: 생산 라인 작업자, 제조 공정 담당자, 조립 기사 등

  예시: 생산 라인 작업자는 제품 생산 과정에서 실제로 생산 라인을 운영하며, 조립 기사는 제품 조립 작업을 수행합니다.

- **예술 분야**: 화가, 조각가, 무용수 등

  예시: 화가는 그림 작업을, 조각가는 조각 작업을, 무용수는 춤을 수행합니다.

- **요리 분야**: 요리사, 제빵사

  예시: 요리사는 요리를, 조리사는 조리를, 제빵사는 빵을 굽습니다.

- **의료 분야**: 의사, 간호사, 치과의사 등

  예시: 의사나 간호사는 환자 진료를 위해 실제로 환자와 상호작용하며, 치과의사는 치아 진료를 위해 실제로 치아 치료를 수행합니다.

- **운동 분야**: 트레이너, 필라테스 강사, 댄스 강사 등

  예시: 트레이너나 필라테스 강사, 댄스 강사는 실제로 운동 수행과 관련된 물리적인 작업을 수행합니다.

- **정치 분야**: 국회의원, 정치인, 공직자 등

  예시: 국회의원, 정치인, 공직자는 정치적 결정을 수립하거나 정책의 방향성을 결정하기 위해 정치적 협상이나 회의를 수행합니다.

- **패션 분야**: 모델, 디자이너, 세일즈 매니저 등

  예시: 모델은 실제로 패션 제품을 착용하고, 디자이너는 실제로 디자인 작업을 수행하며, 세일즈 매니저는 제품 판매를 위해 실제로 매장에서 판매 활동을 수행합니다.

- **스포츠 경영 분야**: 스포츠 경영 컨설턴트, 스포츠 경영 연구원 등

  예시: 스포츠 경영 컨설턴트나 스포츠 경영 연구원은 경영 전략 수립이나 경영 관련 분석 작업을 수행합니다.

- **엔터테인먼트 분야**: 배우, 가수, 연예인 매니저 등

  예시: 배우, 가수, 연예인 매니저 등은 실제로 무대에서 공연을 하거나 일정 관리 등 물리적인 작업이 필요한 분야입니다.

- **농업 분야**: 농부, 원예 작업자, 수의사 등

  예시: 농부, 원예 작업자, 수의사 등은 농작물 및 가축 관리 등 물리적인 작업이 필요한 분야입니다.

- **건강 산업 분야**: 보험 판매원, 보험 분석가, 의료 보조원 등

  예시: 보험 판매원이나 보험 분석가는 보험 상품 판매나 보험 관련 분석 작업을 수행합니다. 의료 보조원은 의료진을 보조하며 물리적인 작업이 필요한 경우가 많습니다.

- **건설 분야**: 건축공, 토목공, 설계자 등

  예시: 건축공이나 토목공은 건설 현장에서 실제로 물리적인 작업을 수행하며, 설계자는 건축물 설계 작업을 수행합니다.

- **운송 분야**: 운전사, 항공 조종사, 해양사 등

  예시: 운전사는 운전 작업을, 항공 조종사는 비행 작업을, 해양사는 선박 운항 작업을 수행합니다.

- **체육 분야**: 선수, 코치, 심판 등

  예시: 선수는 스포츠 대회에서 경기를 수행하며, 코치는 선수들의 실제 훈련과 지도를 수행하며, 심판은 경기를 관리하고 심판 역할을 수행합니다.

- **교육 분야**: 교사, 교육 전문가, 학생 상담원 등

  예시: 교사는 교육활동을, 교육 전문가는 교육 과정 개발이나 교육 평가 등을, 학생 상담원은 학생 상담과 지도를 수행합니다.

- **환경 분야**: 환경 기술자, 대기질 모니터링 담당자, 친환경 제품 개발자 등

  예시: 환경 기술자는 환경보전 관련 기술 개발이나 효율적인 에너지 관리 등을, 대기질 모니터링 담당자는 대기환경 모니터링을, 친환경 제품 개발자는 친환경 제품 개발 작업을 수행합니다.

- **공무원 분야**: 경찰, 소방관, 군인 등

  예시: 경찰은 범죄 예방과 수사를, 소방관은 화재 예방과 소방 활동을, 군인은 국방과 관련된 업무를 수행합니다.

- **예술 분야**: 화가, 조각가, 뮤지션 등

  예시: 화가나 조각가는 작품 제작을, 뮤지션은 무대 공연과 음악 제작을 수행합니다.

- **제조 분야**: 제조공, 조립공, 기계설비 엔지니어 등

  예시: 제조공이나 조립공은 생산 라인에서 제품 생산을, 기계설비 엔지니어는 설비 관리 및 정비 작업을 수행합니다.

언어 인공지능 ChatGPT로 글쓰기

글쓰기는 주제에 대한 다양한 배경지식과 경험을 구조화하여 언어로 표현하는 고도의 두뇌 활동입니다. 일반적으로 우리는 글을 쓸 때 다음과 같은 과정을 거칩니다.

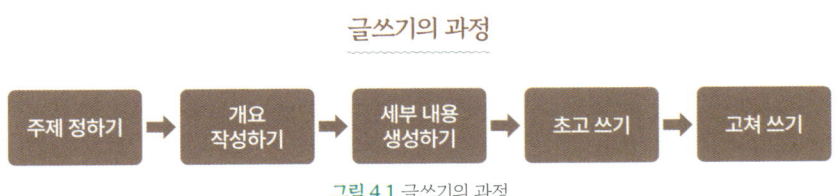

그림 4.1 글쓰기의 과정

ChatGPT를 이용하면 글쓰기 과정마다 구체적인 도움을 받을 수 있고, 또 그 과정에서 한 편의 글을 완성할 수도 있습니다. 이번 절에서는 ChatGPT를 이용하여 글쓰기를 하는 방법을 알아보겠습니다.

ChatGPT로 주제 정하기

글쓰기의 주제를 설정할 때는 다음과 같은 내용을 고려해야 합니다.

- 무엇에 대한 글을 쓸 것인가? → 진로 탐색
- 어떤 목적으로 글을 쓸 것인가? → 설명하기
- 예상 독자는 누구인가? → 고등학교 학생

따라서 ChatGPT에게 위 내용을 포함하여 질문하면 글쓰기의 주제를 선정하는 데 구체적인 도움을 받을 수 있습니다.

진로 탐색에 대해 고등학생들을 대상으로 설명하는 글을 쓰려고 합니다. 적절한 주제를 5개 추천해 주세요.

고등학생들이 진로 탐색에 대해 더 깊이 이해하고, 관심 분야를 찾을 수 있도록 다음과 같은 주제를 추천합니다.

1. 나에게 맞는 진로 찾기

진로 선택은 인생에서 가장 중요한 결정 중 하나입니다. 나 자신을 잘 알고, 관심과 능력을 고려하여 어떤 직업이 맞는지 찾아보세요.

2. 직업 탐색 방법

어떻게 새로운 직업을 찾아볼 수 있을까요? 취업 정보 사이트, 채용 공고, 직무 체험 등 다양한 방법으로 직업을 찾아보세요.

3. 인기 있는 직업

현재 인기 있는 직업을 살펴보면서 그 직업이 어떤 일을 하는지, 어떤 역할을 맡는지, 그리고 어떤 능력이 필요한지 알아보세요.

4. 진로 선택의 영향

진로 선택은 인생에서 중요한 결정 중 하나입니다. 선택한 직업이 미치는 영향, 그리고 선택하지 않은 직업이 미치는 영향을 고려하여 진로 선택을 해보세요.

5. 진로에 대한 인터뷰

이미 일해보는 사람들에게 직접 인터뷰를 해보면서 그들이 어떻게 그 직업을 선택했는지, 그리고 그들이 어떤 능력을 필요로 하는지 알아보세요.

    같은 주제라도 목적과 예상 독자가 다를 경우, ChatGPT는 다른 글쓰기 주제를 추천해 줍니다.

진로 탐색에 대해 고등학생들을 대상으로 설득하는 글을 쓰려고 합니다. 적절한 주제를 5개 추천해 주세요.

 고등학생들이 진로 탐색을 하면서 진로 선택의 중요성을 인식하고, 적극적으로 탐색해 나가도록 다음과 같은 주제를 추천합니다.

1. 진로 탐색의 중요성

진로 탐색을 통해 자신의 능력과 관심을 파악하고, 그에 맞는 적합한 직업을 찾을 수 있습니다. 이를 통해 행복하고 성공적인 인생을 살 수 있습니다.

2. 진로 선택의 영향

선택한 직업은 인생에서 매우 중요한 역할을 합니다. 직업 선택은 자신의 인생 방향을 결정하는 것이며, 그에 따라 경제적인 영향과 사회적인 영향을 받게 됩니다.

3. 다양한 직업의 가능성

진로 탐색을 통해 자신이 생각하지 못한 다양한 직업의 가능성을 알아볼 수 있습니다. 이를 통해 자신에게 맞는 직업을 발견할 수 있습니다.

4. 대학 진학과 직업의 관계

대학 진학을 할 경우에도 직업을 생각하며 전공을 선택해야 합니다. 이를 통해 대학에서 배우는 전공 지식이 직업에 어떤 영향을 미칠 수 있는지 알아보세요.

5. 자신의 역량과 관심을 바탕으로 선택하기

직업을 선택할 때는 자신의 역량과 관심을 중심으로 선택해야 합니다. 무조건적으로 인기 있는 직업이나 경제적으로 유리한 직업을 선택하지 말고, 자신의 능력과 관심에 맞는 직업을 찾아보세요.

 진로 탐색에 대해 초등학생들을 대상으로 설명하는 글을 쓰려고 합니다. 적절한 주제를 5개 추천해 주세요.

 초등학생들이 진로 탐색에 대해 쉽고 재미있게 이해하며, 자신에게 맞는 직업을 찾을 수 있도록 다음과 같은 주제를 추천합니다.

1. 직업이란 무엇일까?

직업은 일하는 일종입니다. 사람들은 자신이 잘하는 일, 즐기는 일을 찾아서 일을 하고, 그 일을 통해 돈을 벌어서 살아갑니다.

> 2. 다양한 직업 알아보기
>
> 선생님, 의사, 경찰, 소방관, 요리사 등 다양한 직업을 알아보면서 그들이 하는 일, 필요한 능력, 그리고 그 일을 하는 이유 등을 배워보세요.
>
> 3. 내가 좋아하는 일은 무엇일까?
>
> 자신이 좋아하는 일을 찾는 것이 진로 탐색의 시작입니다. 그러기 위해서는 자신이 좋아하는 것, 잘하는 것, 흥미를 느끼는 것 등을 찾아보세요.
>
> 4. 나의 능력을 발견해보기
>
> 직업을 선택할 때 자신의 능력을 고려하는 것이 중요합니다. 자신이 잘하는 것을 찾아보면서, 그것을 어떻게 활용할 수 있는지 생각해보세요.
>
> 5. 직업과 꿈을 이어보기
>
> 직업은 자신의 꿈을 이루는 방법 중 하나입니다. 자신이 이루고 싶은 꿈이 무엇인지 생각해보고, 그 꿈을 이루는데 필요한 직업을 찾아보세요.

ChatGPT가 제시한 주제 중에서 자신의 관심과 필요에 맞는 주제를 선택하여 글쓰기를 할 수 있습니다. 또한 교사는 이러한 방법으로 ChatGPT를 활용하여 학생들에게 제시할 글쓰기 및 토론 주제를 선정할 수 있습니다.

ChatGPT로 개요 작성하기

글쓰기의 주제를 결정했다면, 다음은 글쓰기의 개요를 작성해야 합니다. 일반적으로 개요를 작성하기 전에 주제와 관련된 자료를 찾기도 하지만, ChatGPT를 활용하면 사전 자료 조사 과정 없이 ChatGPT의 방대한 학습 자료를 활용하여 간단하게 개요를 작성할 수 있습니다. 개요는 처음, 중간, 끝이라는 글의 구조에 맞게 어떠한 세부 내용을 작성할 것인지를 간략하게 작성하는 것을 말합니다. 따라서 ChatGPT에게 자신이 원하는 글의 주제와 구조를 설명하고 원하는 개요의 형식을 요청합니다.

고등학생들을 대상으로 현재 인기 있는 직업에 대해 소개하는 글을 쓰려고 합니다. 처음, 중간, 끝의 단계로 나누어 글의 개요표를 작성해 주세요.

 네, 아래는 제안하신 내용을 개요표로 정리한 것입니다.

제목: 현재 인기 있는 직업 소개

I. 처음

인기 있는 직업 개요: 경쟁률, 수입, 특징, 역할 등을 간략하게 소개

대표적인 인기 있는 직업 소개: 선택된 몇 가지 인기 있는 직업에 대한 개요 설명

II. 중간

선택 이유: 경제적 이유, 사회적 이유, 자신의 관심분야 등 다양한 선택 이유에 대한 설명

직업 선택의 영향력: 직업 선택이 인생에 미치는 영향과 중요성에 대한 설명

III. 끝

필요한 능력: 각 직업에 필요한 능력과 그 능력을 키우기 위한 방법 설명

선택한 직업으로 가는 길: 대학 진학과 직업 선택의 관계, 취업 정보 사이트와 멘토링 등을 활용한 직업 탐색 방법에 대한 설명

마무리: 선택한 직업으로 인해 얻을 수 있는 것들과, 자신에게 맞는 직업을 찾는 것의 중요성에 대한 강조

ChatGPT로 세부 내용 생성하기

ChatGPT로 생성한 글의 개요를 바탕으로 단계별 세부 내용을 생성합니다. 각 세부 내용에 대한 추가 정보를 질문하고, 각 질문의 내용을 검토합니다. ChatGPT의 답변을 바탕으로 추가 질문을 할 수도 있습니다. 예를 들어 이전 절에서 제시한 개요의 '처음' 부분 내용을 생성하기 위한 질문과 답변은 다음과 같습니다.

처음 부분에 제시할 인기 있는 직업의 개요를 설명해 주세요.

 인기 있는 직업의 개요는 해당 직업의 경쟁률, 수입, 특징, 역할 등을 간단하게 설명하는 것이 좋습니다. 이에 대한 예시는 아래와 같습니다.

경쟁률: 해당 직업의 경쟁률은 어느 정도인지, 즉 취업이 어려운지 쉬운지 등을 파악할 수 있습니다. 경쟁률이 높을수록 해당 직업의 인기도가 높은 것으로 판단할 수 있습니다.

수입: 해당 직업의 평균 수입이 어느 정도인지, 높은 수입을 기대할 수 있는지 등을 살펴볼 수 있습니다. 이는 직업 선택 시 경제적인 측면에서 중요한 요소 중 하나입니다.

특징: 해당 직업이 어떤 분야에서 활동하는지, 어떤 종류의 일을 하는지 등에 대해 간략하게 설명합니다. 이를 통해 직업 선택 시 자신이 희망하는 분야와 일치하는지 여부를 확인할 수 있습니다.

역할: 해당 직업이 사회에서 어떤 역할을 하는지, 어떤 책임을 지는지 등을 설명합니다. 이는 직업 선택 시 자신의 역량과 관심사와 맞는지를 파악하는 데 도움을 줄 수 있습니다.

예시: 대표적인 인기 있는 직업 중 하나인 인공지능 개발자의 경우, 경쟁률이 매우 높고 평균 수입이 높은 편입니다. 인공지능 개발자는 컴퓨터 분야에서 일하며, 인공지능 프로그램을 개발하거나 새로운 알고리즘을 개발하는 등의 일을 합니다. 또한, 인공지능이 빠르게 발전하고 있는 현재 사회에서 중요한 역할을 맡고 있습니다.

 대표적인 인기 있는 직업 5개를 제시해 주세요.

 인기 있는 직업은 지역과 산업 분야, 시대, 경제 상황 등에 따라 변동될 수 있습니다. 그러나 최근에는 디지털 기술 발전으로 인해 IT 산업과 관련된 직업들이 많은 인기를 끌고 있습니다. 아래는 대표적인 인기 있는 직업 5개입니다.

1. 인공지능 개발자: 인공지능 분야에서 일하는 개발자로, 머신러닝, 딥러닝, 자연어 처리 등의 기술을 활용해 인공지능 프로그램을 개발합니다.
2. 클라우드 엔지니어: 클라우드 서비스 제공 업체에서 일하는 엔지니어로, 클라우드 환경에서 서버나 데이터베이스를 구축하고 유지 보수합니다.

3. 데이터 분석가: 데이터를 수집하고 분석하여 기업의 의사 결정에 도움을 주는 일을 합니다. 데이터베이스, 통계학, 머신러닝 등의 지식이 필요합니다.

4. 산업 디자이너: 제품 디자인 전반에 걸쳐 제품 기획, 디자인 및 생산 등을 담당합니다. 산업 디자인, 그래픽 디자인, 엔지니어링 등의 지식이 필요합니다.

5. 마케팅 전문가: 기업의 제품이나 서비스를 홍보하고, 마케팅 전략을 수립하는 일을 합니다. 광고, 마케팅, 커뮤니케이션 등의 지식이 필요합니다.

위에서 언급한 인공지능 개발자 데이터 분석가, 산업 디자이너의 경쟁률, 수입, 특징, 역할을 간단히 설명해 주세요.

1. 인공지능 개발자

경쟁률: 높음

수입: 높음

특징: 인공지능 기술의 발전으로 수요가 매우 높은 직업. 머신러닝, 딥러닝, 자연어처리 등의 기술을 활용하여 인공지능 알고리즘 및 소프트웨어 개발에 참여

역할: 인공지능 프로그램의 개발, 유지 보수, 문제 해결 등

2. 데이터 분석가

경쟁률: 높음

수입: 높음

특징: 빅데이터의 등장으로 데이터 분석가의 수요가 증가. 데이터를 수집, 정제, 분석하여 기업의 의사 결정에 도움을 주는 일을 함.

역할: 데이터 관련 작업, 통계학, 데이터 마이닝, 머신러닝 등의 지식을 활용한 데이터 분석 및 모델링

3. 산업 디자이너

경쟁률: 높음

수입: 중간

특징: 제품 기획부터 디자인, 생산 등을 담당하는 직업. 디자인 및 엔지니어링 지식이 필요하며, 실무 경험이 중요한 직업.

역할: 제품의 기획, 디자인, 생산, 출시 등

여기까지 글의 처음 단계에서 제시할 내용을 생성했습니다. 물론, 개요를 바탕으로 ChatGPT에게 바로 한 편의 글을 요청할 수도 있지만, 각 세부 내용에 포함될 내용을 미리 검토하고 원하는 세부 내용을 포함하는 글을 작성하는 것이 좀 더 완성도 높은 글을 작성하는 방법이 될 수 있습니다. 같은 방법으로 개요에 제시된 각각의 세부 내용에 대해 질문하여 중간, 끝 단계에서 제시할 내용을 생성하고 검토하여 글쓰기에 활용할 수 있습니다.

ChatGPT로 글쓰기 및 고쳐쓰기

개요에 따른 세부 내용의 생성이 끝났다면 이제 세부 내용을 문장 형태로 써서 한 편의 글로 완성하는 일만 남았습니다. 글을 쓸 때도, 즉 표현할 때도 ChatGPT에게 몇 가지 세부적인 조건을 제시하고 도움을 받을 수 있습니다. 원하는 분량, 사용하고자 하는 어휘와 표현 방법 등이 그렇습니다. 이전 절에서 제시한 개요의 처음 부분을 바탕으로 ChatGPT에게 각각 다른 분량과 어휘, 표현 방법으로 글을 작성해 달라고 요청한 결과는 다음과 같습니다.

고등학생들을 대상으로 인기 있는 직업의 개요에 대해 설명하는 글을 한 문단 작성해 주세요. 단, 고등학교 학생들이 이해할 수 있는 수준의 어휘만을 사용해 주세요. 또한, 처음 부분에서 독자들의 관심을 사로잡을 수 있는 한국의 유명한 직업인 한 명을 언급해 주세요.

한국의 유명한 직업 중 하나인 방송인 유재석씨와 같은 유명인사들이 활약하는 방송, 엔터테인먼트 산업은 매우 인기 있는 직업 중 하나입니다. 그 외에도, 인공지능 개발자, 데이터 분석가, 의료진, 게임 개발자, 영상 제작자 등 다양한 직업에서 경쟁이 치열하게 이루어지고 있습니다. 이러한 직업들은 높은 경쟁률과 수입, 적극적인 성장 가능성 등의 장점이 있습니다. 하지만, 선택한 직업이 자신의 관심 분야와 적성에 맞는지, 미래에도 필요한 직업인지 등을 고려하여 신중하게 선택해야 합니다. 이를 위해 적극적으로 자신을 준비하고, 노력하는 것이 가장 중요합니다.

이전 절에서 제시했던 개요의 내용을 그대로 언급하면서 글쓰기를 요청할 수도 있습니다.

질문 입력 창에서 줄 바꿈을 하려면 Shift + Enter 키를 누릅니다.

1. 처음

인기 있는 직업 개요: 경쟁률, 수입, 특징, 역할 등을 간략하게 소개

대표적인 인기 있는 직업 소개: 선택된 몇 가지 인기 있는 직업에 대한 개요 설명

위 내용을 바탕으로 처음 부분의 내용을 한 문단으로 작성해 주세요. 단, 초등학생들이 이해할 수 있는 어휘를 사용해 주세요. 유명한 직업인의 명언을 인용해 주세요.

"미래를 창조하는 일, 그것이 바로 내가 하고 싶은 일이다." 라는 스티브 잡스의 명언처럼, 인기 있는 직업을 선택하는 것은 매우 중요합니다. 요즘에는 인공지능 개발자, 의료진, 영상 제작자 등이 대표적으로 인기 있는 직업 중 하나입니다. 이러한 직업들은 경쟁이 매우 치열하고, 높은 수입과 적극적인 성장 가능성 등의 장점이 있습니다. 하지만, 직업을 선택할 때에는 자신의 관심 분야와 적성에 맞는지, 미래에도 필요한 직업인지 등을 신중히 고려해야 합니다. 인기 있는 직업의 개요와 대표적인 직업들을 소개하는 이 글은, 초등학생들이 직업 선택을 하기 위한 정보를 제공하고자 하는 것입니다.

이러한 방법으로 완성한 한 편의 글은 다음과 같습니다.

위 개요를 바탕으로 500자 이내의 글을 완성해 주세요. 예상 독자인 고등학교 학생들이 이해할 수 있는 어휘를 사용해 주세요. 처음 부분에 독자들의 관심을 끌 수 있는 인기 있는 직업인의 명언을 인용해 주세요.

'성공의 비결은 자신이 좋아하는 일을 찾는 것이다.'라는 스티브 잡스의 명언처럼, 직업 선택은 우리 인생에서 가장 중요하고, 의미 있는 결정 중 하나입니다. 최근에는 인공지능, 빅데이터, 의료 분야, 그리고 환경 문제 해결을 위한 직업들이 대세입니다. 이러한 직업들은 경쟁률이 높아 어려움도 많지만, 그만큼 수입과 성장 가능성도 높습니다.

예를 들어, 인공지능 개발자는 인공지능 프로그램을 만들고 관리하는 역할을 합니다. 이 직업의 경쟁률이 높지만, 인공지능이 혁신적인 분야로 떠오르면서 수입이 높고 발전 가능성이 높아지고 있습니다. 또한, 데이터 분석가는 기업에서 데이터를 분석하고, 그 결과를 기반으로 의사 결정을 내리는 역할을 합니다. 대부분의 기업들이 데이터 분석가를 필수적으로 고용하고 있기 때문에 수요가 많아지고 있습니다.

산업 디자이너는 제품의 디자인과 기능을 기획하고 디자인하는 역할을 합니다. 산업 디자인이 중요시되면서, 국내에서도 산업 디자이너에 대한 수요가 늘고 있습니다. 이 직업은 창의성과 상상력이 필요하기 때문에 자신의 재능과 열정을 살릴 수 있습니다.

이러한 인기 있는 직업들은 경쟁률이 높기 때문에 관심 있는 분야를 찾고, 그 분야에서 필요한 역량을 갖추는 것이 중요합니다. 적극적으로 정보를 수집하고, 직업 탐색에 노력을 기울이는 것이 필요합니다. 직업 선택은 우리 인생에서 가장 중요한 결정 중 하나입니다. 자신이 좋아하고, 재능을 발휘할 수 있는 분야에서 일을 하며 보람찬 인생을 살아가길 바랍니다.

그러나 좀 더 완성도 있는 글을 쓰기 위해서는 반드시 '고쳐쓰기'의 과정이 필요합니다. 고쳐쓰기를 할 때는 다음과 같은 내용을 고려할 수 있습니다.

- 글의 주제에서 벗어난 내용은 없는가?
- 글의 목적에 맞게 썼는가?
- 예상 독자의 흥미와 수준을 고려했는가?
- 각 문단의 중심 내용에서 벗어난 문장은 없는가?
- 단어와 문장을 어법에 맞게 썼는가?

따라서 ChatGPT가 완성한 글을 검토하고 위 내용에 맞게 추가 수정을 요청할 수 있습니다. 다음은 고쳐쓰기를 위해 몇 가지 추가 질문을 한 예시입니다.

윗글의 세 번째 문단 뒤에 추가할 빅데이터 전문가에 대한 내용을 4줄 작성해 주세요.

빅데이터 전문가는 수많은 데이터를 수집, 분석, 관리하는 일을 합니다. 데이터를 기반으로 한 정확한 분석과 예측 능력이 필요합니다. 이를 위해 데이터 처리 및 분석 기술과 컴퓨터 언어에 대한 전문 지식이 필요합니다. 최근 빅데이터가 적용되는 분야들이 증가함에 따라 수요가 높아지고 있습니다.

윗글의 산업 디자이너가 하는 일을 비유법을 사용하여 쉽게 설명해 주세요.

산업 디자이너는 제품의 디자인과 기능을 기획하고 디자인하는 역할을 합니다. 이를 비유하면, 옷을 입는 것처럼 제품에 스타일과 기능을 입혀서 고객들에게 좋은 인상을 주는 역할을 한다고 할 수 있습니다. 산업 디자이너는 제품의 외관뿐만 아니라 사용자의 편의성과 기능성도 고려하여 제품을 디자인합니다. 이를 통해 제품의 가치를 높이고, 고객들에게 좋은 경험을 제공합니다.

윗글에서 '편의성'이라는 단어를 대체할 수 있는 쉬운 단어를 제시해 주세요.

'편리함'이라는 단어를 대체어로 사용할 수 있습니다.

윗글의 제목을 다시 작성해 주세요. 독자들의 관심을 사로잡을 수 있는 재치 있는 표현을 사용해 주세요.

"미래를 선도하는 일자리, 내가 할 수 있는 직업은?"

자신이 쓴 글에 대해서도 이와 같은 고쳐쓰기의 과정을 ChatGPT의 도움을 받아 거친다면 더 좋은 글로 다듬을 수 있습니다.

ChatGPT로 쓴 글 요약하고 프레젠테이션하기

ChatGPT를 사용하여 긴 글의 핵심을 요약, 정리하여 표 또는 프레젠테이션 자료를 손쉽게 만들 수 있습니다. 먼저 이전 절에서 작성한 글을 ChatGPT를 사용하여 한 문단으로 요약해 보았습니다.

'성공의 비결은 자신이 좋아하는 일을 찾는 것이다.'라는 스티브 잡스의 명언처럼, 직업 선택은 우리 인생에서 가장 중요하고, 의미 있는 결정 중 하나입니다. 최근에는 인공지능, 빅데이터, 의료 분야, 그리고 환경 문제 해결을 위한 직업들이 대세입니다. 이러한 직업들은 경쟁률이 높아 어려움도 많지만, 그만큼 수입과 성장 가능성도 높습니다.

예를 들어, 인공지능 개발자는 인공지능 프로그램을 만들고 관리하는 역할을 합니다. 이 직업의 경쟁률이 높지만, 인공지능이 혁신적인 분야로 떠오르면서 수입이 높고 발전 가능성이 높아지고 있습니다. 또한, 데이터 분석가는 기업에서 데이터를 분석하고, 그 결과를 기반으로 의사 결정을 내리는 역할을 합니다. 대부분의 기업들이 데이터 분석가를 필수적으로 고용하고 있기 때문에 수요가 많아지고 있습니다.

산업 디자이너는 제품의 디자인과 기능을 기획하고 디자인하는 역할을 합니다. 산업 디자인이 중시되면서, 국내에서도 산업 디자이너에 대한 수요가 늘고 있습니다. 이 직업은 창의성과 상상력이 필요하기 때문에 자신의 재능과 열정을 살릴 수 있습니다.

이러한 인기 있는 직업들은 경쟁률이 높기 때문에 관심 있는 분야를 찾고, 그 분야에서 필요한 역량을 갖추는 것이 중요합니다. 적극적으로 정보를 수집하고, 직업 탐색에 노력을 기울이는 것이 필요합니다. 직업 선택은 우리 인생에서 가장 중요한 결정 중 하나입니다. 자신이 좋아하고, 재능을 발휘할 수 있는 분야에서 일을 하며 보람찬 인생을 살아가길 바랍니다.

윗글을 한 문단으로 요약해 주세요.

스티브 잡스의 명언처럼 직업 선택은 인생에서 중요한 결정 중 하나이며, 최근 대세는 인공지능, 빅데이터, 의료 분야, 그리고 환경 문제 해결을 위한 직업들입니다. 이러한 직업들은 경쟁률이 높아 수입과 성장 가능성은 높지만, 관심 분야를 찾고 필요한 역량을 갖추는 것이 중요합니다. 이를 위해 정보 수집과 직업 탐색에 노력을 기울이며, 자신이 좋아하고 재능을 발휘할 수 있는 분야에서 일을 하는 것이 중요합니다.

ChatGPT는 글뿐만 아니라 표로도 내용을 요약할 수 있습니다. 표로 내용을 요약하고자 할 때는 제목 줄에 들어갈 내용을 구체적으로 언급하는 것이 좋습니다.

 윗글에 설명한 인공지능 개발자, 데이터 분석가, 산업 디자이너의 역할, 경쟁률, 수입에 대한 내용을 표로 정리해 주세요.

직업	역할	경쟁률	수입
인공지능 개발자	인공지능 프로그램 개발 및 관리	높음	높음
데이터 분석가	기업 데이터 분석 및 의사 결정 지원	높음	높음
산업 디자이너	제품의 디자인과 기능 기획 및 디자인	증가 중	보통 또는 높음

또한, 글의 내용을 바탕으로 프레젠테이션 자료를 만들고자 한다면 ChatGPT에게 각 슬라이드에 포함할 내용을 제시해 달라고 요청할 수 있습니다.

윗글의 내용을 프레젠테이션 자료로 제작해 주세요. 단, 한 슬라이드에는 중심 내용이 3개 이상 포함되어서는 안 됩니다.

Slide 1: Introduction

직업 선택의 중요성

인공지능, 빅데이터, 의료 분야, 환경 문제 해결 직업들의 대세성

경쟁률과 수입, 성장 가능성의 상관관계

Slide 2: 인공지능 개발자

인공지능 프로그램 개발 및 관리 역할

경쟁률과 수입, 발전 가능성의 증가

필요한 역량과 적극적인 정보 수집의 중요성

Slide 3: 데이터 분석가

기업에서 데이터 분석 및 의사 결정 역할

대부분의 기업에서 필수적으로 고용되는 직업

경쟁률과 수요 증가에 따른 발전 가능성

Slide 4: 산업 디자이너

제품 디자인 및 기획 역할

국내에서 수요 증가

창의성과 상상력의 필요성

Slide 5: 직업 선택의 중요성

자신의 재능과 열정을 발휘할 수 있는 분야에서 일하는 것의 중요성

적극적인 정보 수집과 필요한 역량의 보유의 중요성

보람찬 인생을 살기 위한 직업 선택의 중요성

Slide 6: Conclusion

직업 선택은 인생에서 가장 중요한 결정 중 하나

관심 분야와 필요한 역량에 맞춘 직업 탐색의 중요성

보람찬 인생을 살아갈 수 있는 적절한 직업 선택의 중요성

실제 프레젠테이션을 할 때 청중의 관심을 끌 수 있게 프레젠테이션의 표현에도 다양한 추가 요청을 할 수 있습니다.

윗글의 내용을 프레젠테이션 자료로 제작해 주세요. 단, 한 슬라이드에는 중심 내용이 3개 이상 포함되어서는 안 됩니다. 그리고 청중의 관심을 끌 수 있도록 각 슬라이드의 제목은 재미 있는 표현으로 작성해 주세요.

Slide 1: 직업 선택의 중요성

제목: "인생의 큰 선택, 이제는 내 차례!"

스티브 잡스의 명언: '성공의 비결은 자신이 좋아하는 일을 찾는 것이다.'

직업 선택은 인생에서 가장 중요한 결정 중 하나

현재 대세인 인공지능, 빅데이터, 의료 분야, 그리고 환경 문제 해결을 위한 직업들

인공지능 개발자, 데이터 분석가, 산업 디자이너의 역할과 발전 가능성

경쟁률이 높아도 수입과 성장 가능성이 높음

자신의 재능과 열정을 살릴 수 있는 분야에서 일을 하는 것이 중요함

Slide 2: 인공지능 개발자

제목: "AI 시대의 주인공, 인공지능 개발자"

인공지능 프로그램을 만들고 관리하는 역할

경쟁률이 높지만 혁신적인 분야로 떠오르고 있음

수입과 발전 가능성이 높아짐

Slide 3: 데이터 분석가

제목: "데이터의 가치를 깨우치는 데이터 분석가"

기업에서 데이터를 분석하고 의사 결정을 내리는 역할

대부분의 기업들이 필수적으로 고용

수요가 많아지고 있음

Slide 4: 산업 디자이너

제목: "상상력으로 제품을 변화시키는 산업 디자이너"

제품의 디자인과 기능을 기획하고 디자인하는 역할

산업 디자인이 중요시되면서 수요가 늘고 있음

창의성과 상상력이 필요함

Slide 5: 직업 선택의 역량

제목: "내 역량을 갖추고, 내 인생을 선택하자!"

인기 있는 직업의 경쟁률이 높음

관심 있는 분야에서 필요한 역량을 갖추는 것이 중요함

적극적으로 정보를 수집하고, 직업 탐색에 노력을 기울이는 것이 필요함

 위 프레젠테이션 자료의 각 슬라이드마다 포함할 수 있는 통계 자료를 1개씩 제시해 주세요.

Slide 2: 인공지능 개발자

제목: 인공지능 개발자의 수입과 채용률

인공지능 개발자의 평균 연봉이 지난 5년간 20% 이상 증가하였음을 보여주는 그래프

인공지능 개발자의 채용률이 다른 직업군 대비 상대적으로 높은 비율을 보여주는 통계

Slide 3: 데이터 분석가

제목: 데이터 분석가의 수요와 역할

데이터 분석가가 필요한 산업군과 그 비중을 보여주는 차트

데이터 분석가가 수행하는 업무와 그 역할을 간략하게 설명하는 리스트

Slide 4: 산업 디자이너

제목: 산업 디자이너의 수입과 경쟁률

산업 디자이너의 평균 연봉과 이전 5년간 연봉 증감률을 비교한 차트

산업 디자이너 채용 공고 수와 지원자 수를 비교한 통계

Slide 5: 직업 선택의 중요성

제목: 직업 선택의 중요성과 정보 수집 방법

한국인이 평균적으로 취업까지 걸리는 시간과 그 비율을 보여주는 그래프

적극적인 직업 정보 수집 방법과 관련한 팁들을 간략하게 설명하는 리스트

ChatGPT는 그래프를 그릴 수는 없습니다. 하지만 위와 같은 방법으로 프레젠테이션 자료에 포함할 통계 자료에 대한 아이디어를 얻을 수 있고, ChatGPT가 제시한 통계 자료에 대해 다음과 같이 추가 질문을 하여 구체적인 자료를 빠르게 찾아 프레젠테이션 자료를 제작할 수 있습니다.

한국인이 평균적으로 취업까지 걸리는 시간과 비율은 어떤지 알려주세요.

한국인이 평균적으로 취업까지 걸리는 시간과 비율은 매년 변동될 수 있으나, 2021년 기준으로는 다음과 같습니다.

평균 취업까지 걸리는 시간: 6.6개월

취업률: 60.3%

이는 고용노동부가 발표한 2021년도 신입사원 취업 동향 조사 결과입니다. 단, 이는 학위 취득 여부, 경력, 지역 등에 따라 차이가 있을 수 있으며, 참고용으로만 활용해야 합니다.

학교생활기록부 작성을 위한 ChatGPT 활용 가이드

학교생활기록부에는 학생의 활동 내용과 교사의 관찰 및 평가 내용을 서술형으로 기록합니다. 이러한 서술형 기록을 작성할 때 ChatGPT를 활용할 수 있습니다. ChatGPT에게 학생의 활동 내용에 대한 정보를 제공하고 전체 서술문의 작성을 요구할 수도 있고, 교사가 작성한 서술문에 대한 수정을 요구하거나 같은 활동에 대해 다양한 표현으로 여러 가지 서술문을 작성해 달라고 요구할 수도 있습니다. 이번 절에서는 중학교와 고등학교의 학교생활기록부를 작성하기 위해 필요한 ChatGPT 질문과 답변의 예시를 알아보겠습니다.

> **주 의**
>
> 이 책에서 제안하는 학교생활기록부 기재 방법은 교사의 서술형 평가문 작성에 도움을 주기 위한 내용이므로 실제 학교생활기록부의 구체적인 기록 방법에 대해서는 학교생활기록부 기재 요령을 반드시 확인하시기 바랍니다.

중학교 예시

교사가 입력해야 하는 중학교 학교생활기록부의 기재 영역과 영역별 세부 항목에 작성할 수 있는 최대 글자 수는 다음과 같습니다.

(교육정보시스템, 2023.)

영역	세부항목	최대 글자수 (한글 기준)	비 고
1. 인적·학적사항	학생 성명	20자	영문 60자
	주소	300자	
	특기사항	500자	
2. 출결상황	특기사항	500자	
3. 수상경력	수상명	100자	
	참가대상(참가인원)	25자	
4. 창의적 체험활동상황*	자율활동 특기사항	500자	
	동아리활동 특기사항	500자	
	진로활동 특기사항	700자	
	봉사활동실적 활동내용	250자	
5. 자유학기활동상황*	진로탐색활동 특기사항	1,000자	
	주제선택활동 특기사항	1,000자	
	예술·체육활동 특기사항	1,000자	
	동아리활동 특기사항	1,000자	
6. 교과학습발달상황*	과목별 세부능력 및 특기사항	과목별 500자	
	개인별 세부능력 및 특기사항	500자	
7. 독서활동상황*	공통	500자	
	과목별	250자	
8. 행동특성 및 종합의견*	행동특성 및 종합의견	500자	

* : 최대 글자 수 기준은 학년 단위임.
※ 교육정보시스템에서 입력 글자의 단위는 Byte이며, 한글 1자는 3Byte, 영문·숫자 1자는 1Byte, 엔터(Enter)는 2Byte임.
※ 훈령 제243호(2018.3.1.) 이전의 적용을 받았던 학생이 재취학, 편입학 등의 사유로 제280호(2019.3.1.) 이후 훈령의 적용을 받아 항목별 입력 가능한 글자 수가 축소되는 경우, 학업성적관리위원회의 심의를 통해 변경된 글자 수에 맞도록 수정하여 입력해야 함.

그림 4.2 학교생활기록부 영역별 입력 가능 최대 글자 수 *출처: 2023학년도 중학교 학교생활기록부 기재 요령(교육부)*

학교생활기록부 기재를 위한 영역별 질문과 답변의 예시를 제시하면 다음과 같습니다.

창의적 체험활동 상황

창의적 체험활동에서 자율, 동아리, 진로 활동의 특기사항은 활동 상황을 누가 기록한 자료를 토대로 활동 실적, 진보의 정도, 행동의 변화, 특기사항 등을 종합하여 문장 형태로 기록합니다. 따라서 ChatGPT에게 활동의 구체적 내용과 학생의 참여도 또는 활동 의욕 등에 대한 정보를 충분히 제공하고, 문장의 형식과 분량을 제한하여 서술문 작성을 요청할 수 있습니다. 자율 활동과 동아리 활동의 특기사항을 작성하기 위한 질문과 답변의 예시는 다음과 같습니다.

[자율 활동 특기사항을 작성하기 위한 질문과 답변]

중학생이 학교폭력예방교육에 참여하여 학교폭력의 유형에 대해 학습하고 학교폭력을 하지 않겠다는 내용의 소감문을 작성하였습니다. 학생의 활동 내용에 대한 평가문을 100자 이내의 1문단으로 작성해 주세요.

학생은 학교폭력예방교육에 적극적으로 참여하여 학교폭력의 유형과 심각성을 파악하였음. 소감문을 작성하며 학교폭력을 하지 않겠다는 다짐을 표현하였으며, 학교폭력 예방에 대한 자발적인 노력과 책임감을 보여주었음. 학생의 참여도와 태도는 높아 적극적으로 활동에 참여하며, 자신의 행동에 대한 능동적인 변화를 나타내었음. 학생의 노력과 성과는 매우 칭찬할 만합니다.

주관적인 평가를 나타낸 부분은 삭제해 주세요.

학생은 학교폭력예방교육에 적극적으로 참여하여 학교폭력의 유형과 심각성을 파악하였음. 소감문을 작성하며 학교폭력을 하지 않겠다는 다짐을 표현하였으며, 학교폭력 예방에 대한 자발적인 노력과 책임감을 보여주었음. 학생은 참여도와 태도가 높아 적극적으로 활동에 참여하며, 자신의 행동에 대한 능동적인 변화를 나타내었음.

모든 문장에 주어를 삭제해 주세요.

 학교폭력예방교육에 적극적으로 참여하여 학교폭력의 유형과 심각성을 파악하였음. 소감문을 작성하며 학교폭력을 하지 않겠다는 다짐을 표현하였으며, 학교폭력 예방에 대한 자발적인 노력과 책임감을 보여주었음. 참여도와 태도가 높아 적극적으로 활동에 참여하며, 자신의 행동에 대한 능동적인 변화를 나타내었음.

[동아리 활동 특기사항을 작성하기 위한 질문과 답변]

 중학교 3학년 학생이 '인공지능 시대의 글쓰기'라는 동아리에 참여하였습니다. 주요 활동으로는 인공지능 챗봇으로 설명문과 시나리오 쓰기, 인공지능 웹툰 만들기 등을 실시하였고, 학생은 인공지능 챗봇에 대해 많은 흥미를 나타내었습니다. 이 학생에 대한 평가문을 500자 이내의 1문단으로 작성해 주세요.

 중학교 3학년 학생은 '인공지능 시대의 글쓰기' 동아리에 적극적으로 참여하여 인공지능에 대한 이해를 높였습니다. 인공지능 챗봇을 활용한 설명문과 시나리오 쓰기, 인공지능 웹툰 제작 등의 활동을 통해 학생은 창의적인 아이디어와 기획 능력을 발휘하며 인공지능에 대한 관심과 지식을 증진시켰습니다. 학생은 인공지능 챗봇에 대해 많은 흥미를 나타내어 자신만의 개념과 관점으로 이야기를 풀어냈으며, 인공지능 분야에서 미래에 활약할 가능성이 높은 모습을 보여주었습니다. 학생은 참여도와 적극성이 높았고, 글쓰기와 인공지능 분야에서의 역량을 함양한 모습을 보여주었습니다. 이러한 학생의 노력과 성과는 매우 칭찬할 만합니다.

 주관적인 평가에 대한 부분은 삭제하여 다시 작성해 주세요.

 중학교 3학년 학생은 '인공지능 시대의 글쓰기' 동아리에 적극적으로 참여하여 인공지능에 대한 이해를 높였습니다. 학생은 인공지능 챗봇을 활용한 설명문과 시나리오 쓰기, 인공지능 웹툰 제작 등의 활동을 통해 창의적인 아이디어와 기획 능력을 발휘하며 인공지능에 대한 관심과 지식을 증진시켰습니다. 학생은 인공지능 챗봇에 대해 많은 흥미를 나타내어 자신만의 개념과 관점으로 이야기를 풀어냈으며, 인공지능 분야에서 미래에 활약할 가능성이 높은 모습을 보여주었습니다. 학생은 참여도와 적극성이 높았고, 글쓰기와 인공지능 분야에서의 역량을 함양한 모습을 보여주었습니다.

 모든 문장을 "~함." 또는 "~임."의 형태로 끝맺어 주세요.

 중학교 3학년 학생은 '인공지능 시대의 글쓰기' 동아리에 적극적으로 참여하여 인공지능에 대한 이해를 높였음. 학생은 인공지능 챗봇을 활용한 설명문과 시나리오 쓰기, 인공지능 웹툰 제작 등의 활동을 통해 창의적인 아이디어와 기획 능력을 발휘하며 인공지능에 대한 관심과 지식을 증진시켰음. 학생은 인공지능 챗봇에 대해 많은 흥미를 나타내어 자신만의 개념과 관점으로 이야기를 풀어냈으며, 인공지능 분야에서 미래에 활약할 가능성이 높은 모습을 보여주었음. 학생은 참여도와 적극성이 높았고, 글쓰기와 인공지능 분야에서의 역량을 함양한 모습을 보여주었음.

 모든 문장의 주어를 삭제해 주세요.

 '인공지능 시대의 글쓰기' 동아리에 적극적으로 참여하여 인공지능에 대한 이해를 높였음. 인공지능 챗봇을 활용한 설명문과 시나리오 쓰기, 인공지능 웹툰 제작 등의 활동을 통해 창의적인 아이디어와 기획 능력을 발휘하며 인공지능에 대한 관심과 지식을 증진시켰음. 인공지능 챗봇에 대해 많은 흥미를 나타내어 자신만의 개념과 관점으로 이야기를 풀어냈으며, 인공지능 분야에서 미래에 활약할 가능성이 높은 모습을 보여주었음. 참여도와 적극성이 높았고, 글쓰기와 인공지능 분야에서의 역량을 함양한 모습을 보여주었음.

자유 학기 활동 상황

자유 학기를 운영하는 중학교에서는 진로 탐색 활동, 주제 선택 활동, 예술·체육 활동, 동아리 활동에 대한 특기사항을 모든 학생에 대해 입력해야 합니다. 자유 학기 특기사항에는 해당 프로그램의 활동 내용과 이에 대한 학생들의 활동 과정과 참여도 및 흥미도, 활동을 통한 변화와 성장을 관찰하여 기록하게 됩니다. 따라서 ChatGPT에 이러한 정보를 제공하고 평가문 작성을 요청할 수 있습니다.

특히 자유 학기의 특기사항은 모든 학생에 대해 입력해야 하기 때문에 같은 학습 활동을 다른 어휘를 사용하여 여러 가지로 표현해야 합니다. 다음은 자유 학기 활동 상황 중 주제 선택 활동 특기사항에 활용하기 위해 해당 과목에서 실시한 학습 활동을 나열하고 이에 대한 다양한 표현의 답변을 요구한 예시입니다.

'문해력 향상을 위한 신문 읽기' 과목에서는 신문을 통해 다양한 어휘를 학습하고 이를 바탕으로 단어 퍼즐 게임, 문장 만들기 활동, 기사 요약하기, 학교생활을 기사문으로 작성하기 등의 활동을 진행하였습니다. 이 수업에 참여한 학생들에 대한 평가를 각각 다른 표현을 사용하여 10가지 작성해 주세요.

1. 이 수업에 참여한 학생들은 신문 읽기를 통해 다양한 어휘를 습득하였고, 이를 활용하여 창의적인 문장을 만드는 데 성공하였습니다.
2. 학생들은 기사 요약하기 활동을 통해 독해력을 향상시키고, 중요한 정보를 간결하게 요약하는 기술을 습득하였습니다.
3. 신문을 통해 학생들은 현재 사회적 이슈에 대한 이해를 높였고, 자신의 생각을 논리적으로 표현하는 능력을 기를 수 있었습니다.
4. 수업 내용이 실생활에 밀접하게 관련되어 있어서, 학생들은 학교생활에서도 신문의 정보를 적극적으로 활용하였습니다.
5. 학생들은 단어 퍼즐 게임을 통해 어휘력을 향상시키고, 다양한 어휘를 적극적으로 사용하여 문장을 만드는 것을 즐기며 참여하였습니다.
6. 기사 요약하기 활동을 통해 학생들은 핵심 내용을 요약하는 기술을 배우고, 독해력을 높일 수 있었습니다.
7. 학생들은 학교생활을 기사문으로 작성하는 활동을 통해 자신의 생각을 글로 표현하는 연습을 하였고, 글쓰기 능력을 향상시켰습니다.
8. 수업에서 배운 어휘들은 실생활에서 자연스럽게 사용될 수 있는 것들이었기 때문에, 학생들은 실제로 적극적으로 활용하였습니다.

9. 학생들은 문장 만들기 활동을 통해 다양한 문장 구조를 익히고, 이를 활용하여 글쓰기 능력을 개선하였습니다.

10. 수업에서 배운 내용은 단순한 어휘 학습에 그치지 않고, 학생들이 자신의 생각을 표현하는 연습을 하도록 유도하였기 때문에, 학생들은 논리적인 글쓰기 능력을 향상시킬 수 있었습니다.

위와 같은 방법으로 과목의 활동 내용에 대한 다양한 서술문을 요구한 후, 추가 질문을 통해 각 답변에 대한 보다 자세한 서술문을 요구하거나 문장의 형식이나 분량 등을 제한할 수 있습니다.

 7번의 내용을 보다 구체적으로 서술하여 100자 이내로 작성해 주세요.

 학생들은 학교생활을 기사문으로 작성하는 활동을 통해, 자신이 직접 체험한 일상적인 상황들을 글로 표현하는 방법을 배우게 되었습니다. 이를 통해 학생들은 자신의 생각을 글로 표현하는 능력을 향상시키고, 다양한 글쓰기 기법들을 익히게 되었습니다. 또한 이 활동을 통해 학생들은 자신의 경험을 적극적으로 공유하며, 서로의 생각을 나누는 소통의 과정을 경험하였습니다.

교과학습발달상황

교과학습발달상황에서는 교과별 세부능력 및 특기사항 항목에 과목별 성취 기준에 따른 성취 수준의 특성, 학생의 학습활동 참여도, 학생의 자기 주도적 학습 태도와 그에 따른 변화와 성장을 관찰하여 기록하게 됩니다. 따라서 과목별 성취 기준 및 성취 수준, 학습활동에 대한 정보, 학생들의 참여도와 자기 주도적 학습 내용 등에 대한 정보를 ChatGPT에 제공하고 평가 서술문 작성을 요청할 수 있습니다.

교과별 세부능력 및 특기사항의 경우, 같은 학습 활동에 참여한 학생들에 대해 각각 다른 표현을 사용하여 학생들의 개별적인 변화와 성장에 대한 내용을 작성해야 합니다. ChatGPT에게 한 가지 학습 활동에 대해 다양한 표현으로 학생들의 활동 과정을 서술해 달라고 요청해 보았습니다.

 국어 수업에서 주장하는 글쓰기 학습 활동을 진행하였습니다. 학생들의 활동 과정을 각각 다른 표현으로 3가지 작성해 주세요.

1. 학생들은 주어진 주제에 대해 주장을 분명하게 제시하였고, 이를 논리적인 순서에 따라 표현하였습니다. 또한, 타당한 근거를 제시하여 자신의 주장을 더욱 강화시켰습니다.

2. 주제에 대한 이해도와 관련된 배경 지식을 바탕으로, 학생들은 자신만의 관점을 담은 주장을 제시하였습니다. 이 과정에서, 문제 해결 능력과 창의성을 발휘하여 다양한 주장을 제시하였습니다.

3. 주제에 대한 충분한 조사를 통해 타당성 있는 주장을 제시했으며, 이를 논리적으로 전개하여 다른 학생들과 토론을 통해 더욱 풍부한 결과물을 도출하였습니다. 이러한 과정을 통해 자신의 의견을 표현하는 능력과 논리적 사고력을 함양하였습니다.

 국어 수업에서 책 읽기를 좋아하는 학생에 대한 평가를 각각 다른 표현으로 5가지 작성해 주세요.

1. 이 학생은 국어 수업에서 책 읽기를 좋아하는 모습이 두드러집니다. 수업 시간에는 물론, 자율 독서 시간에도 책을 읽는 모습을 자주 볼 수 있습니다. 이를 통해 꾸준한 독서 습관을 형성하고 있으며, 이로 인해 국어 실력이 점차 향상되고 있습니다.

2. 책 읽기를 좋아하는 이 학생은 수업에서 배운 문학 작품을 선호하며, 이를 깊이 있는 이해를 위해 노력합니다. 책을 읽는 과정에서 생긴 궁금증을 교사나 동료 학생에게 질문하고, 함께 토론하며 새로운 인사이트를 얻습니다.

3. 이 학생은 자신의 관심 분야에 대한 책을 찾아 읽는 것을 즐기며, 이를 통해 새로운 지식을 습득합니다. 또한, 다양한 책을 읽어보며 다양한 문화와 사고방식을 이해하고, 자신의 세계관을 넓혀가고 있습니다.

4. 학생은 책을 읽는 것을 단순한 취미로만 생각하지 않고, 자신의 삶과 연결시켜 생각합니다. 이러한 과정에서, 자신의 인생을 돌아보고 방향을 잡는데 큰 도움을 받고 있습니다.

5. 이 학생은 책 읽기를 좋아함으로써, 다른 학생들에게 좋은 영향을 끼치고 있습니다. 그의 책을 추천하며, 책 읽기의 중요성에 대해 이야기하는 모습을 볼 수 있습니다. 이로 인해 수업 내외에서 책 읽기에 대한 관심과 열정이 높아지는 효과를 봅니다.

국어 교과에 흥미가 높은 학생에 대한 평가문을 각각 다른 어휘를 사용하여 3가지 작성해 주세요.

1. 이 학생은 국어 교과에서 매우 흥미를 느끼고, 적극적으로 참여하여 어휘력을 향상시키고 글쓰기 능력을 개선함.
2. 국어 교과에서 이 학생은 독서와 글쓰기에 매우 열중하여, 훌륭한 글쓰기 기술과 높은 문학적 감성을 발휘함.
3. 이 학생은 국어 교과에서 독해력과 문장 구성 능력이 뛰어나며, 문학적 작품들에 대한 깊은 이해와 해석 능력을 보유하고 있음.

이러한 방식으로 교사는 학습 활동의 과정과 학생의 태도를 평가하는 다양한 표현을 빠르게 찾아 개별 학생에게 해당되는 특기사항을 보다 편리하게 작성할 수 있습니다.

행동 특성 및 종합의견

행동 특성 및 종합의견에는 학생의 학습, 행동, 인성 등 학교생활 전반에 대하여 교사의 관찰 및 평가 내용을 누가 기록하게 됩니다. 그리고 누가 기록을 바탕으로 학생의 종합적인 변화와 성장에 대해 서술합니다. 따라서 학생의 학교생활을 관찰한 내용을 ChatGPT에 제공한 후 이에 대한 평가 서술문 작성을 요청할 수 있습니다.

다음은 중학생 3학년 학생의 행동 특성 및 종합의견을 작성하기 위한 질문과 답변의 예시입니다.

중학교 3학년 학생의 학교생활에 대한 평가 서술문을 작성하려고 합니다. 이 학생은 학급에서 분리수거 도우미를 맡아 성실하게 활동에 참여하였습니다. 그리고 수업 시간에는 중요한 내용을 꼼꼼히 필기하며 열심히 수업에 참여합니다. 친구들의 어려움을 적극적으로 도와줍니다. 부족한 과목을 보충하기 위해 방과후학교에 참여하기도 하며, 친구들에게 모르는 문제를 물어보기도 합니다. 이러한 내용을 바탕으로 학생의 학습, 태도, 인성을 평가하여 500자 이내의 한 문단으로 작성해 주세요.

해당 학생은 학급에서 분리수거 도우미로서 성실하게 활동하였습니다. 환경보호에 대한 책임감과 노력을 보이며, 친환경적인 생활을 위한 실천적인 모습을 보여주고 있습니다. 또한, 수업 시간에는 중요한 내용을 꼼꼼하게 필기하며 열심히 수업에 참여하고 있습니다. 이러한 노력은 자신의 학습태도를 높이는 데 큰 도움이 되며, 동시에 친구들의 학습에도 긍정적인 영향을 미치고 있습니다. 또한, 친구들의 어려움을 적극적으로 도와주며, 자신도 모르는 문제는 물어봄으로써 상호적인 학습태도를 보여주고 있습니다. 더불어, 부족한 과목을 보충하기 위해 방과후학교에 참여하는 등, 자기주도적인 학습태도를 보이고 있습니다. 이러한 모습은 학습 능력뿐 아니라 인성적인 측면에서도 높은 평가를 받을 만한 모습을 보여주고 있습니다. 해당 학생은 자신의 노력을 바탕으로 학교생활을 적극적으로 참여하고 성장하며, 친구들과의 관계에서도 긍정적인 영향력을 발휘하고 있습니다.

모든 문장을 "~함." 또는 "~임."의 형태로 끝맺어 주세요.

해당 학생은 학급에서 분리수거 도우미로서 성실하게 활동함. 환경보호에 대한 책임감과 노력을 보이며, 친환경적인 생활을 위한 실천적인 모습을 보여줌. 또한, 수업 시간에는 중요한 내용을 꼼꼼하게 필기하며 열심히 수업에 참여하고 있음. 이러한 노력은 자신의 학습태도를 높이는 데 큰 도움이 되며, 동시에 친구들의 학습에도 긍정적인 영향을 미치고 있음. 또한, 친구들의 어려움을 적극적으로 도와주며, 자신도 모르는 문제는 물어봄으로써 상호적인 학습태도를 보여주고 있음. 더불어, 부족한 과목을 보충하기 위해 방과후학교에 참여하는 등, 자기주도적인 학습태도를 보이고 있음. 이러한 모습은 학습 능력뿐 아니라 인성적인 측면에서도 높은 평가를 받을 만한 모습을 보여줌. 해당 학생은 자신의 노력을 바탕으로 학교생활을 적극적으로 참여하고 성장하며, 친구들과의 관계에서도 긍정적인 영향력을 발휘하고 있음.

모든 문장의 주어를 삭제해 주세요.

학급에서 분리수거 도우미로서 성실하게 활동함. 환경보호에 대한 책임감과 노력을 보이며, 친환경적인 생활을 위한 실천적인 모습을 보여줌. 수업 시간에는 중요한 내용을 꼼꼼하게 필기하며 열심히 수업에 참여하고 있음. 이러한 노력은 자신의 학습태도를 높이는 데 큰 도움이 되며, 동시에 친구들의 학습에도 긍정적인 영향을 미치고 있음. 친구들의 어려움을 적극적으로 도와주며, 자신도 모르는 문제는 물어봄으로써 상호적인 학습태도를 보여주고 있음. 부족한 과목을 보충하기 위해 방과후학교에 참여하는 등, 자기주도적인 학습태도를 보이고 있음. 이러한 모습은 학습 능력뿐 아니라 인성적인 측면에서도 높은 평가를 받을 만한 모습을 보여줌. 해당 학생은 자신의 노력을 바탕으로 학교생활을 적극적으로 참여하고 성장하며, 친구들과의 관계에서도 긍정적인 영향력을 발휘하고 있음.

마지막 문장의 "해당 학생은" 이라는 주어를 삭제해 주세요.

자신의 노력을 바탕으로 학교생활을 적극적으로 참여하고 성장하며, 친구들과의 관계에서도 긍정적인 영향력을 발휘하고 있음.

고등학교 예시

교사가 입력해야 하는 고등학교 학교생활기록부에는 기재 영역과 영역별 세부 항목이 있으며, 각 항목에는 작성할 수 있는 최대 글자 수가 다음과 같이 정해져 있습니다.

영역	세부항목	최대 글자수 (한글 기준)	비고
1. 인적·학적사항	학생 성명	20자	영문 60자
	주소	300자	
	특기사항	500자	
2. 출결상황	특기사항	500자	
3. 수상경력	수상명	100자	
	참가대상(참가인원)	25자	
4. 자격증 및 인증 취득상황	명칭 또는 종류	100자	
5. 창의적 체험활동상황*	자율활동 특기사항	500자	
	동아리활동 특기사항	500자	
	진로활동 특기사항	700자	
	봉사활동실적 활동내용	250자	
6. 교과학습발달상황*	과목별 세부능력 및 특기사항	과목별 500자	
	개인별 세부능력 및 특기사항	500자	
7. 독서활동상황*	공통	500자	
	과목별	250자	
8. 행동특성 및 종합의견*	행동특성 및 종합의견	500자	
9. 전공·과정	1학기	60자	부전공 30자 이내 세부전공 30자 이내 복수전공 30자 이내
	2학기	60자	부전공 30자 이내 세부전공 30자 이내 복수전공 30자 이내
	비고	250자	

그림 4.3 학교생활기록부 영역별 입력 가능 최대 글자 수 출처: 2023학년도 고등학교 학교생활기록부 기재 요령(교육부)

학교생활기록부 기재를 위한 영역별 질문과 답변의 예시를 제시하면 다음과 같습니다.

창의적 체험 활동 진로 활동 특기사항

진로 활동 영역에서 학생이 참여한 실제 활동과 역할 위주로 기술할 수 있습니다. 교사는 다음 사항을 참고하여 700자 이내로 작성할 수 있습니다.

1. 특기 · 진로 희망과 관련된 학생의 자질, 학생이 수행한 노력과 활동
2. 학생의 특기 · 진로를 돕기 위해 학교와 학생이 수행한 활동과 결과
3. 학생 · 학부모의 진로상담 결과
4. 학생의 활동 참여도, 활동 의욕, 태도의 변화 등 진로활동과 관련된 사항
5. 학급 담임교사, 상담교사, 교과담당교사, 진로전담교사의 상담 및 관찰 · 평가 내용

담임교사 김영민은 신미래 학생의 진로 활동 내용을 다음과 같이 기록해 두었습니다.

학번	이름	진로 활동 내용
20101	신미래	• 진로진학 상담에 참여
		• 생명과학 계열 진학 탐구 보고서 작성
		• '호르몬 수용체와 관련된 신규 단백질 탐색 및 이해' 과학 프로젝트 참여/팀 멘토
		• 호르몬 수용체와 관련된 유전자 데이터 베이스 논문 검토
		• 스마트 스터디 조직 '단백질의 3차원 구조 분석 연구'
		• 단백질 구조 데이터 베이스(PDB) 활용 연구
		• 문헌 탐색
		• 단백질 분자의 3차원 구조를 시각화
		• 단백질 내부의 아미노산과의 상호작용 등을 분석
		• 결과 보고서 제출

앞의 내용을 바탕으로 ChatGPT를 이용하여 고등학교 진로 활동 특기사항에 대한 질문과 답변 예시를 500자 이내로 작성할 수 있습니다.

다음 내용을 신미래 학생이 진로활동에 수행한 활동과 역할 위주로 구성해서 문단으로 만들어 주세요.

- 진로진학 상담에 참여
- 생명과학 계열 진학 탐구 보고서 작성
- '호르몬 수용체와 관련된 신규 단백질 탐색 및 이해' 과학 프로젝트 참여/팀 멘토
- 호르몬 수용체와 관련된 유전자 데이터 베이스 논문 검토
- 스마트 스터디 조직 '단백질의 3차원 구조 분석 연구'
- 단백질 구조 데이터 베이스(PDB) 활용 연구
- 문헌 탐색
- 단백질 분자의 3차원 구조를 시각화
- 단백질 내부의 아미노산과의 상호작용 등을 분석
- 결과 보고서 제출

신미래 학생은 진로활동에서 생명과학 분야에 대한 탐구와 연구를 진행하였습니다. 그 중 첫 번째 활동으로는 진로진학 상담에 참여하여 생명과학 계열 진학을 위한 진학 탐구 보고서를 작성하였습니다. 이 보고서는 생명과학 분야에서의 진로를 탐구하고, 자신의 관심 분야와 전공 분야를 파악하는 데 많은 도움을 주었습니다.

또한, 신미래 학생은 과학실험프로젝트에 참여하여 호르몬 수용체와 관련된 신규 단백질 탐색 및 이해를 주제로 진행된 탐구활동에서 팀의 멘토로서 적극적으로 참여하였습니다. 이 프로젝트에서는 호르몬 수용체와 관련된 유전자 데이터베이스를 분석한 논문을 적극적으로 검토하여 전체 실험프로젝트에 공헌하였습니다.

또한, 신미래 학생은 '단백질의 3차원 구조 분석 연구'를 주제로 스마트 스터디를 조직하여 관련 문헌을 탐색하고 PDB와 같은 단백질 구조 데이터베이스를 활용하여, 단백질 분자의 3차원 구조를 시각화하고, 단백질 내부의 아미노산과의 상호작용 등을 분석한 후 그 결과를 보고서로 작성하여 제출하였습니다. 이를 통해 단백질 구조와 기능에 대한 깊은 이해를 얻을 수 있었습니다.

이렇게 신미래 학생은 생명과학 분야에서의 진로 탐색과 연구에 적극적으로 참여하며, 다양한 경험과 지식을 쌓아 나갔습니다. 이러한 경험들은 신미래 학생이 미래에 생명과학 분야에서 뛰어난 전문가로 성장하는 데 큰 도움이 될 것입니다.

위 문단에서 '신미래 학생은' 주어를 삭제하고, 모든 문장을 "~함." 또는 "~임."으로 끝나게 수정해 주세요.

진로진학 상담에 참여하여 생명과학 계열 진학을 위한 진학 탐구 보고서를 작성함.

과학실험프로젝트 중 '호르몬 수용체와 관련된 신규 단백질 탐색 및 이해'를 주제로 진행된 탐구활동에 팀의 멘토로서 적극적으로 참여함. 이 프로젝트에서 특히 호르몬 수용체와 관련된 유전자 데이터베이스를 분석한 논문을 적극적으로 검토하여 전체 실험프로젝트에 공헌함.

'단백질의 3차원 구조 분석 연구'를 주제로 스마트 스터디를 조직하여 관련 문헌을 탐색하고 PDB와 같은 단백질 구조 데이터베이스를 활용하여, 단백질 분자의 3차원 구조를 시각화하고, 단백질 내부의 아미노산과의 상호작용 등을 분석한 후 그 결과를 보고서로 작성하여 제출함.

위와 같이 ChatGPT와 지속적인 대화를 통해 생성된 문단을 기반으로 교사가 학교생활기록부 입력 내용을 다음과 같이 최종적으로 수정할 수 있습니다.

학번	이름	진로활동 특기사항
20101	신미래	• 진로진학 상담(2023.04.17.)에 참여하여 생명과학 계열 진학을 위한 진학 탐구 보고서를 작성함. • 과학실험프로젝트 중 '호르몬 수용체와 관련된 신규 단백질 탐색 및 이해'를 주제로 진행된 탐구활동에 팀의 멘토로서 적극적으로 참여함. 이 프로젝트에서 특히 호르몬 수용체와 관련된 유전자 데이터베이스를 분석한 논문을 적극적으로 검토하여 전체 실험프로젝트 진행에 공헌함. • '단백질의 3차원 구조 분석 연구'를 주제로 스마트 스터디 그룹을 조직하여 관련 문헌을 탐색하고 PDB와 같은 단백질 구조 데이터베이스를 활용하여, 단백질 분자의 3차원 구조를 시각화하고, 단백질 내부의 아미노산과의 상호작용 등을 분석한 후 그 결과를 보고서로 작성하여 제출함. (361자)

교과 학습 발달 상황 중 과목별 세부능력 특기사항

과목별 세부능력 특기사항은 교사가 학생참여형 수업 및 수업과 연계된 수행평가 등에서 관찰한 내용을 500자 이내로 입력할 수 있습니다. 교사 김영민은 고등학교 2학년 영어 I 교과 시간에 신미래 학생이 조사하고 발표한 내용을 다음과 같이 기록해 두었습니다.

학번	이름	교과목명	활동 내용
20101	신미래	고등학교 영어 I	• 영어시간에 실패에서 성공으로 가는 과정을 거친 인물들에 대한 다양한 영어 지문 읽기 활동 • 세계에서 유명한 인공지능 엔지니어의 성공 및 실패 일화 영어 지문 조사 • 조사한 내용을 자신의 진로인 인공지능 엔지니어와 연관지어 영어로 발표 • 영어 부장 적극적 활동 • 영어 부장 활동으로 멀티미디어 세팅, 인쇄물 전달, 영어 공지사항 학습에 상시 전달

위의 내용을 바탕으로, 고등학교 2학년 영어 교과의 세부 능력 사항에 대한 질문과 답변 예시를 500자 이내로 ChatGPT를 이용하여 작성할 수 있습니다.

다음 내용을 신미래 학생이 영어 교과 시간에 수행한 활동의 내용으로 우리말 500단어 이내의 한 문단으로 작성해주세요. 한 문단에서 문장이 2개 또는 3개 정도만 되게 수정해 주세요.

- 영어시간에 실패에서 성공으로 가는 과정을 거친 인물들에 대한 다양한 영어 지문 읽기 활동
- 세계에서 유명한 인공지능 엔지니어의 성공 및 실패 일화 영어 지문 조사
- 조사한 내용을 자신의 진로인 인공지능 엔지니어 연관지어 영어로 발표

- 영어 부장 적극적 활동
- 영어 부장 활동으로 멀티미디어 세팅, 인쇄물 전달, 영어 공지사항 학습에 상시 전달

신미래 학생은 영어 교과 시간에 실패와 성공에 대한 이야기를 읽는 활동을 진행하였습니다. 이후, 유명한 인공지능 엔지니어들의 성공과 실패 일화에 대한 영어 지문을 조사하였습니다.

조사한 내용을 바탕으로 인공지능 분야에 대한 발표를 진행하여, 영어 실력뿐 아니라 인공지능 지식도 함께 습득할 수 있었습니다.

또한, 영어 부장으로서 학교 내 영어 교육 환경을 개선하기 위한 활동을 적극적으로 전개하였습니다. 멀티미디어 세팅, 인쇄물 전달, 영어 공지사항 학습을 상시적으로 전달하여 학생들의 영어 실력 향상에 기여하였습니다.

위 내용을 한 문단으로 만들어 주세요.

신미래 학생은 영어 교과 시간에 실패와 성공에 대한 이야기를 읽는 활동을 진행하고, 이어서 유명한 인공지능 엔지니어들의 성공과 실패 일화에 대한 영어 지문을 조사하여 자신의 진로와 연관지어 인공지능 분야에 대한 발표를 진행하였습니다. 이를 통해 영어 실력과 인공지능 지식을 함께 습득할 수 있었습니다. 또한, 영어 부장으로서 학교 내 영어 교육 환경 개선을 위해 멀티미디어 세팅, 인쇄물 전달, 영어 공지사항 학습 등 적극적인 활동을 전개하여 학생들의 영어 실력 향상에 기여하였습니다.

'신미래 학생은' 주어를 삭제하고, 모든 문장을 "~함." 또는 "~임."으로 끝나게 수정해 주세요.

영어 교과 시간에 실패와 성공에 대한 이야기를 읽는 활동을 진행하였으며, 유명한 인공지능 엔지니어들의 성공과 실패 일화에 대한 영어 지문을 조사하여 자신의 진로와 연관지어 인공지능 분야에 대한 발표를 진행함. 이를 통해 영어 실력과 인공지능 지식을 함께 습득할 수 있었으며, 학교 내 영어 교육 환경 개선을 위해 멀티미디어 세팅, 인쇄물 전달, 영어 공지사항 학습 등 적극적인 활동을 전개하여 학생들의 영어 실력 향상에 기여함.

위 내용을 500 단어가 되게 수정해 주세요.

 신미래 학생은 영어 교과 시간에 실패와 성공에 대한 이야기를 읽는 활동을 진행하였습니다. 이를 통해 자신의 인생에서도 실패를 거치고 성공으로 나아가는 과정에서 어떤 태도를 가지면 좋을지에 대해 배울 수 있었습니다.

또한, 인공지능 분야에 대한 흥미와 관심이 높아진 신미래 학생은 유명한 인공지능 엔지니어들의 성공과 실패 일화에 대한 영어 지문을 조사하였습니다. 이를 통해 조사한 내용을 바탕으로 인공지능 분야에 대한 발표를 진행함으로써, 영어 실력뿐 아니라 인공지능 지식도 함께 습득할 수 있었습니다.

또한, 학교 내 영어 교육 환경을 개선하기 위해 영어 부장으로서 적극적인 활동을 전개하였습니다. 멀티미디어 세팅, 인쇄물 전달, 영어 공지사항 학습 등의 활동을 통해 학생들의 영어 실력 향상에 기여하였으며, 이는 신미래 학생의 리더십과 책임감을 키우는 데 큰 도움이 되었습니다.

이러한 경험들은 신미래 학생에게 더욱 높은 목표를 세우고, 그것을 달성하기 위한 노력을 아끼지 않아야 함을 알려주었습니다. 또한, 인공지능 분야에 대한 지식과 관심을 높이며, 미래에 대한 계획을 세우는 데 큰 도움이 되었습니다.

영어 교과 시간에 거듭한 활동을 통해, 신미래 학생은 자신의 미래를 생각하며 새로운 지식과 경험을 얻을 수 있는 기회를 만들어냈습니다. 이러한 경험들은 학생들의 꿈과 희망을 실현하는데 큰 역할을 할 것입니다.

 위 내용에서 '신미래 학생은'은 삭제하고 모든 문장을 "~함." 또는 "~임."으로 끝나게 수정해 주세요.

 영어 교과 시간에 실패와 성공에 대한 이야기를 읽는 활동을 진행하였으며, 자신의 인생에서도 실패를 거치고 성공으로 나아가는 과정에서 어떤 태도를 가지면 좋을지에 대해 배울 수 있었음. 또한, 인공지능 분야에 대한 흥미와 관심이 높아져 유명한 인공지능 엔지니어들의 성공과 실패 일화에 대한 영어 지문을 조사하여 인공지능 분야에 대한 발표를 진행함으로써, 영어 실력과 인공지능 지식을 함께 습득할 수 있었음. 학교 내 영어 교육 환경을 개선하기 위해 영어 부장으로서 적극적인 활동을 전개하여 학생들의 영어 실력 향상에 기여하였으며, 이는 리더십과 책임감을 키우는 데 큰 도

> 움이 되었음. 이러한 경험들은 더 높은 목표를 세우고 그것을 달성하기 위한 노력을 아끼지 않아야 함을 알려주었으며, 인공지능 분야에 대한 지식과 관심을 높이며 미래에 대한 계획을 세우는 데 큰 도움이 되었음. 이러한 경험들은 학생들의 꿈과 희망을 실현하는데 큰 역할을 할 것임.

위와 같이 ChatGPT와 지속적인 대화를 통해 생성된 문단을 기반으로 교사가 학교생활기록부 입력 내용을 다음과 같이 최종적으로 수정할 수 있습니다.

학번	이름	교과목명	특기사항
20101	신미래	고등학교 영어 I	영어 수업 시간에 유명한 인물들의 실패와 성공에 대한 이야기를 읽는 활동을 진행하였으며, 자신의 인생에서도 실패를 거치고 성공으로 나아가는 과정에서 어떤 태도를 가지면 좋을지에 대해 배울 수 있었음. 또한, 인공지능 분야에 대한 흥미와 관심이 높아져 유명한 인공지능 엔지니어들의 성공과 실패 일화에 대한 영어 지문을 조사하여 인공지능 분야에 대한 발표를 진행함으로써, 영어 실력과 인공지능 관련 지식을 함께 습득할 수 있었음. 학교 내 영어 교육 환경을 개선하기 위해 영어 부장으로서 적극적인 활동을 전개하여 학생들의 영어 실력 향상에 기여하였으며, 이는 리더십과 책임감을 키우는 데 큰 도움이 되었음. 이러한 경험들은 인공지능 분야에 대한 지식과 관심을 높이며 미래에 대한 계획을 영어로 세우는 데 큰 도움이 되었음. (403 단어)

행동 특성 및 종합 의견

행동 특성 및 종합 의견은 담임교사가 학생을 수시로 관찰하여 누가 기록된 행동 특성을 바탕으로 총체적으로 학생을 이해할 수 있는 종합 의견을 500자 이내의 문장으로 입력합니다.

담임 교사 김영민은 신미래 학생의 행동 특성에 관해 학기 초부터 관찰할 내용을 다음과 같이 기록해 두었습니다.

학번	이름	행동 특성
20101	신미래	• 1학기 학급 회장 • 봉사 정신 투철 • 예의 바른 태도와 온화한 성품 • 학급에 소외된 친구가 없도록 세심히 배려 • 학급 자치 회의에서 모든 급우의 의견을 차별 없이 수용 • 학업 멘토링, 학급 도서 선정, 현장 체험 장소 의견 제시, 독서 소모임 등을 제안 학급 단합 도모 • 학급 앨범 제작 담당, 계절마다 친구들과의 추억을 정리하는 사진을 찍어 학급 온라인 플랫폼에 공유 • 학급 내 한국사 스터디를 자발적으로 조직하여 1년 동안 리더로서 역할 • 학교 주최 행사와 자율활동에 적극적으로 참여하여 매회 활동 보고서 작성 제출

이 내용을 바탕으로 신미래 학생의 행동 특성에 대한 종합의견을 500자 이내로 ChatGPT를 이용하여 작성할 수 있습니다.

 다음 내용을 신미래 학생을 종합적으로 이해할 수 있는 행동 특성 위주로 문장으로 구성해서 작성해 주세요.

- 1학기 학급 회장
- 봉사정신 투철
- 예의 바른 태도와 온화한 성품
- 학급에 소외된 친구가 없도록 세심히 배려
- 학급자치 회의에서 모든 급우들의 의견을 차별없이 수용
- 학업 멘토링, 학급 도서 선정, 현장 체험 장소 의견 제시, 독서 소모임 등을 제안 학급 단합 도모

- 학급 앨범 제작 담당, 계절마다 친구들과의 추억을 정리하는 사진을 찍어 학급 온라인 플랫폼에 공유
- 학급 내 한국사 스터디를 자발적으로 조직하여 1년 동안 리더로서 역할
- 학교 주최 행사와 자율활동에 적극적으로 참여하여 매회 활동 보고서 작성 제출

신미래 학생은 1학기 학급 회장으로서 봉사정신이 투철하며 예의바른 태도와 온화한 성품으로 학급을 이끌어가고 있습니다. 그녀는 학급 내 소외된 친구가 없도록 세심히 배려하며 학급자치 회의에서는 모든 급우들의 의견을 차별 없이 수용합니다. 또한, 학업 멘토링, 학급 도서 선정, 현장 체험 장소 의견 제시, 독서 소모임 등을 제안하여 학급 단합을 도모하고 있습니다.

학급 앨범 제작 담당으로서, 계절마다 친구들과의 추억을 정리하는 사진을 찍어 학급 온라인 플랫폼에 공유하여 학급원들의 소통을 촉진하고 있습니다. 또한, 학급 내 한국사 스터디를 자발적으로 조직하여 1년 동안 리더로서 역할하며, 학교 주최 행사와 자율활동에 적극적으로 참여하여 매회 활동 보고서를 작성하여 제출하고 있습니다.

이러한 행동 특성들을 종합적으로 보면, 신미래 학생은 봉사정신이 투철하며 타인을 배려하는 마음을 가지고 있으며, 학급원들과의 소통과 단합을 위해 적극적으로 노력하는 리더십과 책임감을 가지고 있는 것으로 판단됩니다.

위 내용에서 '신미래 학생은'은 삭제하고 모든 문장을 "~함." 또는 "~임."으로 끝나게 수정해 주세요.

1학기 학급 회장으로서 봉사정신이 투철하며 예의 바른 태도와 온화한 성품을 보임. 학급에 소외된 친구가 없도록 세심히 배려하며 학급자치 회의에서는 모든 급우들의 의견을 차별 없이 수용함. 학업 멘토링, 학급 도서 선정, 현장 체험 장소 의견 제시, 독서 소모임 등을 제안하여 학급 단합을 도모함.

학급 앨범 제작 담당으로서, 계절마다 친구들과의 추억을 정리하는 사진을 찍어 학급 온라인 플랫폼에 공유하며 학급원들과의 소통을 적극적으로 이끔. 또한, 학급 내 한국사 스터디를 자발적으로 조직하여 1년 동안 리더로서 역할을 함. 학교 주최 행사와 자율활동에 적극적으로 참여하여 매회 활동 보고서를 작성하여 제출함.

이러한 행동 특성들을 종합적으로 보면, 봉사정신이 투철하며 타인을 배려하는 마음을 가지고 있으며, 학급원들과의 소통과 단합을 위해 적극적으로 노력하는 리더십과 책임감을 보이고 있음.

위와 같이 ChatGPT와 지속적인 대화를 통해 생성된 문단을 기반으로 교사가 학교생활기록부 입력 내용을 다음과 같이 최종적으로 수정할 수 있습니다.

학번	이름	행동 특성
20101	신미래	1학기 학급 회장으로서 봉사 정신이 투철하며 예의 바른 태도와 온화한 성품을 보임. 학급에 소외된 친구가 없도록 세심히 배려하며 학급 자치 회의에서는 모든 급우의 의견을 차별 없이 수용함. 학업 멘토링, 학급 도서 선정, 현장 체험 장소 의견 제시, 독서 소모임 등을 제안하여 학급 단합을 도모함. 학급 앨범 제작 담당으로 계절마다 친구들과의 추억을 정리하는 사진을 찍어 학급 온라인 플랫폼에 공유하며 학급원들과의 소통을 적극적으로 이끎. 학급 내 한국사 스터디를 자발적으로 조직하여 1년 동안 리더로서 역할을 함. 학교 주최 행사와 자율 활동에 적극적으로 참여하여 매회 활동 보고서를 작성하여 제출함. 봉사 정신이 투철할 뿐만이 아니라 타인을 배려하는 마음을 가지고 있으며, 학급원들과의 소통과 단합을 위해 적극적으로 노력하는 리더십과 책임감을 보이고 있음. (421자)

ChatGPT로 가정통신문 쓰기

학교에서 진행하는 여러 가지 교육활동에 대해 안내하는 가정통신문을 작성하는 것도 교사의 업무 중 하나입니다. 가정통신문에는 전달하고자 하는 내용과 함께 간단한 인사말이나 부탁하는 말 등을 작성하게 됩니다. 이러한 가정통신문을 작성할 때도 ChatGPT를 활용하면 편리하게 원하는 내용을 작성할 수 있습니다.

다음은 학교 설명회 개최 안내에 대한 가정통신문을 작성하기 위해 ChatGPT에게 질문하고 받은 답변의 예시입니다.

2023학년도 학교 설명회 개최 안내 가정통신문을 작성해 주세요. 첫 번째 문단에는 '봄'이라는 계절감이 느껴지는 간단한 인사말을 작성해 주세요. 두 번째 문단에는 학교 설명회 개최에 많은 참여를 부탁한다는 내용을 작성해 주세요.

 봄이 찾아왔습니다. 따뜻한 봄날에는 새로운 시작을 준비하는 것이 어울리지 않나요? 이에 따라 2023학년도 학교 설명회를 개최하게 되었습니다. 많은 참여를 부탁드립니다. 설명회에서는 학년별 교육과정 소개와 교육 방식 등 다양한 정보를 제공할 예정입니다. 또한 교사, 학생, 학부모간의 교류를 통해 학교의 생생한 분위기를 느끼실 수 있습니다. 함께 만들어가는 미래, 많은 참여 부탁드립니다.

 학교 설명회 개최 일시는 2023년 3월 15일(수) 오후 3시~5시, 장소는 본관 1층 시청각실, 대상은 본교 재학생의 학부모, 주요 내용은 2023학년도 스마트 중학교 교육과정 안내, 평가 계획 안내, 봉사활동 및 방과후학교 운영안내 등입니다. 이 내용을 표로 간략히 작성해 주세요.

일시	장소	대상	주요 내용
2023년 3월 15일	본관 1층 시청각실	본교 재학생의 학부모	2023학년도 스마트 중학교 교육과정 안내, 평가 계획 안내, 봉사활동 및 방과후학교 운영안내

 가로와 세로 내용을 바꾸어 다시 표를 작성해 주세요.

일시	2023년 3월 15일
장소	본관 1층 시청각실
대상	본교 재학생의 학부모
주요 내용	2023학년도 교육과정 안내 평가 계획 안내 봉사활동 안내 방과후학교 운영안내

위와 같은 방법을 활용하여 가정통신문을 쉽고 빠르게 작성할 수 있습니다.

ChatGPT로 학교 행사 계획서 쓰기

다음은 ChatGPT로 고등학교 2학년 현장 체험학습 계획서를 작성해 달라고 프롬프트를 요청하고 받은 ChatGPT의 답변입니다.

고등학교 2학년 26명 학생들과 함께 황룡산 탐방, 인공지능 챗봇 및 웹툰 제작, 그리고 다양한 음식 체험 등의 현장 체험학습을 계획 중입니다. 이 현장 체험학습에 대한 목적과 기대효과를 3개 정도 나열해 주세요.

네, 황룡산 탐방과 인공지능 챗봇 배우기, 웹툰 만들기, 그리고 음식 먹기 등 다양한 활동을 통해 학생들은 다음과 같은 목적과 기대효과를 얻을 수 있습니다:

1. 체험학습을 통한 학생의 경험과 자기능력 강화

황룡산 탐방을 통해 자연과 문화유산에 대한 이해도와 산악 등 체력과 용기를 기르는 것에 대한 경험을 통해 학생들은 자신의 능력과 가능성을 확인할 수 있습니다.

인공지능 챗봇과 웹툰 만들기는 미래산업과 IT 산업의 중요성을 인식하고, 자신의 창의성과 능력을 기를 수 있도록 도와줍니다.

2. 협력과 커뮤니케이션 능력 강화

학생들은 동료와 함께 활동하면서 협력과 커뮤니케이션 능력을 강화할 수 있습니다. 탐방 중에도 서로를 돕고 대화를 나누며 함께 목표를 달성하는 과정에서 자신과 타인의 역할을 이해하고 존중할 수 있습니다.

인공지능 챗봇을 만드는 과정에서는 팀원 간의 아이디어 공유와 협업이 필요합니다. 웹툰 제작도 그림과 이야기를 나누는 과정에서 동료와 소통하면서 창의성을 발휘할 수 있습니다.

3. 융합학습을 통한 창의성과 미래지향적인 교육 환경 조성

활동의 종류가 다양하게 이루어지는 것은 학생들이 한 분야에 국한되어 생각하는 것을 방지합니다. 학생들은 문제 해결 능력, 창의성, 혁신, 인지적 유연성, 집중력 등 다

양한 능력을 발휘하면서 융합적 사고력을 기를 수 있습니다.

이러한 환경에서 학생들은 미래지향적인 교육을 받을 수 있습니다. 미래 산업과 기술에 대한 이해를 높이고, 미래에 필요한 역량과 자질을 갖출 수 있도록 돕는 환경을 조성할 수 있습니다.

위 현장 체험학습을 진행하는 경우, 오전 9시부터 9시 반까지는 2학년 1반 교실에서 안전교육과 주의사항 등을 담임교사께서 안내하고, 9시 반부터 10시까지는 오늘 하루 활동에 대한 안내가 있을 예정입니다. 이어서 오전 10시부터 12시까지는 인공지능 ChatGPT에 대한 기초 실습 내용을 학습하게 됩니다. 12시부터 1시까지는 조별로 교실에서 점심식사를 하게 됩니다. 오후 1시부터는 담임교사가 임장하여 A 고등학교 뒤편에 위치한 황룡산에서 약 30분 정도의 산책을 즐기게 됩니다. 그리고 1시 30분부터 3시 30분까지는 조별 웹툰 제작에 참여하게 되며, 조별로 환경보호, 학교폭력 예방, 미래 직업 등에 대한 포스터 제작을 할 예정입니다. 마지막으로, 학생들은 3시 30분부터 오후 4시 50분까지 조별로 장기자랑을 하고 체육관에서 배구나 피구 등을 즐길 수 있습니다. 위 내용을 표로 만들어 주세요.

시간	안내	내용
오전 9시 – 9시 반	담임교사	안전교육과 활동에 대한 주의사항 안내
9시 반 – 10시	담임교사	하루 활동에 대한 안내
10시 – 12시	인공지능 챗지피티 교육자	인공지능 챗봇과 기본 실습 내용 배우기
12시 – 1시	담임교사와 조별 담당 교사	각 조별로 교실에서 점심식사
1시 – 1시 30분	담임교사	황룡산 산책 준비 및 이동
1시 30분 – 3시 30분	웹툰 만들기 교육자와 조별 담당	조별로 환경보호, 학교폭력예방, 미래 직업에 대한 포스터 만들기
3시 30분 – 4시 50분	체육교사와 조별 담당 교사	조별 장기자랑 및 배구, 피구

황룡산 탐방에 대한 담임교사 안전 지도 사항을 목록으로 알려주세요.

황룡산 탐방은 학생들이 산악 등반 및 자연 탐방 등 높은 위험 요소가 포함된 활동이므로, 학생들의 안전을 위해 다음과 같은 담임교사 안전 지도 사항을 준수해야 합니다:

- 탐방 코스 및 일정 확인: 출발 전 학생들과 함께 탐방 코스 및 일정을 확인하고, 위험 요소와 대처 방법을 충분히 이해하도록 안내합니다.
- 적절한 장비 착용: 학생들에게 적절한 신발, 옷, 가방, 모자 등의 탐방 장비를 착용하도록 안내하고, 필요한 장비가 부족한 경우 대처 방법을 함께 고민합니다.
- 음식과 물 준비: 충분한 물과 간식, 식사를 준비하고, 학생들에게 충분히 알려주어 수분과 영양분을 충분히 섭취하도록 안내합니다.
- 인원 체크: 출발 전, 중간, 도착 후 학생들의 인원을 체크하고, 상황에 따라서는 학생들을 적극적으로 관리하고 대처합니다.
- 위험 요소 대처: 학생들이 위험 요소를 마주했을 때 적절한 대처 방법을 안내하고, 필요한 경우 적극적으로 대처합니다.
- 긴급 상황 대처: 긴급 상황 발생 시, 학생들의 안전을 최우선으로 하여 적극적인 대처를 하고, 필요한 응급 처치를 신속하게 시행합니다.
- 탐방 후 안전 점검: 학생들이 탐방 후에도 안전하게 돌아왔는지 점검하고, 필요한 조치를 취합니다.
- 위 담임교사 안전 지도 사항을 준수하면서 학생들과 함께 황룡산 탐방을 즐기며, 안전하게 체험학습을 할 수 있습니다.

2학년 현장 체험학습 활동 계획

구분	2학년 현장 체험학습	비고
일시	2023.5.4.(목)	
장소	2학년 반 교실 및 황룡산 탐방	

목적 및 기대효과	1. 체험학습을 통한 학생의 경험과 자기 능력 강화
	   황룡산 탐방을 통해 자연과 문화유산에 대한 이해도와 산악 등 체력과 용기를 기르는 것에 대한 경험을 통해 학생들은 자신의 능력과 가능성을 확인할 수 있습니다.
	2. 융합학습을 통한 창의성과 미래지향적인 교육 환경 조성
	   인공지능 챗봇과 웹툰 만들기는 미래산업과 IT 산업의 중요성을 인식하고, 자신의 창의성과 능력을 기를 수 있도록 도와줍니다.
	3. 협력과 커뮤니케이션 능력 강화
	   학생들은 동료와 함께 활동하면서 협력과 커뮤니케이션 능력을 강화할 수 있습니다. 탐방 중에도 서로를 돕고 대화를 나누며 함께 목표를 달성하는 과정에서 자신과 타인의 역할을 이해하고 존중할 수 있습니다.	

담당교사(전화번호)	(담임교사) 2학년 반 담임-	
이동 계획	2023년 5월 4일 오전 9시 2학년 반 교실 - 오후 1시경 담임교사 임장하에 황룡산 탐방 - 오후 4시 50분	
예상경비	없음	

일정 및 활동 내용	시간	안내	내용
	09:00-09:30	담임교사	안전교육과 활동에 대한 주의사항 안내
	09:30-10:00	담임교사	하루 활동에 대한 안내
	10:00-12:00	인공지능 강사	인공지능 챗봇과 기본 실습 내용 배우기
	12:00-13:00	담임교사	각 조별로 교실에서 점심 식사
	13:00-13:30	담임교사	황룡산 산책 준비 및 이동
	13:30-15:30	웹툰 강사	환경보호, 학교폭력예방, 미래 직업에 대한 포스터 만들기
	15:30-16:50	담임 교사	조별 장기자랑 및 배구, 피구

* 위 일정표의 시간은 상황에 따라 변동될 수 있습니다.

안전지도 및 생활지도 계획	1. 탐방 코스 및 일정 확인: 출발 전 학생들과 함께 탐방 코스 및 일정을 확인하고, 위험 요소와 대처 방법을 충분히 이해하도록 안내합니다. 2. 인원 체크: 출발 전, 중간, 도착 후 학생들의 인원을 체크하고, 상황에 따라서는 학생들을 적극적으로 관리하고 대처합니다. 3. 위험 요소 대처: 학생들이 위험 요소를 마주했을 때 적절한 대처 방법을 안내하고, 필요한 경우 적극적으로 대처합니다. 4. 긴급 상황 대처: 긴급 상황 발생 시, 학생들의 안전을 최우선으로 하여 적극적인 대처를 하고, 필요한 응급 처치를 신속하게 시행합니다. 5. 탐방 후 안전 점검: 학생들이 탐방 후에도 안전하게 돌아왔는지 점검하고, 필요한 조치를 취합니다.
참여 학생 명단	2학년 1반 26명 학생 전원(명렬표 및 전화번호 첨부)

그림 4.4 ChatGPT를 사용하여 완성한 고등학교 현장체험학습 계획서

ChatGPT와의 대화 과정을 통해 수집한 정보를 기반으로, 학교에서 제공한 양식에 맞는 2학년 한 학급의 현장 체험학습 계획서를 빠르게 완성했습니다. 이런 방법으로 오랜 기간 생각하고 자료를 찾아야 하는 불편함과 시간을 단축하여, 담임교사 누구나 쉽게 현장 체험학습 계획서를 완성할 수 있을 것입니다.

5
기타 수업에서 활용할 수 있는
인공지능 챗봇

이번 장에서는 OpenAI에서 개발한 그림 인공지능 DALL·E와 국내에서 개발된 그림 인공지능 투닝 TTI(Text to Image)에 대해 소개하고, 이를 수업에서 어떻게 활용할 수 있는지 안내합니다. 또한, 구글 문서와 ChatGPT를 연동하여 문서를 협업 작성하는 방법도 함께 소개합니다.

이미지 생성 인공지능 DALL·E

DALL·E의 기본 사용법을 비롯하여, 수업에서 어떻게 활용할 수 있는지에 대한 방법과 그에 대한 다양한 사례를 소개합니다.

DALL·E 1 & 2의 역사

DALL·E 1(달리 1)은 OpenAI에서 2021년 1월에 공개한 인공지능 기반의 이미지 생성 서비스입니다. 이 서비스는 자연어 입력에 따라 해당 문장에 맞는 이미지를 생성하는 기술을 사용합니다. DALL·E라는 이름은 'Wall-E'와 'Dali'의 조합에서 따온 것으로, 'Wall-E'는 픽사 애니메이션 영화에서 유명한 로봇의 이름입니다. 그리고 'Dali'는 초현실주의 화가 살바도르 달리의 이름에서 영감을 받아 만들어졌습니다.

DALL·E 1을 개발하게 된 이유는 크게 두 가지입니다.

첫째, DALL·E 1은 인공지능 분야에서 이미지 생성 기술을 발전시키기 위한 연구 목적으로 개발되었습니다. 인공지능 분야에서 이미지 생성 기술은 큰 주목을 받고 있으며, DALL·E 1은 이 분야에서 이미지 생성 기술의 발전을 이끌기 위해 개발된 모델 중 하나입니다. 이 모델은 GPT-3 모델을 기반으로 하여 자연어 입력에 대응하는 이미지를 생성할 수 있습니다.

둘째, DALL·E 1은 인공지능 기술의 다양한 분야에서 응용 가능성을 탐구하기 위한 목적으로 개발되었습니다. 예를 들어, 제품 디자인, 광고, 엔터테인먼트 등의 분야에서 이미지 생성 기술을 활용할 수 있습니다. DALL·E 1은 이러한 분야에서 이미지 생성 기술의 적용 가능성을 탐구하기 위해 개발된 모델 중 하나입니다.

정리하면, DALL·E 1은 인공지능 분야에서 이미지 생성 기술의 발전을 이끌기 위한 연구 목적과 다양한 분야에서 인공지능 기술의 응용 가능성을 탐구하기 위한 목적으로 개발되었습니다.

현재 우리가 이용할 수 있는 DALL·E 2(달리 2)는 OpenAI에서 2022년 10월에 발표한 DALL·E 1의 후속 버전입니다. DALL·E 2는 DALL·E 1과 비교하여 다양한 면에서 개선되었는데, 주요 차이는 다음과 같습니다.

첫째는 이미지 해상도입니다. DALL·E 2는 1024x1024 크기의 고해상도 이미지를 생성할 수 있으며, 이는 DALL·E 1이 생성하는 256x256 크기의 이미지보다 훨씬 더 선명하고 디테일한 이미지를 생성할 수 있다는 것을 의미합니다.

또한, DALL·E 2는 보다 정교한 이미지 조작 기능을 갖추고 있습니다. 예를 들어, DALL·E 2는 "translate to another language"라는 입력 문장에 대해 이미지를 다른 언어로 번역한 후, 해당 언어에 맞는 이미지를 생성할 수 있습니다. 또한, 이미지에서 일부 요소를 제거하거나 추가할 수도 있습니다.

또한, DALL·E 2는 더욱 복잡한 문장에 대한 이해력을 향상시켰습니다. 예를 들어, DALL·E 2는 "a snail wearing a party hat, riding on the back of a green turtle that's swimming in a strawberry milkshake"와 같은 문장에 대해, 파티 모자를 쓴 달팽이가 딸기 밀크셰이크에서 수영하는 녹색 거북 등에 타고 있는 모습의 세부적인 내용을 이해하고 이를 기반으로 이미지를 생성할 수 있습니다.

그림 5.1 DALL·E로 생성한 이미지

DALL·E 2 기본 사용법

이번 절에서는 OpenAI에서 제공하는 인공지능 기반 이미지 생성 서비스인 DALL·E 2 서비스를 이용하는 방법을 알아보겠습니다. DALL·E 2는 인터넷에 접속하여 사용하는 웹사이트이므로 인터넷에 연결된 컴퓨터나 스마트폰이 필요합니다. 또한, DALL·E 2는 크롬 브라우저를 사용하는 것을 권장하며, 브라우저는 최신 버전으로 업데이트되어 있어야 합니다.

DALL·E 2 페이지는 OpenAI 웹사이트에서 이동하여 접속할 수 있습니다. 크롬 브라우저를 열고 OpenAI 웹사이트에 접속합니다. 위쪽에 있는 [Product] 메뉴를 클릭하고, [DALL·E 2]를 선택합니다. 그다음 DALL·E 소개 페이지에서 [Try DALL·E] 버튼을 클릭하여 DALL·E 페이지로 이동합니다.

- OpenAI 웹 사이트: https://openai.com/

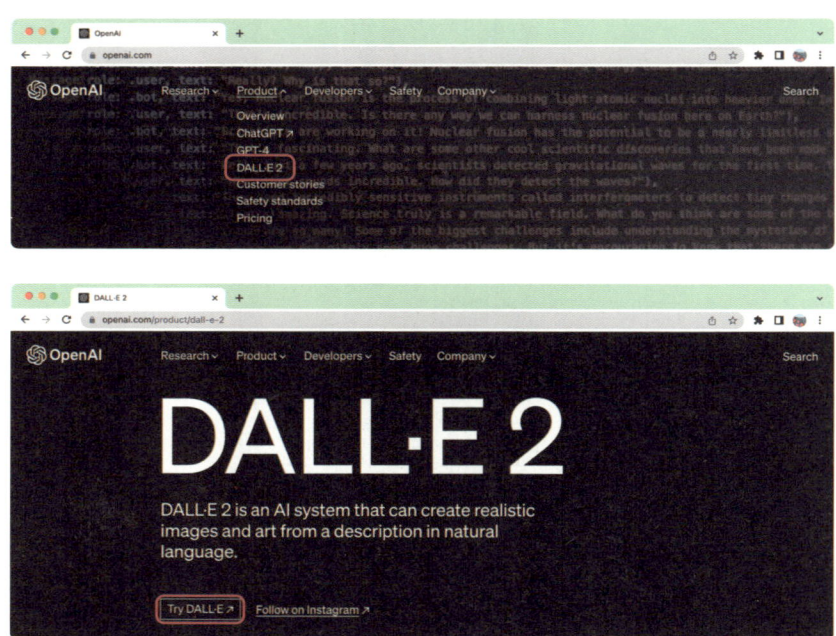

그림 5.2 DALL·E 2 페이지 접속하기

또는 DALL·E 2 사이트 주소를 직접 입력하여 접속할 수 있습니다.

- DALL·E 2 웹 사이트: https://labs.openai.com/

DALL·E 2 서비스를 이용하려면 먼저 OpenAI 사이트에 회원 가입해야 합니다. ChatGPT를 이용할 때 OpenAI 사이트에 이미 가입했기 때문에 로그인 화면 아래쪽에 있는 [Continue with Google] 버튼을 클릭하여 구글 계정으로 로그인하면 됩니다.

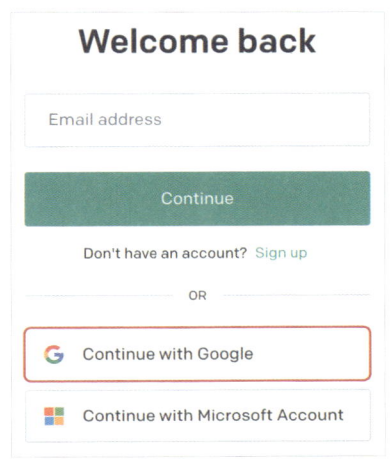

그림 5.3 DALL·E 2 서비스에 로그인하기

DALL·E의 기능을 확인하고, [Continue] 버튼을 클릭하여 이용 약관에 동의합니다. DALL·E에서는 크레딧을 이용하여 이미지를 생성할 수 있습니다. DALL·E 크레딧을 이용하여 내가 원하는 이미지를 생성할 수 있고, 이미지를 한 번 생성할 때마다 1credit이 차감됩니다.

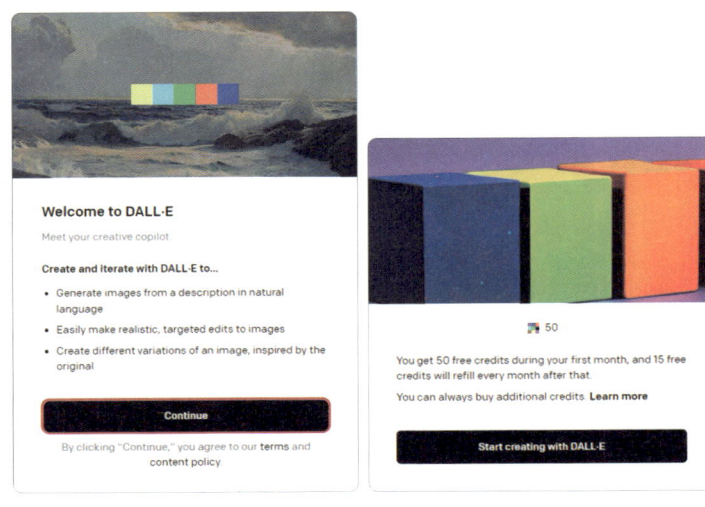

그림 5.4 DALL·E 2 이용 약관 동의하기

DALL · E 2의 메인 화면입니다. 먼저 각 메뉴의 위치와 기능을 알아보겠습니다.

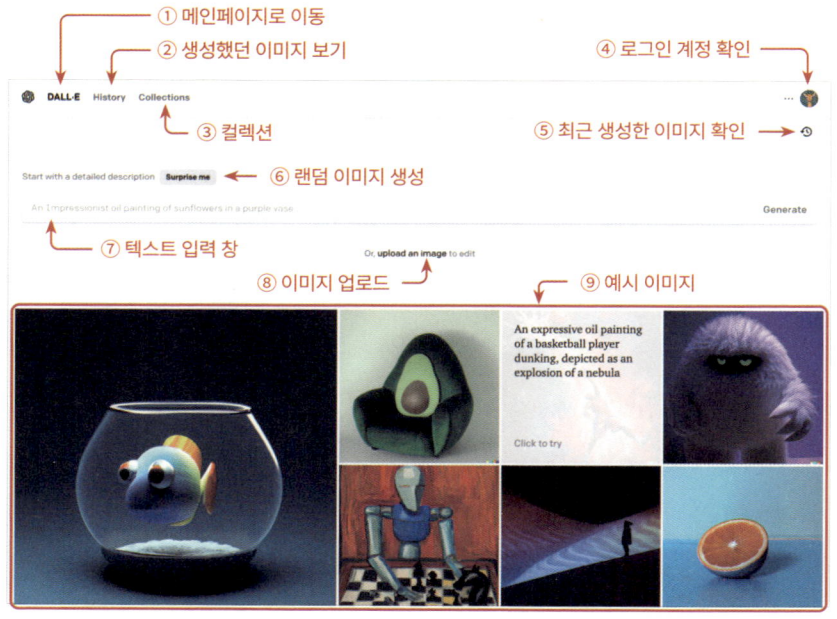

그림 5.5 DALL·E 2 메인 페이지

① DALL · E

DALL · E 메인 페이지로 이동합니다.

② History(기록)

DALL · E를 이용해 생성한 전체 이미지를 다시 볼 수 있습니다.

③ Collections(컬렉션)

내가 저장한 이미지를 확인할 수 있습니다. 생성한 이미지를 즐겨찾기로 저장하거나 컬렉션을 생성하여 이미지를 모아 볼 수 있습니다.

④ 로그인 계정 확인

OpenAI 사이트에 로그인한 계정을 확인합니다. 또한 이곳에서 이미지 생성에 필요한 잔여 크레딧을 확인하고 추가 구매를 할 수 있으며, 이미지 편집기를 이용할 수 있습니다. 아래쪽에서는 OpenAI 공지사항, 콘텐츠 정책, 이용약관 등을 조회할 수 있고, DALL.E에서 로그아웃하려면 이곳에서 [Sign out] 버튼을 누릅니다.

⑤ Recent(◑) 아이콘

최근 생성한 이미지 목록을 다시 볼 수 있습니다.

⑥ Surprise me(랜덤 이미지 생성)

랜덤으로 텍스트를 생성하여 이미지를 만들어 볼 수 있는 기능입니다. 이 버튼을 누르면 텍스트 입력 창에 DALL·E에서 제시하는 문장이 자동 입력됩니다.

⑦ 텍스트 입력 창

이미지로 구현하고 싶은 텍스트를 입력합니다. (*2023년 4월 기준, 영어로만 입력해야 이미지가 생성되며, 한국어는 지원하지 않습니다.)

⑧ Upload and image to edit(이미지 업로드)

내 기기에 저장된 이미지를 업로드하여 편집할 수 있습니다.

⑨ 예시 이미지 목록

DALL·E를 이용해 생성한 예시 이미지가 표시됩니다. 이미지 위에 마우스 커서를 올리면 이미지 생성 시 작성된 텍스트가 표시됩니다. 원하는 이미지를 클릭하여 [try this example] 버튼을 누르면, 같은 텍스트로 이미지를 다시 생성해 볼 수 있습니다.

DALL·E를 이용하여 이미지를 생성하는 방법은 간단합니다. DALL·E 서비스는 인간과 같이 자연어로 작성된 문장을 이미지로 생성하는 기술이기 때문에 먼저 내가 만들고 싶은 이미지를 자연어로 표현하는 문장을 생각해야 합니다. 그다음 텍스트 입력 창에 이미지로 구현하고 싶은 내용을 입력합니다. 만약 내가 원하는 그림 스타일이 있는 경우 쉼표로 이어가면서 단어 또는 문장을 입력합니다.

- **예시:** A pencil and watercolor drawing (연필과 수채화로 그린 그림)

    An expressive oil painting of a basketball player dunking, depicted as an explosion of a nebula (성운 폭발처럼 표현된 농구 선수의 덩크슛을 그린 감성적인 유화)

그림 5.6 DALL·E를 이용해 생성한 이미지

또는 화가 이름을 입력하면, 그 화가 스타일의 그림을 생성할 수 있습니다.

- 예시: A van Gogh style painting of an American football player

그림 5.7 DALL·E를 이용해 생성한 이미지

문장을 모두 입력한 후, [Generate] 버튼을 클릭하면 이미지를 생성할 수 있습니다. 다음 그림은 "Mona Lisa wearing a red glasses"라고 입력했을 때의 예시입니다.

그림 5.8 DALL·E로 이미지 생성하기

내가 입력한 단어 또는 문장을 표현하는 이미지가 4개 생성됩니다. 이 이미지 중에서 원하는 이미지를 클릭하여 이미지 편집(Edit), 이미지 재생성(Variations), 공유(Share), 내 컬렉션에 저장(Save – Save the collections), 내 컴퓨터에 다운로드(⬇) 등의 작업을 할 수 있고, 이미지 생성 기록은 히스토리(⟲)에서 다시 볼 수 있습니다.

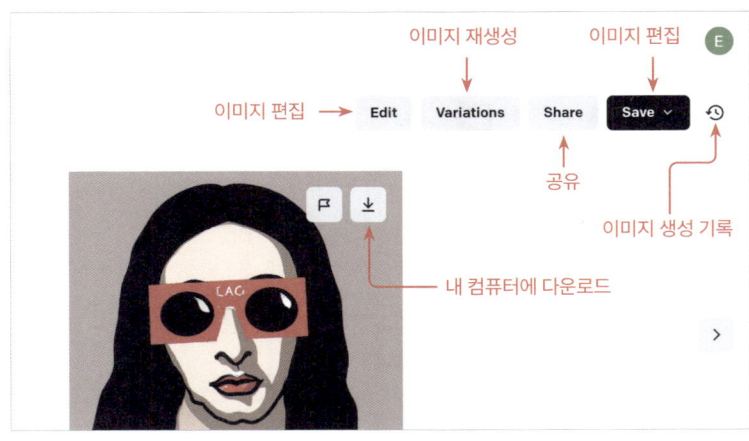

그림 5.9 DALL·E로 생성한 이미지 상세 보기

DALL·E에서는 이미지 편집기 기능을 제공합니다. 이미지 편집기는 2023년 4월 현재 베타 버전으로 제공되고 있으며, PC에서만 이용할 수 있습니다(모바일 버전은 추후 제공될 예정입니다). 이미지 편집기를 이용하여 그림 확장하기(outpainting), 내 컴퓨터의 이미지 추가하기, 이미지 지우기 기능을 이용할 수 있습니다.

DALL·E로 생성한 이미지를 편집기로 불러오려면 DALL·E에서 이미지를 생성한 다음 [Edit] 버튼을 클릭합니다.

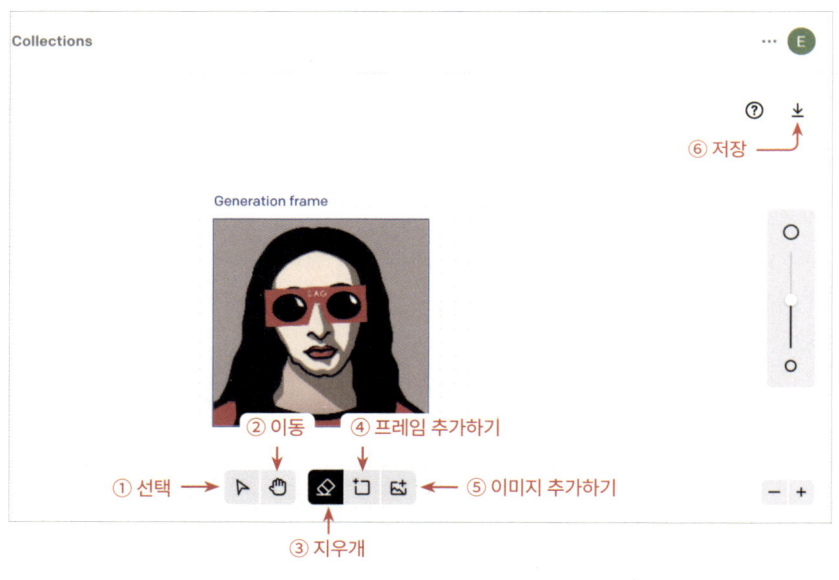

그림 5.10 DALL·E 이미지 편집기

편집기가 열리면 아래쪽의 아이콘을 이용하여 이미지를 편집할 수 있습니다. 각 아이콘의 기능은 다음과 같습니다.

① 선택 (▶ , Select)
이미지를 선택할 때 사용합니다.

② 이동 (, Pan)

이미지 편집기 화면을 이동할 때 사용합니다.

③ 지우개 (, Eraser)

이미지의 특정 부분을 지울 때 사용합니다. 오른쪽에 있는 슬라이더를 이용하여 지우개 크기를 조절할 수 있습니다.

④ 프레임 추가하기 (, Add generation frame)

프레임 추가하기 버튼을 누르면 현재 생성된 이미지와 같은 크기의 빈 사각형이 표시됩니다.

그림 5.11 이미지 편집기에서 프레임 추가하기

그림 5.11과 같이 프레임이 추가된 상태에서 마우스로 화면을 한 번 클릭하면 편집기 위쪽에 텍스트 입력 창이 나타납니다. 텍스트 입력창에 생성하고 싶은 이미지의 키워드를 입력하고 [Generate] 버튼을 누르면, 내가 선택한 프레임 위치에 이미지가 추가됩니다. 4개의 이미지 중에서 원하는 이미지를 추가하려면 [Accept] 버튼을 클릭합니다.

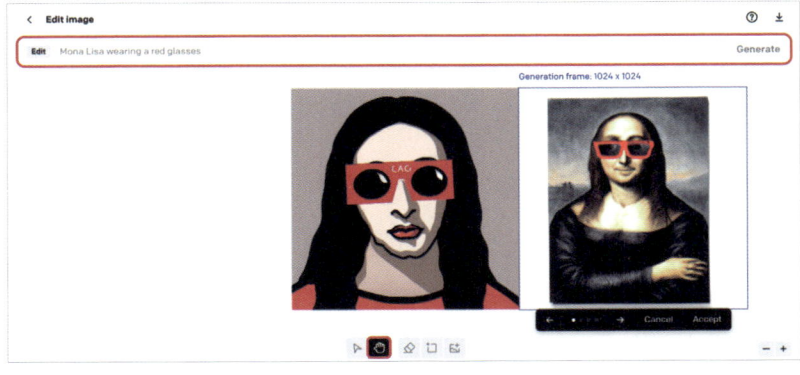

그림 5.12 추가한 프레임에 이미지 생성하기

⑤ 내 이미지 추가하기 (, Upload image)

내 컴퓨터에 있는 이미지를 추가하여 하나의 이미지로 연결할 수 있습니다.

이미지 편집기에서 내 이미지 추가하기 버튼을 누르면 내 컴퓨터의 파일 탐색기 창이 열립니다. 탐색기에서 원하는 이미지를 선택하여 추가한 다음, 체크 아이콘을 누르면 다음과 같이 DALL·E로 생성한 이미지 옆에 내 컴퓨터의 이미지를 추가할 수 있습니다.

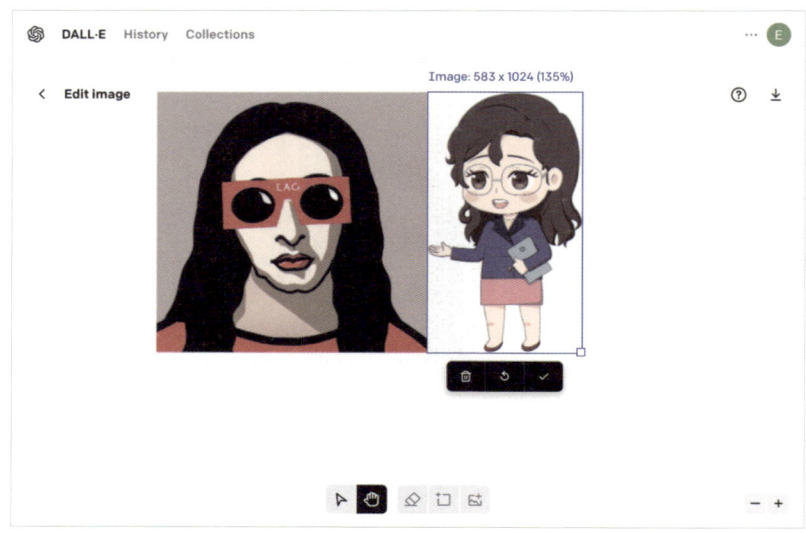

그림 5.13 DALL·E 이미지 편집기에 내 이미지 추가하기

⑥ 저장(, Save)

편집을 마친 이미지를 내 컴퓨터에 다운로드 받을 수 있습니다.

또는 DALL·E 페이지 오른쪽 위에 있는 나의 계정 아이콘을 누르고, [Open editor] 버튼을 누르면 빈 캔버스에서 이미지 편집기를 열 수 있습니다. 이미지 편집기 이용 방법은 동일합니다.

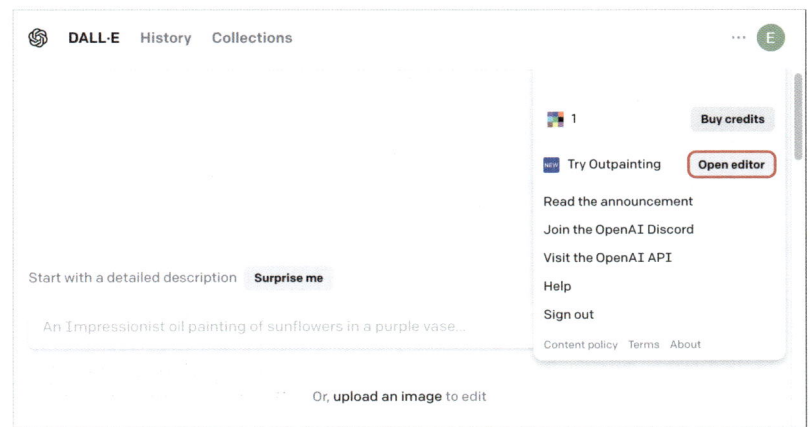

그림 5.14 DALL·E 이미지 편집기 열기

DALL·E 2 유료 크레딧 구매하기

2023년 4월 현재, DALL·E 서비스는 유료로 이용할 수 있으며, 2023년 4월 3일 이전 가입자에 한해 1개월에 15크레딧을 무료로 제공받을 수 있습니다. 무료로 제공되는 크레딧을 모두 이용했다면 유료로 크레딧을 결제하여 이용할 수 있습니다.

크레딧을 결제하는 방법을 알아보겠습니다. 크레딧을 결제하려면 DALL·E 2 메인 페이지 오른쪽 위에 있는 더보기 아이콘(…)을 클릭하고, [Buy credits] 버튼을 클릭합니다. 크레딧은 115개 단위로 구입할 수 있으며, 115크레딧 당 가격은 $15입니다. 더 많은 크레딧을 구매하려면 아래쪽에 있는 더하기 버튼을 클릭하여 필요한 만큼의 크레딧을 선택하여 결제할 수 있습니다.

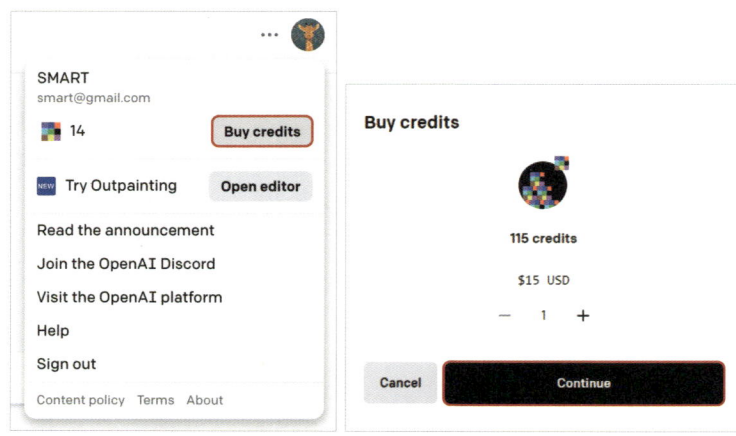

그림 5.15 DALL·E 크레딧 구매 페이지로 이동하기

[Continue] 버튼을 눌러 결제 수단을 추가합니다. 카드 번호와 카드 소유자 이름, 주소를 입력하고 [Add] 버튼을 클릭합니다.

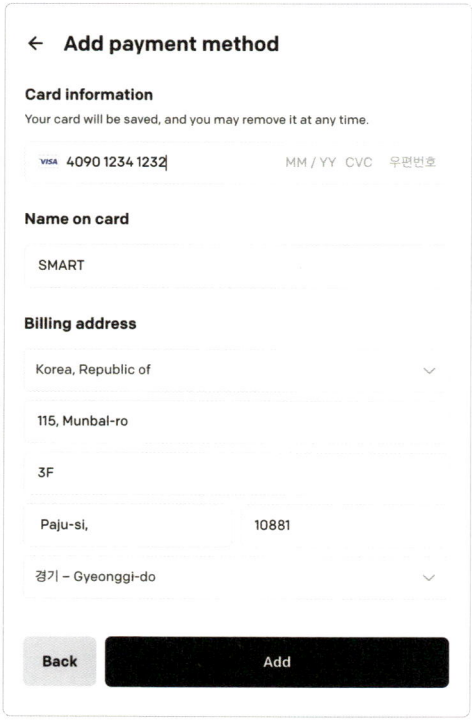

그림 5.16 DALL·E 크레딧 구매하기 – 결제 정보 입력

다음 화면에서 결제할 크레딧 수, 금액, 결제 수단을 확인한 다음 [Complete payment] 버튼을 클릭하면 결제가 완료됩니다.

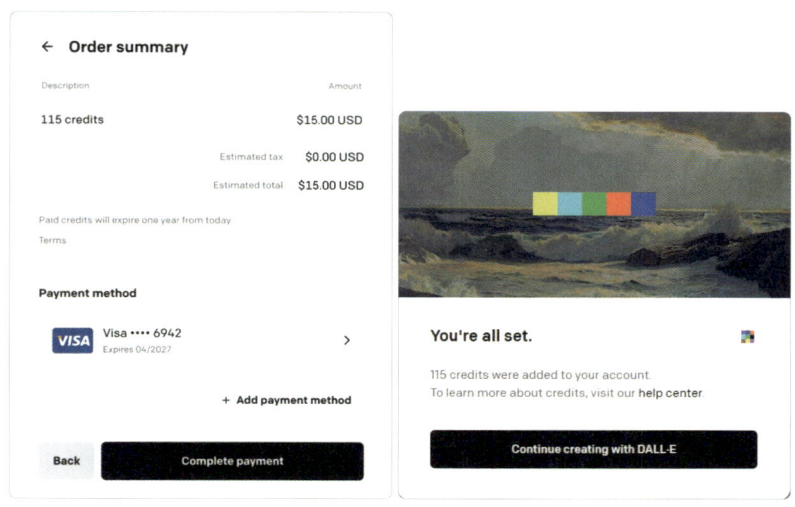

그림 5.17 DALL·E 크레딧 구매확인

청구 정보 및 결제 수단 확인 및 변경, 영수증 등을 확인하려면 DALL·E 메인 페이지 오른쪽 위에 있는 계정 아이콘을 클릭합니다.

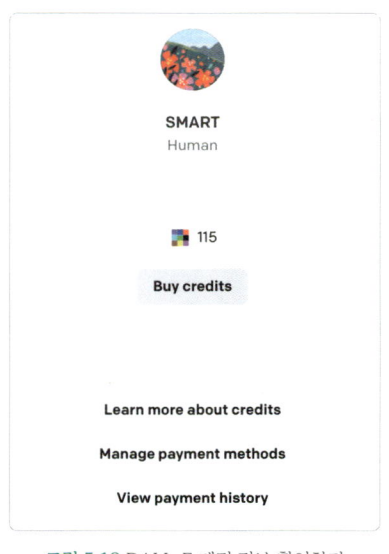

그림 5.18 DALL·E 계정 정보 확인하기

계정 정보 확인 화면에서 [Management payment methods]를 클릭하여 결제 수단을 변경할 수 있고, [View payment history]를 눌러 영수증을 확인 및 다운로드할 수 있습니다.

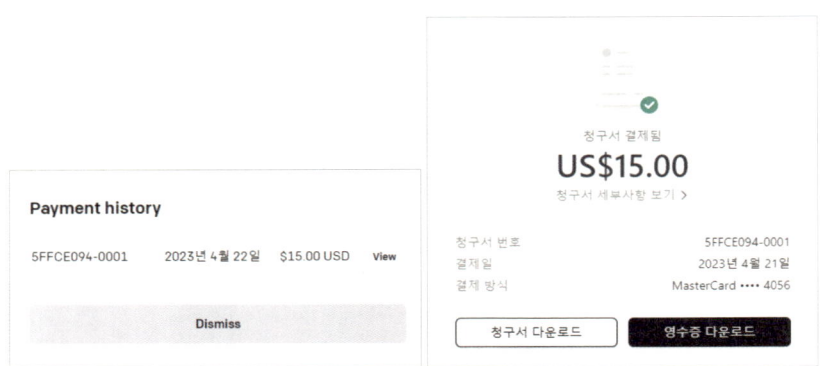

그림 5.19 DALL·E 청구서 확인하기

수업에서의 DALL·E 활용과 사례

현재 DALL · E 2는 영어로만 이용할 수 있으며, 한국어는 지원하지 않고 있습니다. 하지만 이미지를 활용하는 모든 교과에서도 DALL · E 2와 같은 인공지능 기술을 활용하여 학생들이 시각적으로 쉽게 이해하고 학습할 수 있는 새로운 학습 방법을 제공할 수 있습니다. 예를 들어, 수학에서는 그래프나 도형을 보여주고, 이를 통해 학생들이 수학적 개념을 이해하도록 도울 수 있습니다. 또한, 과학에서는 실험 결과를 그래픽으로 표현하여 학생들이 실험 결과를 이해하고 분석하는 데 도움을 줄 수 있습니다. 따라서 이미지를 활용하는 모든 교과에서도 DALL · E 2와 같은 기술을 활용하여 새로운 학습 방법을 개발하고 학생들의 창의적 사고와 지식 경쟁력을 키울 수 있습니다.

DALL · E 2를 이용하여 중학교 수준의 영어 수업에서 수행할 수 있는 활동은 다음과 같습니다.

이미지 매칭 퀴즈

학생들에게 여러 가지 이미지를 보여주고, 그림과 관련된 문장을 제시합니다. 학생들은 각 이미지에 해당하는 문장을 선택하는 방식으로 문제를 풀게 됩니다.

- **질문**: 다음 그림에 해당하는 문장을 선택하는 문항입니다. 선택지 중에서 해당하는 문장을 선택해 주세요.

a) The cat is sleeping.

b) The dog is playing.

c) The bird is flying.

문장 매칭 퀴즈

교사는 학생들에게 여러 가지 문장을 제시하고, 해당하는 이미지를 선택하는 방식으로 문항을 제작할 수 있습니다.

- **질문**: 다음 문장에 해당하는 이미지를 선택하세요.

"The boy is riding his bike in the park."

문장 만들기

학생들에게 이미지를 보여주고, 해당 이미지와 관련된 문장을 만들라고 지시합니다. 이를 통해 학생들은 이미지와 문장의 관련성을 파악하고, 문장을 만들기 위해 영어 단어와 문법적인 구조를 적용할 수 있게 됩니다.

- **질문**: 다음 그림을 보고 현재진행형을 사용한 문장을 만드세요.

(정답 문장) The woman is reading a book in the library.

이미지 바탕으로 글쓰기 (소설, 시나리오 등)

DALL·E 2를 이용하여 학생들이 이미지를 생성하고 이미지를 통해 연상되는 내용을 소설 또는 시나리오 등으로 작성하는 학습 활동을 진행할 수 있습니다. 예를 들어 생성된 이미지를 기반으로 시나리오를 작성하는 과제를 부여합니다. 학생들은 이미지에서 떠오르는 내용을 바탕으로 자신만의 이야기를 만듭니다.

(시나리오) The protagonist, dressed in a spacesuit, was searching for something on the lunar surface when, in the distance, an alien with a strange gaze was staring at him.

뤼튼(wrtn.ai)

뤼튼은 초거대 생성 AI(Generative AI)를 기반으로 사용자가 키워드를 입력하면 원하는 상황에 대한 문장을 생성해 주는 서비스로, 국내 스타트업이 2022년 10월 출시한 서비스입니다. 뤼튼을 이용하여 광고 문구, 블로그 포스팅, 이메일 등 원하는 내용의 문서를 쉽고 빠르게 작성할 수 있습니다. 이 책에서는 뤼튼의 기본 사용법을 알아보겠습니다.

뤼튼 접속 및 회원 가입하기

인터넷 브라우저를 열고, 뤼튼 웹사이트에 접속합니다. 뤼튼 역시 별도의 앱 설치 없이 브라우저에서 주소를 입력하여 이용할 수 있습니다.

- 뤼튼 웹사이트: https://wrtn.ai/

그림 5.20 뤼튼 홈페이지(wrtn.ai) 접속하기

뤼튼 서비스를 이용하기 위해서는 먼저 회원 가입이 필요합니다. 회원 가입은 구글, 네이버, 카카오 계정 중 하나를 연동하거나, 이메일 계정으로 뤼튼 계정을 만들어 진행할 수 있습니다. 이 책에서는 구글 계정을 연동하여 가입을 진행해 보겠습니다.

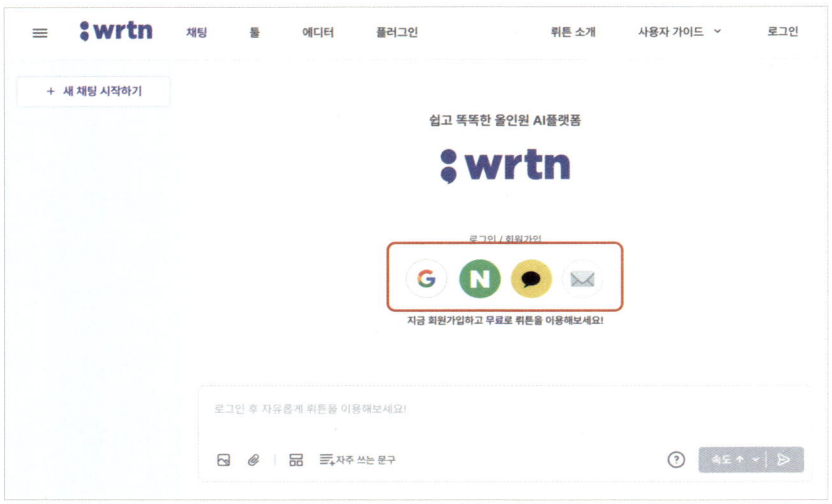

그림 5.21 뤼튼 회원 가입하기

구글 계정을 연동하려면 뤼튼 메인 페이지에서 구글 아이콘을 클릭하고, 연동할 구글 계정을 선택합니다.

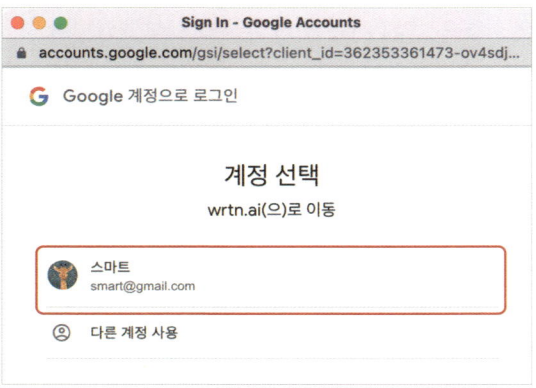

그림 5.22 뤼튼에 구글 계정 연동하여 가입하기

연동할 구글 계정을 다시 한번 확인하고, 뤼튼 서비스 이용 약관 및 개인정보처리방침에 동의한 후 [계속하기] 버튼을 클릭합니다.

그림 5.23 뤼튼 서비스 이용 약관 동의하기

직업과 소속을 입력하고, [뤼튼 시작하기] 버튼을 클릭하면 회원 가입이 완료됩니다.

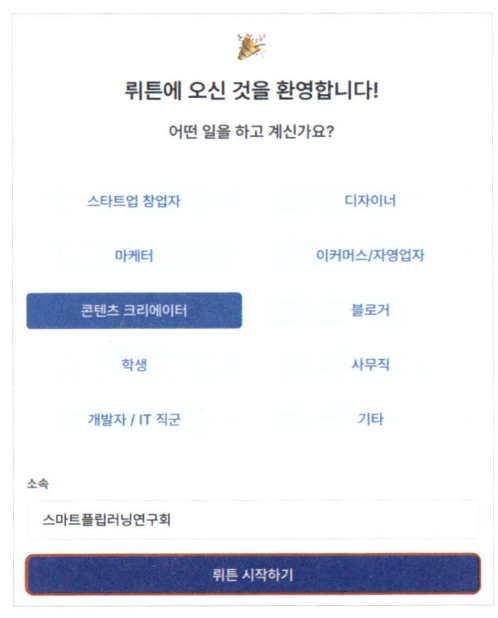

그림 5.24 뤼튼 회원가입에 필요한 직업, 소속 입력하기

뤼튼을 이용해 문서 작성하기

뤼튼에 로그인하면 다음과 같은 메인 페이지가 표시됩니다. 뤼튼에서는 자기소개서, 독서감상문, 리포트, 블로그 포스팅, SNS 광고문구, 카피라이팅 문구 등 다양한 용도의 문서를 작성할 수 있습니다. 2023년 4월 6일 출시된 뤼튼 2.0은 ChatGPT를 이용하는 것처럼 채팅 방식으로 글을 작성할 수 있습니다.

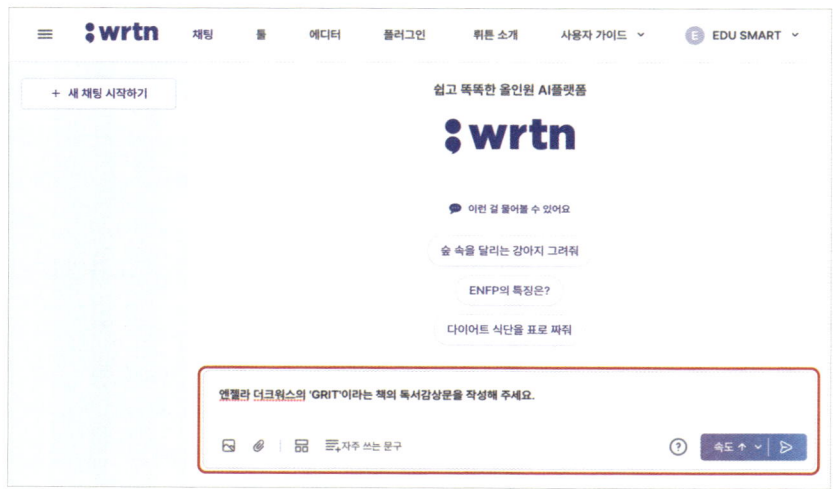

그림 5.25 뤼튼 메인 화면

뤼튼 메인 화면의 채팅창에 입력하고 싶은 글을 입력하고, 전송 버튼(▷) 또는 [Enter] 키를 누릅니다(예: 독서감상문 써 줘).

뤼튼 ai가 어떤 주제로 글을 쓸 것인지 요청합니다. 채팅창에 이어서 내가 작성할 글의 주제나 키워드를 입력합니다. 예시에서는 앤절라 더크워스의 『GRIT』이라는 도서의 독서감상문 작성을 요청했습니다. 뤼튼에서 생성한 문서의 내용을 확인하고 복사하여 이용합니다. 또는 문장이 마음에 들지 않는 경우 [다시 생성] 버튼을 눌러 문서를 다시 생성할 수 있습니다.

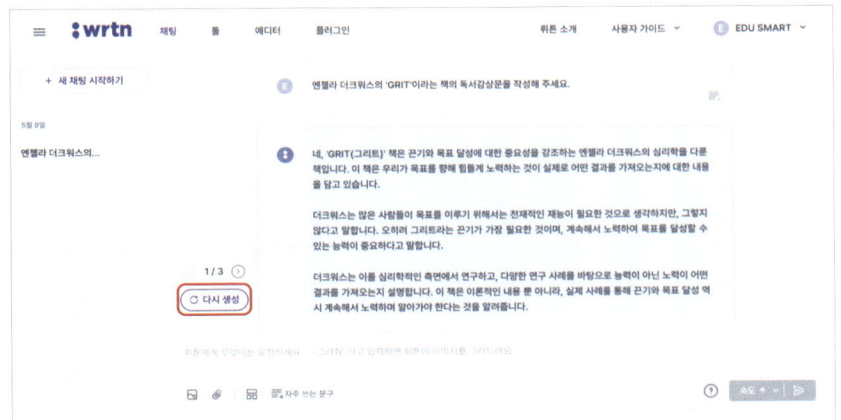

그림 5.26 뤼튼에서 문장 다시 생성하기

뤼튼 요금제와 저작권

뤼튼은 사용자가 입력한 내용을 토대로 매번 새로운 문장을 생성하므로, 학습된 데이터를 그대로 생성하거나 검색엔진 결과에 같은 글이 나올 확률은 희박하다고 볼 수 있습니다.

뤼튼으로 만든 결과물은 사용자가 입력한 내용을 최우선으로 반영하여 생성하며, 경우에 따라 문장을 생성하는 과정에서 사실과 다른 내용이 나올 수도 있습니다. 따라서 뤼튼에서는 사용자가 생성된 글을 이용하기 전, 사실 관계 여부를 확인하는 것을 권장하고 있습니다. 또한 뤼튼으로 만든 결과물의 저작권 및 사용 권한은 사용자에게 귀속되며, 개인적 용도 및 상업적 용도로 활용할 수 있습니다. 생성된 결과를 사용하여 발생하는 문제의 책임 또는 사용자에게 있음을 유의하여 사용해야 합니다.

2023년 4월 현재, 뤼튼은 무료로 이용 가능하며 무제한으로 문서 생성이 가능합니다. 단, 무료로 이용할 시에는 문서 생성 속도에 제한이 있으며, 한 번에 하나의 결과만 생성할 수 있습니다. 또한 생성된 문서의 이력이 7일 동안만 보관되어 그 기간에만 열람할 수 있고, 7일이 경과한 후에는 삭제됩니다. 플러스 요금제를 이용하면 한 번에 최대 3개의 문서가 동시에 생성되며, 생성된 문서의 이력이 90일 동안 보관됩니다.

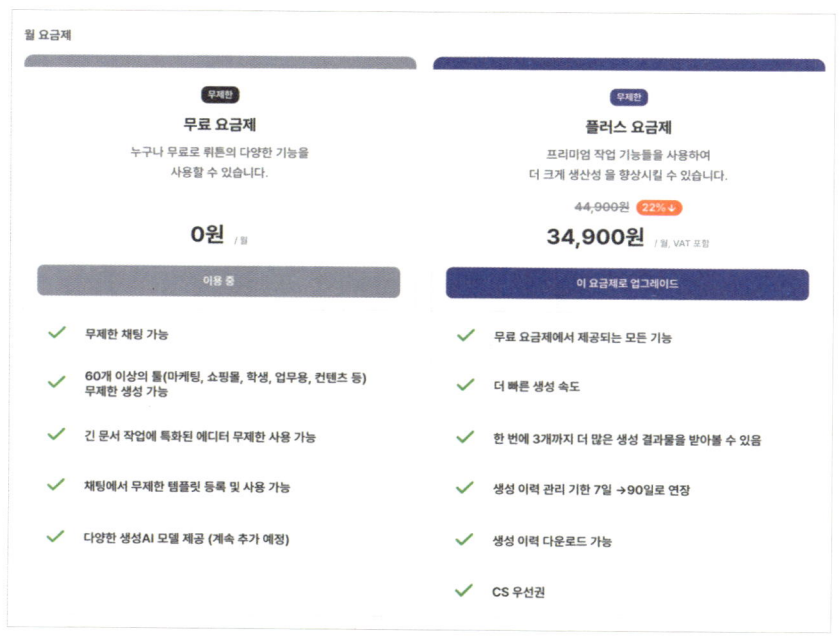

그림 5.27 뤼튼 요금제

2023년 4월 기준으로 뤼튼 2.0에서 이용할 수 있는 채팅 기능은 일부 툴이 지원되지 않습니다. 채팅 기능에서 안 보이는 툴은 뤼튼 메인 페이지에서 툴을 선택하면 전체 보기를 할 수 있으며, 개별 툴을 선택하여 원하는 글을 작성할 수 있습니다.

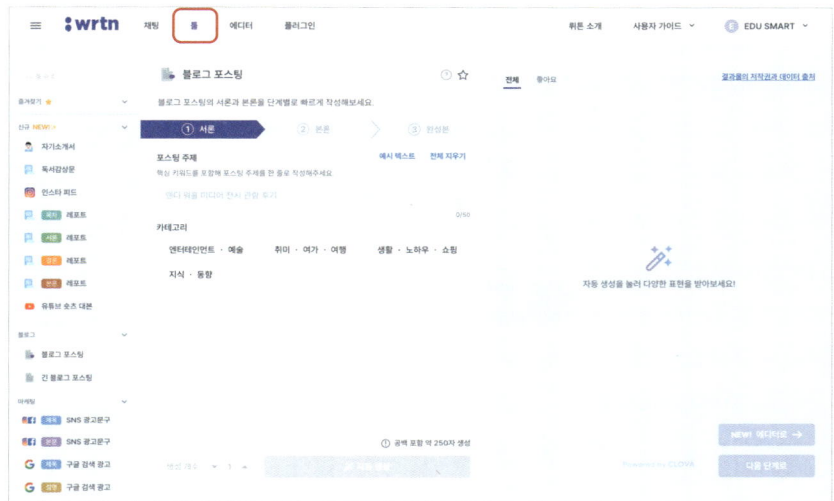

그림 5.28 뤼튼 툴 메뉴에서 작성할 수 있는 모든 글 보기

투닝 TTI(Text To Image)

우리나라의 AI 웹툰 제작 서비스 투닝(tooning.io)에서는 2023년 3월, 투닝 TTI(Text To Image), 즉 '글로 이미지 생성' 기능을 출시했습니다. 투닝의 '글로 이미지 생성' 기능은 그리고자 하는 이미지를 텍스트로 입력하면 인공지능이 이를 분석하여 한 장의 이미지를 만들어 내는 기능입니다. 앞서 소개한 DALL · E와 달리 우리말로 입력하여 이용할 수 있다는 장점이 있습니다. 현재 3회의 무료 체험이 가능하며, 이후에는 투닝의 유료 결제 단위 '냥이'를 충전하여 계속 이용할 수 있습니다.

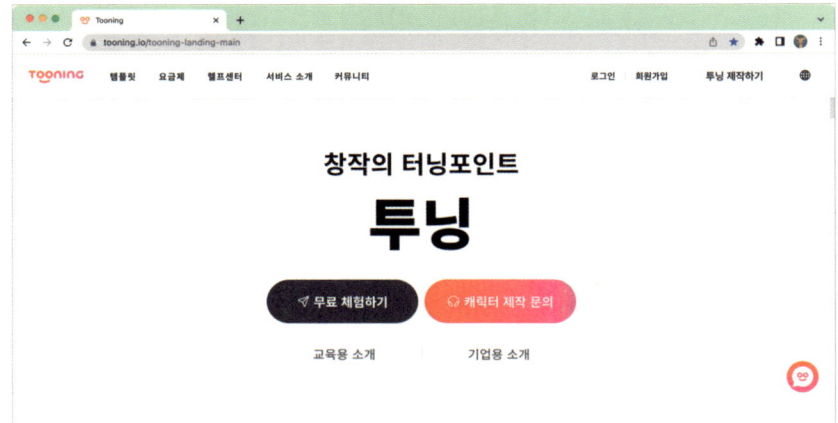

그림 5.29 투닝 홈페이지 메인 화면

투닝 회원 가입하기

투닝 TTI를 이용하기 위해서는 먼저 크롬 브라우저에서 투닝 웹사이트에 접속하여 회원 가입을 진행해야 합니다.

- **투닝 웹사이트**: https://tooning.io/

그림 5.30 크롬 브라우저에서 투닝 접속하기

투닝 메인 화면 오른쪽의 [로그인/회원가입]을 클릭합니다. 투닝은 카카오 계정, 구글 계정, 페이스북 계정, 네이버 웨일스페이스 계정, 쿨스쿨 통합 아이디로 연동하여 편리하게 가입할 수 있습니다.

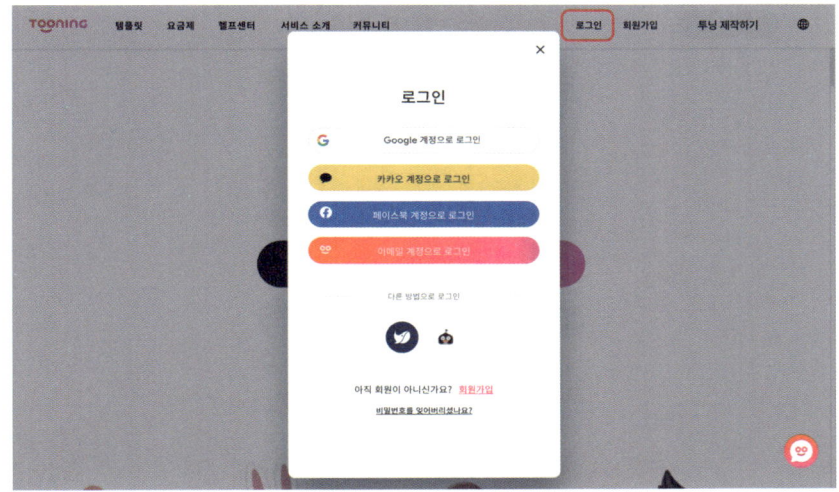

그림 5.31 소셜 계정으로 투닝 무료 회원 가입하기

　교사의 경우 교육용 PRO 버전 업그레이드 신청을 통해 투닝의 유료 요금제인 투닝 프로 계정을 무료로 이용할 수 있습니다. 교육용 PRO 버전 업그레이드 신청 방법은 다음과 같습니다.

　자주 사용하는 이메일 계정, 또는 소셜 계정을 연동하여 투닝 회원 가입을 진행합니다. 로그인 후 투닝 메인 화면에서 [교육용 소개]를 클릭하거나 상단 메뉴에서 [서비스 소개] - [교육용]을 클릭합니다.

그림 5.32 교육용 소개 페이지로 이동

교육용 서비스 소개 페이지에서 [교육용 PRO 무료 신청하기] 버튼을 클릭하여 교육용 PRO 버전 신청 페이지로 이동합니다.

그림 5.33 투닝 교육용 Pro 계정 신청하기

이름, 소속 학교 및 기관, 직책, 과목, 학년, 휴대폰 번호, 재직증명서 파일을 업로드하여 교육용 PRO 버전 업그레이드를 신청합니다. 신청 결과는 영업일 기준 3~5일 이내에 확인할 수 있으며, 투닝 메인 화면에서 오른쪽 위에 있는 계정 아이콘을 클릭하고, [교육 플랜]으로 변경되면 업그레이드가 완료된 것입니다.

그림 5.34 투닝 교육용 Pro 계정 신청하기

팁

투닝 교육용 Pro 계정 신청 방법은 다음 QR코드를 스캔하여 영상으로 확인할 수 있습니다.

- https://youtu.be/DR-hxKLmJyY

투닝 TTI를 활용해 이미지 제작하기

투닝에 로그인하고, 화면 오른쪽 상단의 [투닝 제작하기]를 클릭합니다.

그림 5.35 투닝에서 새로운 디자인 만들기

화면 오른쪽 아래 AI 버튼을 클릭하면 투닝에서 제공하는 웹툰 제작에 필요한 인공지능 서비스를 확인할 수 있습니다. 투닝 TTI 서비스는 [글로 이미지 생성]입니다. [글로 이미지 생성] 메뉴를 클릭합니다.

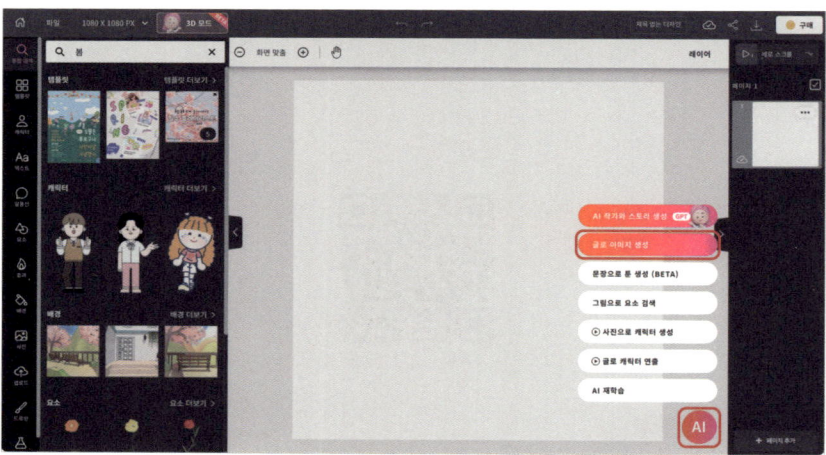

그림 5.36 투닝 AI 버튼의 위치(상)와 AI 기능 목록(하)

화면 왼쪽 [글로 이미지 생성] 아래에 있는 입력창에 이미지로 생성할 내용을 최대 400자까지 입력할 수 있습니다.

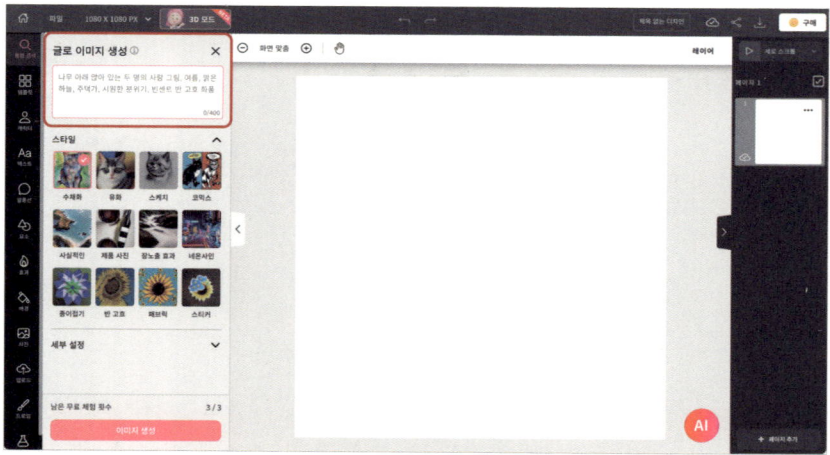

그림 5.37 투닝 글로 이미지 생성 페이지

이미지의 결괏값은 입력한 텍스트에 따라 다를 수 있습니다. 따라서 [글로 이미지 생성] 옆의 도움말 아이콘(ⓘ)을 클릭하여 텍스트 가이드를 먼저 확인하고, 가이드에 따라 내용을 입력하는 것이 좋습니다. 텍스트 가이드의 내용을 정리하면 다음과 같습니다.

1. 첫째, 텍스트는 구어체로 하나의 문장으로 길게 쓰기보다 그림의 주제, 특징 등을 짧은 단어 또는 구절로 나누어 입력하는 것이 좋습니다.

2. 둘째, 여러 단어 또는 구절로 나누어 입력할 때는 단어와 단어 사이에 쉼표를 사용합니다.

   예시: 나무 아래 두 명의 사람이 앉아 있는데 하늘에는 구름이 있고 노을이 지고 있는 그림을 그려줘. (X)

   나무 아래 앉아 있는 두 명의 사람 그림, 구름, 노을 (O)

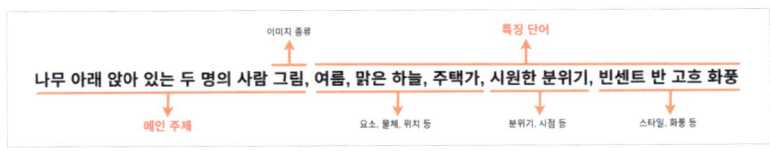

그림 5.38 글로 이미지 생성하기의 가이드라인 – 짧은 단어를 콤마로 구분하기

3. 셋째, 그림의 내용뿐만 아니라 그림의 분위기, 시점, 화풍 등과 관련된 설명을 추가합니다.

   예시: 나무 아래 앉아 있는 두 명의 사람 그림, 구름, 노을, 따뜻한 분위기, 빈센트 반 고흐 화풍

회색 건물들이 서 있는 도시 사진 / 회색 건물들이 서 있는 도시 사진, 빈센트 반 고흐 화풍, 드론으로 본 듯한

그림 5.39 글로 이미지 생성하기의 가이드라인 – 그리기, 시점, 화풍 설명하기

4. 넷째, '고화질의', '세부적인', '전문적인', '완벽한'과 같은 단어를 추가하면 더 좋은 품질의 이미지를 만들어 내기도 합니다.

   예시: 황혼의 풍경 사진, 아늑한 분위기, UHD, 세부적인

"황혼의 풍경 사진, 아늑한 분위기" / "황혼의 풍경 사진, 아늑한 분위기, UHD, 세부적인"

그림 5.40 글로 이미지 생성하기의 가이드라인 – 더 좋은 품질의 이미지 생성하기

텍스트를 입력한 후에는 원하는 그림의 스타일을 클릭하여 선택합니다. 수채화, 유화, 스케치, 코믹스, 사실적인, 제품 사진, 장노출 효과, 네온사인, 종이접기, 반 고흐, 패브릭, 스티커의 12가지 스타일을 제공합니다.

그림 5.41 글로 이미지 생성하기의 12가지 스타일 옵션

세부 설정 오른쪽에 있는 화살표 아이콘을 클릭하면 더 정교한 이미지를 생성하기 위한 몇 가지 옵션을 추가로 설정할 수 있습니다.

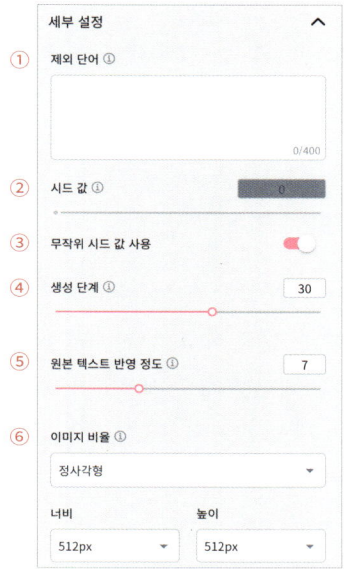

그림 5.42 글로 이미지 생성하기의 세부 설정

① **제외 단어**: 이미지 생성에 영향을 주지 않도록 지정하는 단어들을 입력할 수 있습니다. 최대 400자까지 입력이 가능합니다.

② **시드 값**: 생성하는 이미지의 시드 값을 변경하는 버튼입니다. 시드 값을 조절하면 설정한 시드 값에 따라 그림의 스타일이 달라집니다.

③ **무작위 시드 값 사용**: 무작위 시드 값 사용을 클릭하면 시드 값을 수동으로 조절하지 않고 랜덤으로 적용하여 그림이 생성됩니다.

④ **생성 단계**: 이미지를 생성할 때 거치는 단계를 의미하며, 단계는 1~50 사이로 설정할 수 있습니다. 숫자가 클수록 더 정교하게 이미지를 생성하여 이미지 생성에 드는 시간도 길어집니다.

⑤ **원본 텍스트 반영 정도**: 입력한 텍스트의 내용을 얼마나 충실하게 반영할 것인지를 설정하는 것으로, 1~20까지 설정할 수 있으며, 숫자가 클수록 텍스트의 내용에 충실한 이미지를 생성합니다.

⑥ **이미지 비율/크기**: 생성할 이미지의 크기를 선택할 수 있습니다. 정사각형(512X512), 가로형(768X512, 3:2), 세로형(576X768, 3:4), 긴 가로형(1024X576, 16:9) 중 한 가지 옵션을 선택하거나, 사용자 정의를 선택하여 가로, 세로를 원하는 크기로 각각 설정하여 이

용할 수 있습니다. 다만, 정사각형 이상의 크기로 변경할 경우, 필요 냥이(유료 결제) 개수가 달라지며, 이미지 크기를 별도로 변경하지 않을 경우 기본적으로 '정사각형'으로 이미지가 생성됩니다.

구글 문서에 ChatGPT 연동하기

GPT for Sheets™ and Docs™ 부가기능을 이용하여 구글 문서에 이메일 작성하기, 이메일 번역하기, 문서 작성 스타일 변경하기, 메모 요약하기, 블로그 포스트 개요 작성하기, 게시물 제목 생성하기 작업을 수행할 수 있습니다. 이 부가기능을 이용하면 구글 문서에서 바로 ChatGPT의 기능을 연동할 수 있으므로 ChatGPT의 답변을 따로 복사하여 붙여넣기 하는 작업 시간이 줄어들고, 실시간 공동 작업을 포함한 구글 문서의 편리한 기능을 함께 이용할 수 있는 등의 장점이 있습니다.

GPT for Sheets™ and Docs™ 부가기능 설치하기

구글 문서에 ChatGPT를 연동하기 위한 부가기능, 'GPT for Sheets™ and Docs™'를 설치하고 이용하는 방법을 알아보겠습니다. 먼저 크롬 브라우저를 열고, 새로운 구글 문서를 엽니다. 그다음, 구글 문서의 위쪽 메뉴에서 [확장 프로그램] – [부가기능] – [부가기능 설치하기] 순서로 클릭합니다.

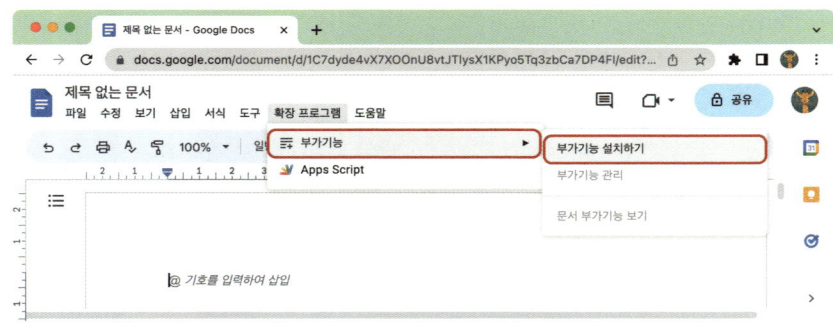

그림 5.43 구글 문서에서 부가기능 설치하기

> 참고

새로운 구글 문서를 만들기 위해서는 크롬 브라우저를 열고 다음 중 하나를 수행합니다.

[방법 1] 구글 문서 사이트에서 열기

구글 문서 사이트에서 새 문서 시작 아래에 있는 [내용 없음]을 선택합니다.

- 구글 문서 사이트: https://docs.google.com/

그림 5.44 구글 문서 사이트에서 새로운 구글 문서 열기

[방법 2] 주소를 입력해 열기

또는 크롬 브라우저 주소창에서 docs.new를 입력합니다.

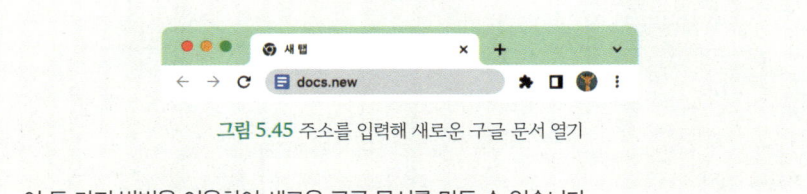

그림 5.45 주소를 입력해 새로운 구글 문서 열기

이 두 가지 방법을 이용하여 새로운 구글 문서를 만들 수 있습니다.

부가기능 검색 창에 'GPT'를 입력합니다. 검색 결과에서 'GPT for Sheets™ and Docs™' 부가기능을 선택하고, [설치] 버튼을 클릭하여 설치합니다.

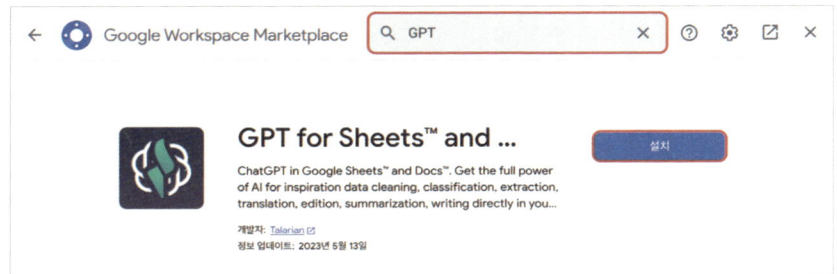

그림 5.46 GPT for Sheets™ and Docs™ 부가기능 설치하기

OpenAI API Key 발급하기

GPT for Sheets™ and Docs™ 부가기능을 이용하기 위해서는 OpenAI의 API 키를 발급받아야 합니다. API 키를 발급받기 위해서는 OpenAI 사이트에 접속하고, [Developers] 메뉴로 접속합니다(네 개의 하위 메뉴 중 한 가지를 선택하면 됩니다).

- OpenAI 웹사이트: https://openai.com/

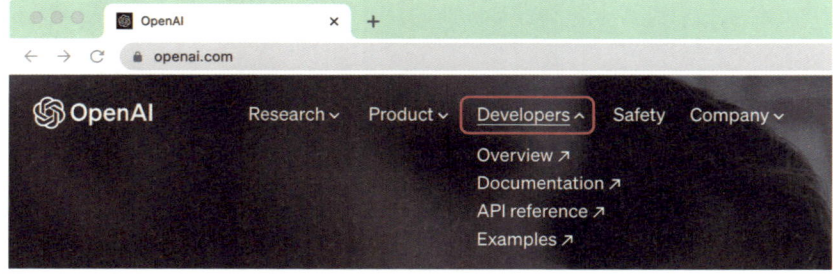

그림 5.47 OpenAI 메인 화면에서 [Developers] 메뉴 선택하기

Developers 페이지에서 오른쪽 위에 있는 나의 계정 아이콘을 클릭하고, [View API Keys]를 선택합니다.

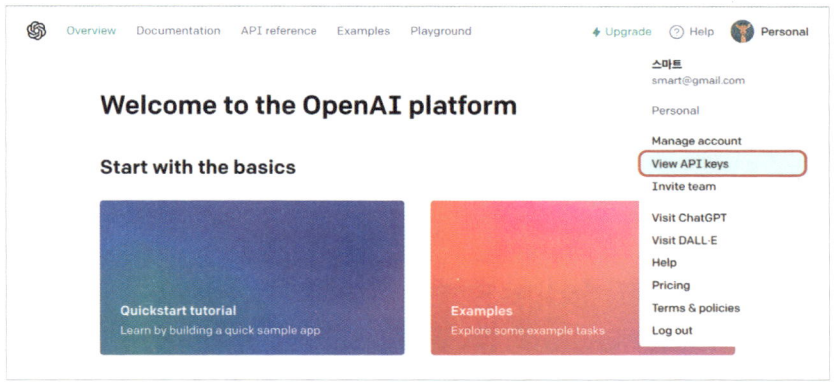

그림 5.48 OpenAI API key 발급받기 페이지로 이동

[Create new secret key] 버튼을 누르고 API 키의 이름을 입력한 다음, [Create secret key] 버튼을 누르면 API 키를 발급받을 수 있습니다. 한 번 발급한 API 키는 보안상의 이유로 다시 볼 수 없으므로 반드시 다른 곳에 별도로 기록 및 저장해 두어야 합니다. 또한 API 키를 다른 사람과 공유해서는 안 됩니다.

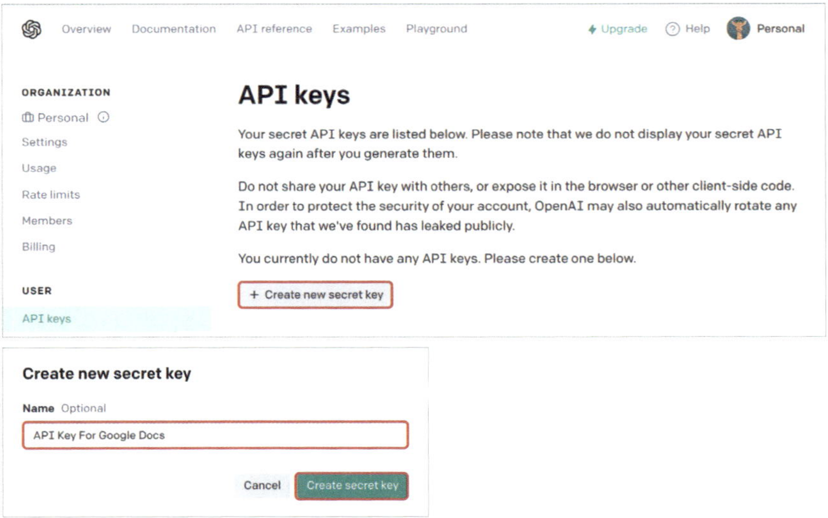

그림 5.49 OpenAI API 키 발급받기

API key가 발급되면 복사 버튼(⬚)을 눌러 키를 저장해 둡니다. API key를 복사했으면 다시 구글 문서로 이동합니다.

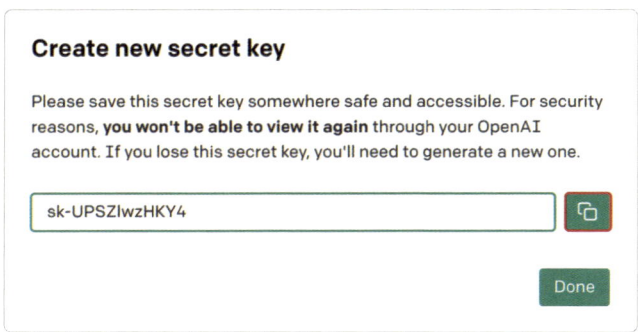

그림 5.50 발급받은 OpenAI API 키 복사하기

그다음, 구글 문서에서 [확장 프로그램] - [GPT for Sheets™ and Docs™] - [Set API key] 순서로 클릭합니다.

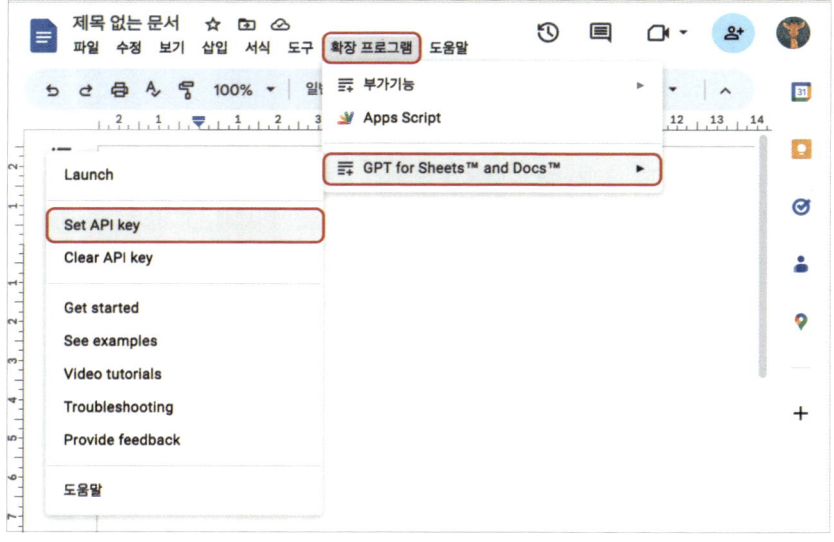

그림 5.51 GPT for Sheets™ and Docs™ 부가기능에 API 설정하기

API key 입력 창에 OpenAI에서 발급받은 API 키를 붙여넣기 하고, [Check] 버튼을 눌러 API 키가 제대로 입력됐는지 확인한 다음, [Save API key] 버튼을 눌러 저장합니다.

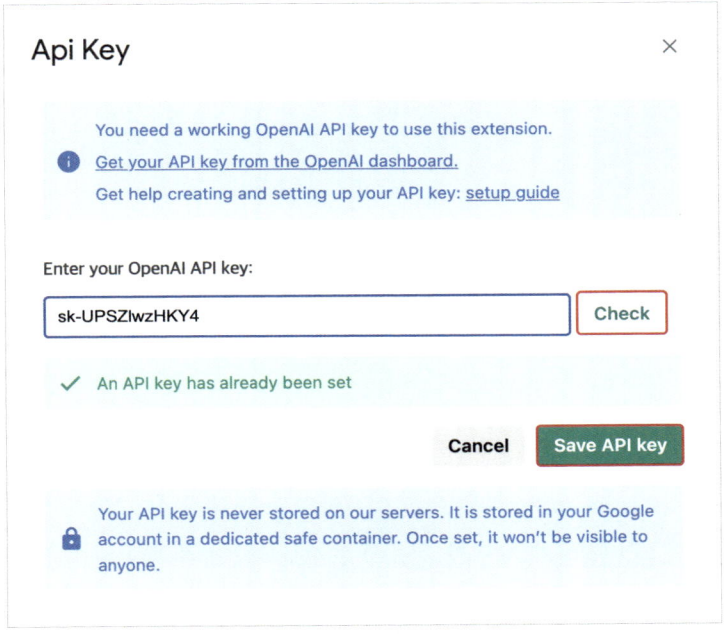

그림 5.52 API 키 붙여넣기

API 설정이 끝나면 부가기능을 이용할 수 있습니다. 부가기능을 실행하려면 구글 문서의 위쪽 메뉴에서 [확장 프로그램] – [GPT for Sheets™ and Docs™] – [Launch] 순서로 클릭합니다.

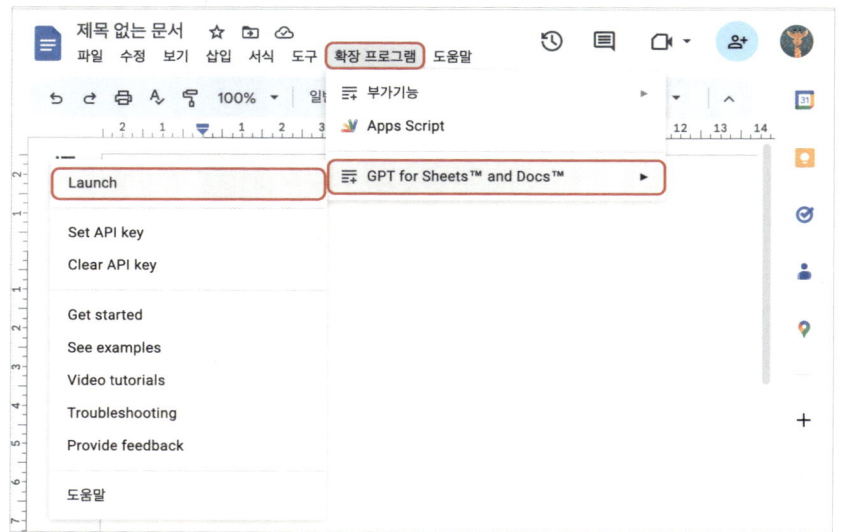

그림 5.53 GPT for Sheets™ and Docs™ 부가기능 실행하기

구글 문서의 오른쪽 사이드바에서 부가기능이 실행됩니다. GPT for Sheets™ and Docs™ 부가기능을 이용하여 구글 문서에서 문서 작성 및 요약, 문서의 톤 변경하기, 번역과 문법 오류 검사 작업을 수행할 수 있습니다.

문서 작성하기

새로운 문서를 작성하려면 부가기능을 실행한 후, [Select action]을 클릭하고 [Write custom prompt]를 선택합니다. 아래쪽에 작성할 문서의 내용을 입력합니다. [Submit] 버튼을 누르면 프롬프트 입력 내용을 바탕으로 문서가 작성됩니다.

그림 5.54 GPT for Sheets™ and Docs™ 부가기능으로 문서 작성하기

문서 작성 스타일 변경하기

구글 문서로 작성한 내용의 어휘나 어투 등을 원하는 대로 변경할 수 있습니다. 내용을 작성한 문서에서 부가기능을 실행한 뒤, [Select action]에서 [Change the tone to]를 선택합니다. 아래쪽 텍스트 입력창에 변경하기를 원하는 어휘나 어투(예: 중학교 1학년 수준의 어휘와 어투로 바꿔 줘.)를 입력하고, [Submit] 버튼을 클릭합니다.

그림 5.55 GPT for Sheets™ and Docs™ 부가기능으로 문서의 톤 변경하기

193

문서 요약하기

구글 문서에 이미 작성된 내용이 있는 경우, GPT for Sheets™ and Docs™ 부가기능을 이용하여 문서의 내용을 간편하게 요약할 수 있습니다. 내용을 작성한 문서에서 부가기능을 실행한 뒤, [Select action]에서 [Summarize]를 선택합니다. 아래쪽 텍스트 입력창에 원하는 형식(예: 글머리 기호를 이용해 정리해 주세요.)을 입력하고, [Submit] 버튼을 클릭합니다.

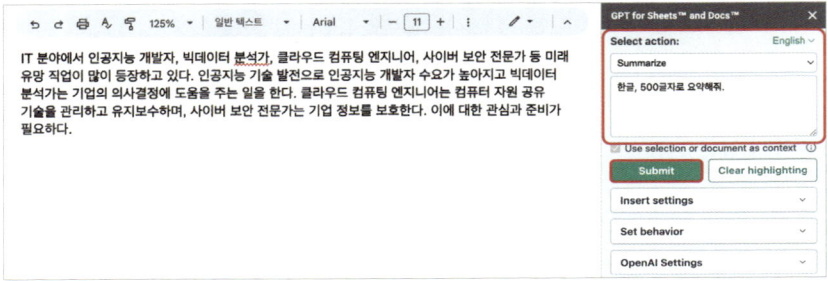

그림 5.56 GPT for Sheets™ and Docs™ 부가기능으로 문서 요약하기

문서 번역하기

구글 문서로 작성한 내용을 원하는 언어로 바로 번역할 수 있습니다. 내용을 작성한 문서에서 부가기능을 실행한 뒤, [Select action]에서 [Translate to]를 선택하고, 텍스트 입력 창에 번역하고자 하는 언어를 입력합니다. 그다음, [Submit] 버튼을 누르면 구글 문서의 내용을 원하는 언어로 번역할 수 있습니다.

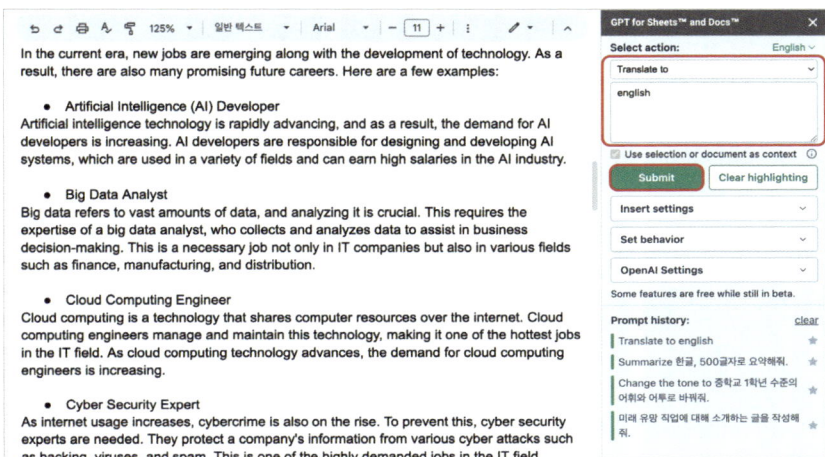

그림 5.57 GPT for Sheets™ and Docs™ 부가기능으로 문서 번역하기

문법 및 오타 검사하기

[Select action]에서 [Fix grammar and spelling]을 선택하고 [Submit] 버튼을 누릅니다. 맞춤법 및 문법 검사 결과는 영어로만 제공됩니다.

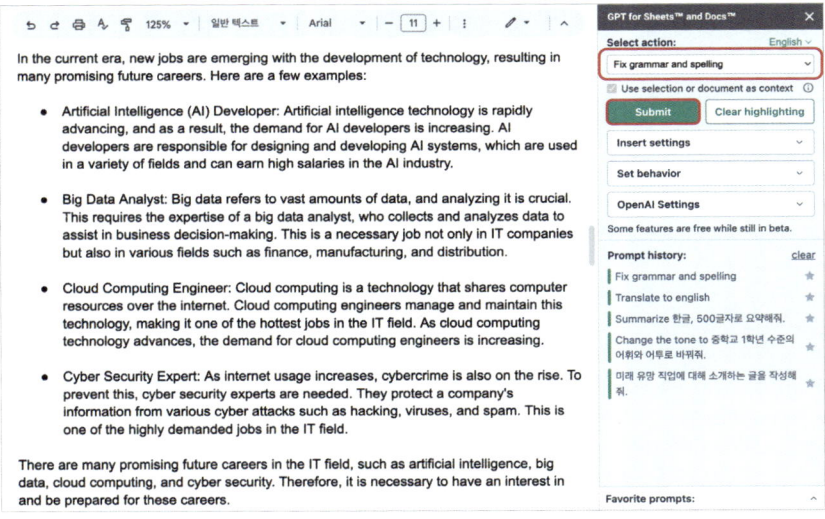

그림 5.58 GPT for Sheets™ and Docs™ 부가기능으로 문법 및 오타 검사하기

ChatGPT API를 연동하는 기능은 유료로 제공됩니다. 이용 요금은 이용량에 따라 책정되며, 1k 토큰(영어 단어 약 750개, 한글 단어 약 360개)당 $0.002입니다. OpenAI 사이트에 회원 가입 시 무료로 일정량의 크레딧을 제공합니다. (크레딧 제공량은 OpenAI 회원 가입 시점에 따라 다를 수 있으며, 무료로 제공받은 크레딧의 유효기간은 약 50일입니다). 부가기능을 이용하여 문서를 생성하게 되면 생성된 문서의 단어 수만큼 크레딧이 차감됩니다. 크레딧을 모두 사용하면 결제 수단을 추가하여 사용량만큼 요금을 납부해야 합니다.

API 사용량은 OpenAI 사이트의 Developer 페이지에서 화면 오른쪽에 있는 계정 아이콘을 누른 다음, [View API Keys] - [Usage] 메뉴에서 확인할 수 있습니다.

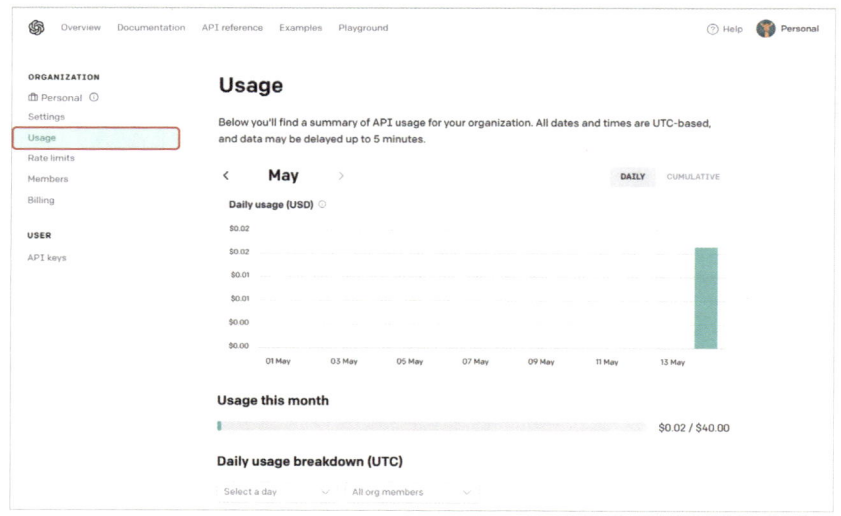

그림 5.59 OpenAI 사이트에서 API 사용량 확인하기

> **참고** Insert settings 알아보기

GPT for Sheets™ and Docs™ 부가기능의 [Insert settings]에서는 ChatGPT를 이용해 생성된 문서의 입력 위치 및 서식에 관련한 설정을 할 수 있습니다. 먼저 위에 있는 세 개의 옵션은 생성된 문서의 입력 위치에 관한 설정입니다.

- **Insert at cursor/below selection**: 현재 선택되어 있는 커서의 위치에 문서를 생성합니다.
- **Insert at [insert] tag**: 문서 안에 [insert] 태그가 있는 곳에 생성한 내용을 추가합니다. 문서를 추가할 곳에 [insert]라고 입력하면 태그를 추가할 수 있습니다.
- **Insert at the end of document**: 구글 문서의 맨 끝에 내용을 추가합니다.

아래에 있는 두 개의 체크박스 옵션은 부가기능을 이용해 생성된 문서임을 표시하기 위한 설정입니다.

- **Highlight insertion**: 부가기능을 이용해 새롭게 작성된 내용에 배경색이 적용됩니다. [Clear highlighting] 버튼을 누르면 모든 배경색을 한 번에 지울 수 있습니다.
- **Insert prompt in document**: 부가기능을 이용해 생성한 문서의 앞 부분에 부가기능의 유형이 표시됩니다. (예: Fix grammar and spelling)

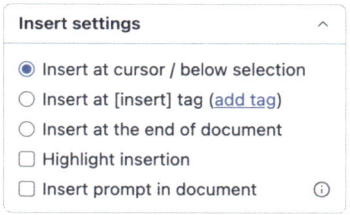

그림 5.60 GPT for Sheets™ and Docs™ 부가기능의 Insert settings

부록

인공지능 챗봇 ChatGPT 관련 자주 묻는 질문(FAQ)

다음은 ChatGPT와 관련하여 자주 묻는 질문을 ChatGPT PLUS GPT-4 모델에게 질문하여 얻은 답변을 바탕으로 정리했습니다.

1. 우리나라에는 ChatGPT와 같은 인공지능 챗봇 서비스는 없나요?

    ChatGPT 출시 이후 우리나라에서도 대화형 인공지능 서비스 출시를 준비하고 있습니다. 현재 개발된 인공지능 챗봇 서비스로는 다음과 같은 것이 있습니다.

    - **더존비즈온의 '디지'**

        더존비즈온에서 개발한 디지는 소프트웨어 개발 및 IT 서비스 기업입니다. 디지는 회계, 인사, 급여 등 관련 업무를 도와주는 인공지능 챗봇입니다.

    - **카카오의 '카카오 아이'**

        카카오 아이는 카카오톡과 같은 카카오 서비스를 이용하는 사용자들에게 다양한 정보와 도움을 주는 인공지능 챗봇입니다. 카카오 아이는 날씨, 뉴스, 검색, 번역 등 다양한 기능을 제공합니다.

    - **SK텔레콤의 '누구(NUGU)'**

        누구는 SK텔레콤에서 개발한 인공지능 스피커 및 가상 도우미입니다. 음성 인식 기능을 통해 사용자와 대화하며, 음악 재생, 날씨 정보, 뉴스, 알람 설정 등 다양한 서비스를 제공합니다.

이 외에도 다양한 국내 기업이 인공지능 챗봇 서비스를 개발하고 있으며, 각각의 챗봇은 고유한 기능과 서비스를 제공합니다.

2. ChatGPT에는 우리나라에 대한 정보가 부족하여 활용도가 떨어지나요?

ChatGPT는 대한민국에 관한 광범위한 정보를 가지고 있다고 답합니다. ChatGPT가 학습한 데이터에는 대한민국의 역사, 문화, 경제, 정치, 지리, 사회, 스포츠, 인기 있는 인물 등 다양한 주제에 관한 정보가 포함되어 있지만, 2021년 9월까지의 데이터를 기반으로 합니다. 또한 ChatGPT는 대한민국에 대한 정보를 학습하기 위해 다음과 같은 종류의 데이터를 사용했다고 답하고 있습니다.

- **인터넷 기사**: 다양한 언론사와 뉴스 웹사이트에서 출판된 기사들이 포함됩니다. 이를 통해 정치, 경제, 사회, 문화, 스포츠 등 다양한 분야의 대한민국 관련 정보를 학습합니다.
- **위키백과**: 오픈 소스 백과사전인 위키백과에는 대한민국의 역사, 지리, 인물, 문화 등 다양한 주제에 관한 정보가 포함되어 있습니다.
- **학술 논문 및 보고서**: 대한민국에 관한 연구 결과와 보고서를 포함하는 학술 논문을 통해 심층적인 지식과 전문적인 정보를 습득합니다.
- **온라인 커뮤니티 및 포럼**: 사람들이 대한민국에 관해 질문하고 의견을 나누는 다양한 온라인 커뮤니티와 포럼에서 일반인들의 견해와 생각을 학습합니다.
- **공식 웹사이트**: 정부 기관, 대학, 기업 등의 공식 웹사이트에서 대한민국 관련 정보를 얻습니다.
- **책, 잡지, 블로그 등**: 다양한 출판물과 온라인 콘텐츠를 통해 대한민국에 대한 다양한 정보와 의견을 수집합니다.

3. ChatGPT를 사용하는 데 나이 제한이 있나요?

ChatGPT에 대한 나이 제한에 관한 공식적인 규정은 없습니다. 그러나 2023년 3월 현재, OpenAI 웹사이트의 이용 약관에서는 다음과 같이 사용자의 나이 제한에 대해 설명하고 있습니다.

[원문]

You must be at least 13 years old to use the Services. If you are under 18 you must have your parent or legal guardian's permission to use the Services.

If you use the Services on behalf of another person or entity, you must have the authority to accept the Terms on their behalf. You must provide accurate and complete information to register for an account. You may not make your access credentials or account available to others outside your organization, and you are responsible for all activities that occur using your credentials.

[한글 번역문]

서비스를 이용하려면 최소한 13세 이상이어야 합니다. 만약 18세 미만이라면 부모님 또는 법적 보호자의 허락을 받아야 합니다. 다른 사람이나 기관을 대신하여 서비스를 이용한다면, 그들을 대신해 이용 약관에 동의할 권한을 가져야 합니다. 계정 등록을 위해 정확하고 완전한 정보를 제공해야 합니다. 귀하의 조직 외부의 다른 사람들에게 접근 자격 증명 또는 계정을 제공해서는 안 되며, 귀하의 자격 증명을 사용하여 이루어지는 모든 활동에 대한 책임이 있습니다.

이러한 나이 제한은 학교에서 사용하는 교육용 온라인 플랫폼인 구글 클래스룸과도 비슷한 내용입니다. 따라서 ChatGPT를 학생들과 함께 사용하고자 한다면 만 13세 미만의 경우 부모님 또는 법정대리인의 동의를 받는 것이 필요합니다.

4. 스마트폰으로 ChatGPT를 이용할 때 자동 번역을 이용하지 않게 설정하고 싶은데 어떻게 해야 하나요?

[영어로 된 페이지를 항상 번역]에 체크되어 있으면 ChatGPT를 이용할 때 페이지가 자동으로 번역됩니다. 스마트폰에서 자동 번역 기능을 이용하고 싶지 않은 경우, 크롬 브라우저 오른쪽 위에 있는 더보기 아이콘을 클릭하고 번역 옵션을 선택한 다음, [영어로 된 페이지를 항상 번역] 옵션을 체크 해제하거나 [이 사이트 번역 안함]에 체크합니다.

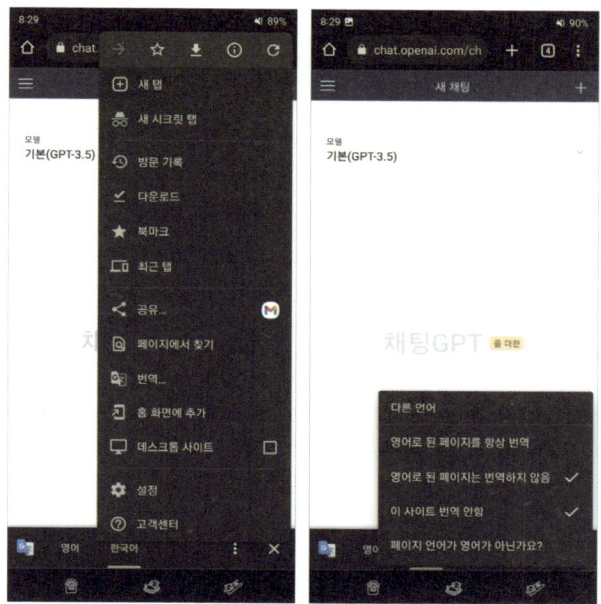

그림 A-1 크롬 브라우저 자동 번역 기능 설정하기

5. ChatGPT는 애플리케이션으로 이용할 수 없나요?

현재 OpenAI가 공식적으로 제공하고 있는 ChatGPT의 애플리케이션 서비스는 없습니다. 그러나 OpenAI의 API를 사용하여 개발자들이 자체 애플리케이션과 서비스에 ChatGPT를 통합할 수는 있습니다. 이렇게 하면 다양한 웹사이트, 모바일 앱, 게임, 가상 도우미 등 여러 플랫폼에서 ChatGPT를 사용할 수 있게 됩니다. ChatGPT의 API를 사용하는 애플리케이션에 대한 자세한 내용은 OpenAI의 공식 웹사이트에서 확인할 수 있습니다(11쪽 OpenAI 웹사이트 둘러보기 참조).

6. ChatGPT로는 소설이나 시, 시나리오 등의 문학 작품을 창작할 수 없나요?

ChatGPT는 인공지능 언어 모델로 소설, 시, 희곡 등의 문학 작품을 창작하는 데도 사용할 수 있습니다. ChatGPT는 사용자가 제시하는 주제나 상황에 대해 창의적인 내용을 생성할 수 있습니다. 그러나 작품의 완성도와 품질은 제한적일 수 있으며, 작가의 독창성이나 섬세한 감정 표현을 완벽하게 반영하지는 못할 수도 있습니다. ChatGPT를 사용하여 문학 작품을 작성하려면 명확한 지시사항을 제시하는 것이 필요합니다. 예를 들어, 특정 주제에 관한 시를 쓰고 싶다면 주제를 설명하고 쓰고자 하는 시의 형식에 대한 구체적인 정보를 제공하는 것이 좋습니다. ChatGPT는 이러한 지시사항을 바탕으로 문장이나 구절을 생성해 줄 것입니다. 작성 과정에서 계속 수정하고 개선하여 결과물의 품질을 높일 수 있습니다.

7. ChatGPT로 그림이나 그래프를 그릴 수는 없나요?

ChatGPT는 자연어 처리에 초점을 둔 인공지능 모델로서, 텍스트 기반의 정보와 대화를 생성하고 처리하는 데 특화되어 있습니다. 따라서 직접적으로 그림이나 그래프를 그리는 기능은 제공하지 않습니다.

그러나 사용자가 원하는 그림이나 그래프에 대한 설명을 제공하면 그것과 관련된 정보나 지침을 생성하는 데는 ChatGPT가 도움이 될 수 있습니다. 예를 들어, 어떤 그래프를 그리는 방법에 대한 설명이나 데이터를 시각화하는 데 필요한 도구에 관한 조언을 얻을 수 있습니다.

8. ChatGPT를 활용하기 위해 특별히 갖추어야 할 역량이 있나요?

학생이나 교사가 ChatGPT를 다루기 위해서는 몇 가지 역량이 필요합니다. 가장 중요한 역량은 명확하고 구체적인 질문을 하는 것입니다. ChatGPT는 입력된 정보에 기반하여 답변을 생성하기 때문에 질문이 명확하고 구체적일수록 정확한 답변을 얻을 가능성이 높아집니다.

또한, 학생이나 교사는 ChatGPT를 이용하여 자신이 공부하는 분야에 대한 정보를 습득하거나 문제를 해결할 수 있습니다. ChatGPT를 이용하여 수학 문제나 영어 단어의 뜻 등을 해결하는 것은 특히 유용합니다. 교사는 ChatGPT를 이용하여 학생들에게 설명하기 어려운 개념이나 문제를 해결하는 데 도움을 받을 수 있습니다.

그러나 학생이나 교사는 ChatGPT를 사용할 때 항상 주의가 필요합니다. ChatGPT는 입력된 데이터에 따라 답변을 생성하기 때문에 입력된 정보가 부정확하거나 부적절한 경우 부정확한 답변을 제공할 수 있습니다. 따라서 학생이나 교사는 항상 검증에 주의하여 ChatGPT를 활용해야 합니다. ChatGPT를 이용하여 얻은 정보는 항상 전문가의 검증이 필요할 수 있습니다.

또한, ChatGPT를 이용하여 새로운 지식을 습득하거나 문제를 해결하는 데 있어서 적극적으로 대화를 이끌어가는 것이 중요합니다. 왜냐하면 ChatGPT는 대화 상대방의 답변을 기다릴 필요가 없으므로 사용자가 적극적으로 대화를 끌어나가야 합니다.

9. ChatGPT Plus를 학교 예산으로 구입할 수 있나요?

ChatGPT Plus는 해외 결제가 가능한 카드로 결제해야 하기 때문에 먼저 학교 예산으로 해외 결제가 가능한지를 학교 행정실에 문의해 보시기 바랍니다. 해외 결제가 가능하다면, ChatGPT Plus의 달러 금액을 원화로 환산하여 품의 결재 후 행정실에 결제를 요청하면 됩니다. 원화로 환산할 경우 추가로 품의하지 않도록 여유 있게 환산하는 것을 권해드립니다.

10. ChatGPT를 학교 업무에 어떻게 활용할 수 있나요?

이 책의 4장_미래교육과 언어 인공지능 ChatGPT에서 제시한 것과 같이 ChatGPT를 활용하여 교수-학습 자료 개발, 개별 학생에 대한 맞춤형 학습 또는 상담 지원 서비스 제공, 학생 개별 피드백 제공, 학교 업무에 필요한 가정통신문, 행사 계획서 및 보고서 등의 각종 문서 자료 제작 등을 할 수 있습니다.

11. 진로 수업에서는 ChatGPT를 어떻게 활용할 수 있을까요?

ChatGPT는 학생들과의 진로 수업에서 ChatGPT를 활용할 수 있는 방법에 대해 다음과 같이 제시했습니다.

- **진로 탐색**: ChatGPT를 활용하여 학생들이 진로 탐색을 할 수 있는 시간을 가질 수 있습니다. ChatGPT에게 직업에 대한 질문을 하고 그에 대한 답변을 받아보는 것으로 직업에 대한 이해도를 높일 수 있습니다.

- **자기소개서 작성**: 학생들이 자신을 어필할 수 있는 자기소개서를 작성할 때 ChatGPT를 활용하여 올바른 표현이나 단어를 찾을 수 있습니다.

- **대학 정보 수집**: ChatGPT를 이용하여 대학 정보를 수집할 수 있습니다. 학생들이 ChatGPT에게 자신이 원하는 대학에 대한 질문을 하면 ChatGPT가 대학에 대한 정보를 제공할 수 있습니다.

- **진로 설계**: 학생들의 진로에 대한 계획을 설계할 때 ChatGPT를 활용하여 해당 진로에 대한 정보를 수집하고, 진로에 따른 필요 역량과 능력을 향상시킬 수 있는 방법을 제시할 수 있습니다.

- **채용 정보 수집**: 취업을 목표로 하는 학생들을 대상으로 ChatGPT를 활용하여 채용 정보를 수집할 수 있습니다. ChatGPT에게 특정 회사나 산업 분야에 대한 질문을 하면 ChatGPT가 채용 정보를 제공할 수 있습니다.

12. ChatGPT를 통해 얻은 답변의 저작권은 누구에게 있나요?

ChatGPT에게 답변의 저작권에 대해 질문한 결과, ChatGPT의 답변 저작권은 OpenAI에 있다고 답변했습니다. OpenAI는 학습된 모델을 통해 생성된 모든 출력물의 저작권을 보유하고 있으며, 이를 상업적으로 이용할 수 없다고 답변했습니다. 특히 ChatGPT의 답변이 다음과 같이 저작권 보호 대상인 경우에는 생성된 답변을 공유하거나 출판 등의 상업적인 목적으로 이용하려는 경우 OpenAI의 사용 규약을 준수해야 한다고 밝히고 있습니다.

- **창작성이 있는 경우**: 예를 들어, 문학 작품이나 시 등 창작물에 대한 답변일 경우, ChatGPT의 답변도 창작성을 가질 수 있으므로 저작권 보호 대상이 될 수 있습니다.
- **새로운 정보나 분석이 있는 경우**: 예를 들어, 학술 논문이나 보고서에 대한 답변일 경우, ChatGPT의 답변이 새로운 정보나 분석을 제공하는 경우 저작권 보호 대상이 될 수 있습니다.
- **저작물을 인용하는 경우**: 예를 들어, 학술 논문이나 보고서에서 ChatGPT의 답변을 인용하는 경우, 해당 부분은 저작권 보호 대상이 될 수 있습니다.

그러나 개인적인 용도로는 자유롭게 사용할 수 있으며 단순한 정보 제공이나 일상적인 대화, 일반적인 상식과 같은 내용의 답변은 저작권 보호 대상이 되지 않을 수 있다고 밝히고 있습니다.

한편 답변이 아닌 질문에 대한 저작권은 질문을 한 사용자에게 있습니다.

13. ChatGPT로 쓴 글과 학생이 쓴 글을 어떻게 구분할 수 있나요?

일반적으로 ChatGPT가 작성한 글과 사람이 직접 작성한 글을 구분하는 것은 쉽지 않을 수 있습니다. 특히 ChatGPT는 자연어 처리 방식으로 인간의 언어 이해와 생성 능력을 모방한 것이기 때문에 인공지능이 작성한 글이라는 것이 명확하지 않을 수 있습니다.

그러나 ChatGPT의 답변이 특정 문서나 웹사이트에서 복사하여 붙여 넣은 경우, 해당 문서나 웹사이트의 출처를 표시하는 등의 방법으로 구별이 가능합니다. 또한, ChatGPT가 생성한 문장에서 특정한 단어나 구절이 특정 문서에서 복사하여 사용된 것으로 의심될 경우, 이를 검증하여 구별이 가능합니다. 하지만 이러한 경우에도 100% 정확한 판별은 어려울 수 있습니다.

14. 학교에서 ChatGPT를 동시에 여러 명이 접속했을 때 접속이 지연되거나 제한되는 경우가 있나요?

    학교에서는 보통 교실에 달려 있는 하나의 AP를 이용하여 여러 학생이 동시에 와이파이에 연결하여 ChatGPT를 이용하게 됩니다. 이와 같이 하나의 AP를 이용하는 여러 명의 사용자가 동시에 ChatGPT를 사용하면, AP의 대역폭이 한정적일 경우 인터넷 속도가 느려지거나 연결이 끊어질 수 있습니다. 이것은 AP가 여러 사용자로 인해 과부하가 걸려 발생할 수 있는 문제입니다. 또한, ChatGPT는 대화형 AI 모델이기 때문에 사용자들이 동시에 많은 양의 텍스트를 입력하면 모델 처리에 시간이 더 많이 소요될 수 있습니다. 따라서 여러 명이 동시에 ChatGPT를 사용할 때는 대화의 순서를 조정하거나 대화 참여 인원을 적정하게 조절하는 등의 방법으로 성능을 개선할 수 있습니다.

    이러한 문제를 해결하기 위해서는 AP의 대역폭을 늘리거나 네트워크 인프라를 업그레이드하는 등의 방법으로 성능을 개선할 수 있습니다. 또한, 적절한 방화벽 설정이나 보안 조치를 통해 보안 위협으로부터 안전하게 보호할 수 있습니다.

15. ChatGPT를 학교에서 사용하려면 무선 인프라(Wi-fi)가 필요한데, 우리나라의 학교 무선 인프라 보급률은 어느 정도인가요?

    2020년부터 디지털 뉴딜사업으로 학교 무선 인프라 보급이 전국적으로 시작되었습니다. 현재 대부분의 학교 교실에 무선 인프라가 보급되어 있으며, 경기도교육청의 경우 2023년 기준 초, 중, 고교의 일반교실은 100%, 특별교실(과학실, 음악실 등)은 50% 정도 설치되어 있는 상태입니다. 올해(2023년) 안으로 2만실 정도 더 구축할 예정이라고 합니다.

16. 학교 무선 인프라(Wi-fi)는 어느 정도 속도인가요?

    경기도교육청의 경우, 스쿨넷 주 사업자인 KT의 계측기 테스트 결과 한 학교에 1Gbps의 인터넷 회선 서비스를 받고 있는데, 이것을 학교 업무용과 학생용으로 나누어 쓰고 있는 상황입니다. 스마트 단말기를 이용한 수업을 원활하게 이용하려면 한 학생당 약 5MB의 속도를 확보해야 하는데, 1Gbps의 인터넷 회선 서비스를 기준으로 한다면 현재로서는 5개 학급 이상이 동시에 와이파이를 이용하면 과부하가 걸리는 상황입니다.

17. 학교 와이파이의 속도가 느려지거나 장애가 발생할 경우 어떻게 대처할 수 있을까요?

    학교 와이파이의 속도가 느려지는 원인은 다양합니다. 동시에 접속하는 인원이 많은 경우도 있고, 사용하는 기기의 문제 또는 인증 과정상의 문제일 수도 있습니다. 경기도교육청의 경우, 와이파이 장애 발생 시 현장에서 학교 와이파이 문의 전화(031-289-6200)로 연결하여, ARS 1번 무선 AP 문의(개별 교실 장애 발생 문의), 2번 스쿨넷 문의(학교 전체 장애 발생 문의), 3번 스마트 단말기 관리시스템(MDM)을 눌러 문의하면 원인 파악 및 문제 해결이 가능합니다.

18. 학교 와이파이의 비밀번호 규칙이 복잡하여 저학년 학생들이 이용하기에 어려움이 있습니다. 학교 와이파이의 비밀번호는 반드시 규칙에 따라서 설정해야 하나요?

    네, 정보보안지침에 따라 학교 와이파이의 비밀번호는 알파벳, 숫자, 기호를 섞어 생성하며 3개월에 한 번씩 교체하여 운영해야 합니다.

19. 학교 와이파이의 해킹 위험은 없나요?

    와이파이 이용 시 해킹 또는 개인정보 유출의 가능성은 언제나 존재합니다. 경기도교육청에서는 경기도교육정보기록원의 경기교육사이버안전센터(https://www.goeia.go.kr/security/g07020101.asp)에서 빅데이터를 활용한 AI를 도입하여 실시간으로 해킹 및 개인정보 유출 위험 등을 감지하고 있습니다.

20. 유치원에는 언제쯤 교육용 무선 인프라가 구축될까요?

    경기도교육청의 경우로 말씀드리자면, 현재 무선 인프라(AP)는 초, 중, 고등학교에만, 스마트 단말기(태블릿PC, 크롬북 등)는 초등학교 3학년 이상 보급되고 있습니다. 따라서 현재 유치원에는 무선 인프라가 보급되어 있지 않습니다. 유치원에 무선 인프라가 보급되기 위해서는 정책 입안 부서(유아교육과)에서 교육감의 승인을 받아 추진해야 하는데, 현재는 이 과정이 진행되지 않은 상황입니다.

21. 교사용(교무실) 와이파이 또는 스마트 단말기(태블릿PC 또는 크롬북 등)는 언제쯤 보급 예정인가요?

    원칙적으로 무선 와이파이에서는 학교 업무용 자료를 유통할 수 없기 때문에 교사 업무용 노트북에서는 와이파이를 이용할 수 없습니다. 현재 교원용 노트북 또는 PC에서 무선 와이파이를 이용할 수 있는 것은 코로나19로 인한 원격수업에 대응하기 위해 일시적으로 허용되어 있는 상태입니다. 국정원 또는 교육부에서 변경된 지침이 내려올 예정입니다.

또한 스마트 단말기의 경우 경기도교육청은 전체 학생 수 대비(교사 제외) 50% 이상 보급된 상태입니다. 그러나 지역에 따라 100% 이상 보급된 경우도 있으며, 이 경우 교사용 스마트 단말기도 보급이 가능합니다. 앞으로 학생용 스마트 단말기 보급률에 따라 교사용 단말기 보급도 가능할 것으로 예상됩니다.

22. 학교에서 스마트 단말기(태블릿PC 또는 크롬북 등)를 활용하여 ChatGPT 활용 수업을 진행할 경우, 사용 시 고장에 대한 부분이 염려됩니다. 이 부분을 어떻게 해결하면 좋을까요?

학생용 스마트 단말기를 구입할 경우, 무상 하자보수 기간이 보통 1년입니다. 무상 하자보수 기간에는 제조사를 통해 유지 관리가 가능합니다. 그러나 2022년 이전에 구입한 스마트 단말기라면 유상으로 유지 관리를 해야 합니다. 경기도교육청의 경우 올해부터 교육지원청이나 교육청 단위에서 유지 관리 정책을 수립할 예정입니다. 그 이전까지는 학교에서 자체적으로 계획을 수립하여 운영해야 하는 상황입니다. 태블릿 PC의 내용연수는 6년이므로, 그 이전까지는 고장 난 경우 폐기할 수 없고 유지 보수하여 사용해야 하는 상황입니다.

부록
프롬프트 모음

1장. 언어 인공지능 ChatGPT와 OpenAI

1. 영어 단어에서 'p'와 'f'의 발음이 잘 되지 않을 때 어떻게 발음을 연습해야 하는지, 입술과 혀의 위치는 어떻게 조정해야 하는지, 어떤 단어를 연습하는 것이 좋을지 표로 알려주세요.

2장. 언어 인공지능 ChatGPT 기본 사용법 (무료 버전)

2. 퀀텀 컴퓨팅을 간단한 용어로 설명해 줘.
3. 10살 어린이의 생일을 위한 창의적인 아이디어가 있나요?
4. 자바스크립트에서 HTTP 요청을 어떻게 만들어야 할까요?
5. 위에 있는 내용을 자세히 설명해 줘.
6. Translate to English: ChatGPT로는 무엇을 할 수 있어?
7. Summarize: Avengers
8. Search: Kimchi
9. My dog is [Completion Token].
10. "My dog is [ ]."라는 문장에서 [ ] 안에 들어갈 수 있는 말을 10개 제시해 주세요.
11. My favorite color is [MASK]. Temperature: 0.3
12. My favorite color is [MASK] Temperature: 1.0
13. 어떤 수학 교육 방법이 이해하기 쉽고 효과적인지 알려주세요.
14. 어떤 방법으로 독서 습관을 기르고 유지할 수 있는지 알려주세요.
15. 학습 장애를 가진 학생들을 지원하고 돕는 방법이 무엇인지 알려주세요.
16. 어떤 방법으로 친구와 갈등을 해결할 수 있는지 알려주세요.

17. 어떤 방법으로 자기 주도적인 학습을 할 수 있는지 알려주세요.
18. 어떤 방법으로 학업 스트레스를 관리할 수 있는지 알려주세요.
19. 어떤 방법으로 자기 탐색을 할 수 있는지 알려주세요.
20. 어떤 방법으로 대학 진학을 준비할 수 있는지 알려주세요.
21. (일반적인 프롬프트) 영어 공부 어떻게 해야 하나요?
22. (구체적이고 자세한 프롬프트) 영어 시험에서 현재완료의 계속적 용법에 대해 틀린 문항이 많았습니다. 이에 대해 공부할 때 어떤 방법이 좋을까요? 예를 들어, 어떤 문장을 많이 연습해 보는 것이 좋을까요?
23. (명확하지 않은 질문) 한자를 어떻게 읽나요?
24. (명확하고 간단한 질문) 이 한자('中')를 어떻게 읽는지 알려주세요.
25. (명확하지 않은 질문) 과일을 영어로 뭐라고 해요?
26. (명확하고 간단한 질문) 이 과일(사과)의 영어 이름은 무엇인가요?
27. (명확하지 않은 질문) 이 수식이 어떤 뜻인가요?
28. (명확하고 간단한 질문) 이 수식(1 + 2 = 3)이 무엇을 의미하는지 알려주세요.
29. (명확하지 않은 질문) 이 숫자를 로마 숫자로 어떻게 쓰나요?
30. (명확하고 간단한 질문) 이 숫자(3)를 로마 숫자로 어떻게 쓰는지 알려주세요.
31. (명확하지 않은 질문) 이 문장에서 수식어가 무엇인가요?
32. (명확하고 간단한 질문) 이 문장(바람이 강한)에서 수식어는 무엇인지 알려주세요.
33. (명확하지 않은 질문) 이 역사적인 사건이 언제 일어났나요?
34. (명확하고 간단한 질문) 이 역사적인 사건(아프리카 국가의 독립운동)이 언제 일어난 것인지 알려주세요.
35. (명확하지 않은 질문) 이 생물의 분류는 무엇인가요?
36. (명확하고 간단한 질문) 이 생물(사자)의 분류를 알려주세요.
37. (명확하지 않은 질문) 이 화합물의 화학식은 무엇인가요?
38. (명확하고 간단한 질문) 이 화합물(이산화탄소)의 화학식을 알려주세요.
39. (명확하지 않은 질문) 이 문학 작품에서 주인공의 성격은 어떻게 표현되나요?
40. (명확하고 간단한 질문) 이 문학 작품(마당을 나온 암탉)에서 주인공의 성격이 어떻게 묘사되는지 알려주세요.

41. (명확하지 않은 질문) 이 물리학적인 개념을 수식으로 어떻게 표현하나요?
42. (명확하고 간단한 질문) 이 물리학적인 개념(운동량)을 수식으로 어떻게 나타내는지 알려주세요.
43. (명확하지 않은 질문) 여행 계획 좀 알려줄래?
44. (명확하고 구체적인 질문) 올해 여름방학에 가볼 만한 추천 장소는 어디인가요?
45. (명확하지 않은 질문) 미분을 이해하기 위해서는 어떤 것이 필요한가요?
46. (명확하고 구체적인 질문) 미적분 수업에서 미분을 이해하지 못했는데, 다시 설명해 주실 수 있나요?
47. 영어 수업에서 명사와 동사의 차이점이 무엇인가요?
48. (간결하지 않은 질문) 우리 몸에서 가장 큰 장기가 무엇인지, 그리고 그 장기가 어떤 기능을 하는지 자세히 알고 싶어요.
49. (간결한 질문) 우리 몸에서 가장 큰 장기는 무엇인가요?
50. (감정이나 주관적인 표현을 포함한 질문) 수학 시험에서 나쁜 성적을 받아서 너무 울적해요. 제가 바보 같은 것 같아요.
51. (객관적이면서도 상담을 위한 질문) 수학 시험에서 나쁜 성적을 받았어요. 어떻게 공부해야 좋을까요?
52. 친구와 다투고 싶지 않은데, 어떻게 대처해야 할까요?
53. (목표성이 없는 질문) 나는 어떤 학생일까?
54. (목표가 뚜렷한 질문) 나의 강점과 약점을 파악하고, 나의 장점을 살리며 발전할 수 있는 방법은 무엇일까?
55. (목표성이 없는 질문) 오늘 수업이 지루하게 느껴지는데, 어떻게 해야 할까?
56. (목표가 뚜렷한 질문) 수업을 재미있게 듣기 위해 필요한 자세와 방법을 찾아보며, 내가 원하는 학습 목표를 달성하기 위한 방법은 무엇일까?
57. (목표성이 없는 질문) 내일은 방과 후에 무엇을 할까?
58. (목표가 뚜렷한 질문) 내일 방과 후에 해야 할 일을 계획하고, 필요한 준비물과 자원을 준비하는 방법은 무엇일까?
59. (목표성이 없는 질문) 다른 친구들과 다른 학교생활을 하고 싶은데, 어떻게 해야 할까?
60. (목표가 뚜렷한 질문) 자신이 원하는 학교생활을 위해 필요한 노력과 계획을 세우고, 그에 따른 행동을 취할 수 있는 방법은 무엇일까?

61. (목표성이 없는 질문) 친구와의 갈등을 해결하고 싶은데, 어떻게 해야 할까?
62. (목표가 뚜렷한 질문) 갈등의 원인을 파악하고, 상대방의 의견을 이해하며, 상호 대화를 통해 갈등을 해결하는 방법은 무엇일까?
63. (목표성이 없는 질문) 수업 시간에 집중하기 어렵다. 어떻게 해야 할까?
64. (목표가 뚜렷한 질문) 수업 중 집중력을 높이기 위한 방법과 자신에게 맞는 학습 방법을 찾아보며, 내가 원하는 학습 목표를 달성할 수 있는 방법은 무엇일까?
65. (목표성이 없는 질문) 친구들과 모두가 인기 있는 학생이 되고 싶다. 어떻게 해야 할까?
66. (목표가 뚜렷한 질문) 인기 있는 학생이 되기 위해 필요한 자질과 노력을 파악하고, 자신만의 개성과 매력을 살리며, 건강한 친구 관계를 유지하는 방법은 무엇일까?
67. (목표성이 없는 질문) 동아리에서 적극적으로 참여하고 싶은데, 어떻게 해야 할까?
68. (목표가 뚜렷한 질문) 동아리에서 활동하기 위해 필요한 능력과 자원을 준비하고, 다른 동아리원들과 함께 협력하며, 자신의 역할을 인식하고, 참여의 즐거움을 느끼는 방법은 무엇일까?
69. (목표성이 없는 질문) 학교생활에서 칭찬받고 싶다. 어떻게 해야 할까?
70. (목표가 뚜렷한 질문) 자신의 장점과 능력을 인식하고, 노력과 열정을 발휘하여 학교생활에서 필요한 역할을 수행하며, 적극적인 자세로 참여하는 방법은 무엇일까?
71. (일반적인 질문) 영화에 대해 말씀해 주세요.
72. (주제 제한 프롬프트) 어벤져스: 엔드게임에 대해 말씀해 주세요.
73. (일반적인 질문) 학업 스트레스 관리 방법
74. (긍정/부정 제한 프롬프트) 긍정적인 학업 스트레스 관리 방법
75. (일반적인 질문) 학교에서 친구를 사귀는 방법
76. (길이 제한 프롬프트) 학교 친구 사귀는 방법(짧게)
77. (일반적인 질문) 과학 실험 아이디어
78. (예시 제한 프롬프트) 화학 실험 아이디어 예시
79. 아래 문서를 500 단어로 요약해줘.
    [요약하고자 하는 문서]
80. 요약한 결과를 한글로 번역해줘

3장. 언어 인공지능 ChatGPT의 장점과 단점

81. '우보천리'가 무엇인지 설명해주세요.
82. Who was the first person to step on the moon?
83. 한국에서 가장 인기있는 음식은 무엇인가요?
84. ChatGPT Free와 ChatGPT Plus의 차이점을 표로 정리해줘.

4장. 미래교육과 언어 인공지능 ChatGPT

85. 실패를 극복한 유명인에 대한 영어 지문을 제공해 주세요.
86. 나 최근에 집이랑 학원에서 공부 스트레스를 엄청 받아. 이제까지는 엄마 말대로 잘 따라왔지만 앞으로 이런 공부를 계속 할 수 있을까 걱정돼. 아무것도 하기 싫어. 어쩌지?
87. 그런데 나는 특히 공부 스트레스란 말이야. 공부 스트레스 때문에 아무것도 하기 싫은 거라서……
88. 어 그런데 부족한 자신감에 대한 대처 방법의 예시는 없는 거야? 긍정적인 말을 나한테 걸어 주라는데…… 그런게 어떤 게 있어?
89. 지구는 왜 둥글까요?
90. 봄에 대한 퀴즈를 내줄 수 있나요?
91. 아이슬란드에 관한 정보를 찾아줄 수 있나요?
92. 저희 팀의 프로젝트 주제와 관련된 논문을 찾아주세요.
93. 日本語の基礎的なフレーズを教えてください.(번역: 일본어의 기초적인 표현을 가르쳐 주세요.)
94. 오늘 논술 연습 주제는 '인공지능과 인간의 관계'입니다. 당신의 생각을 말씀해 주세요.
95. 우리나라 초등학교 3학년 국어 교과 수업지도안을 만들려고 합니다. 학습목표(goals), 구체적인 세부 학습목표(objectives), 학습내용(procedure), 교수법, 준비물(materials), 그리고 평가 방법을 한 학급 25명의 남녀학생을 대상으로 한 구체적인 수업 사례를 표로 정리하여 만들어 주세요. 그리고 그 표 밑에 이 지도안 내용에 대한 초등학교 3학년 우리나라 국어교과 국가수준 성취기준을 목록으로 만들어 주세요.
96. 중학교 영어 교실에서 5인조 그룹으로 팝송 가사를 만드는 3시간 수업 계획을 제공해 주실 수 있나요? 수업 내용에는 학생들이 일상 학교생활과 청소년 사랑을 주제로 한 가사의 구체적인 예시가 포함되어야 합니다.

97. 진로 탐색에 대해 고등학생들을 대상으로 설명하는 글을 쓰려고 합니다. 적절한 주제를 5개 추천해 주세요.

98. 진로 탐색에 대해 고등학생들을 대상으로 설득하는 글을 쓰려고 합니다. 적절한 주제를 5개 추천해 주세요.

99. 진로 탐색에 대해 초등학생들을 대상으로 설명하는 글을 쓰려고 합니다. 적절한 주제를 5개 추천해 주세요.

100. 고등학생들을 대상으로 현재 인기 있는 직업에 대해 소개하는 글을 쓰려고 합니다. 처음, 중간, 끝의 단계로 나누어 글의 개요표를 작성해 주세요.

101. 처음 부분에 제시할 인기 있는 직업의 개요를 설명해 주세요.

102. 대표적인 인기 있는 직업 5개를 제시해 주세요.

103. 위에서 언급한 인공지능 개발자 데이터 분석가, 산업 디자이너의 경쟁률, 수입, 특징, 역할을 간단히 설명해 주세요.

104. 고등학생들을 대상으로 인기 있는 직업의 개요에 대해 설명하는 글을 한 문단 작성해 주세요. 단, 고등학교 학생들이 이해할 수 있는 수준의 어휘만을 사용해 주세요. 또한, 처음 부분에서 독자들의 관심을 사로잡을 수 있는 한국의 유명한 직업인 한 명을 언급해 주세요.

105. 1. 처음
    인기 있는 직업 개요: 경쟁률, 수입, 특징, 역할 등을 간략하게 소개
    대표적인 인기 있는 직업 소개: 선택된 몇 가지 인기 있는 직업에 대한 개요 설명
    위 내용을 바탕으로 처음 부분의 내용을 한 문단으로 작성해 주세요. 단, 초등학생들이 이해할 수 있는 어휘를 사용해 주세요. 유명한 직업인의 명언을 인용해 주세요.

106. 위 개요를 바탕으로 500자 이내의 글을 완성해 주세요. 예상 독자인 고등학교 학생들이 이해할 수 있는 어휘를 사용해 주세요. 처음 부분에 독자들의 관심을 끌 수 있는 인기 있는 직업인의 명언을 인용해 주세요.

107. 윗글의 세 번째 문단 뒤에 추가할 빅데이터 전문가에 대한 내용을 4줄 작성해 주세요.

108. 윗글의 산업 디자이너가 하는 일을 비유법을 사용하여 쉽게 설명해 주세요.

109. 윗글에서 '편의성'이라는 단어를 대체할 수 있는 쉬운 단어를 제시해 주세요.

110. 윗글의 제목을 다시 작성해 주세요. 독자들의 관심을 사로잡을 수 있는 재치 있는 표현을 사용해 주세요.

    [요약하고자 하는 문장]
    윗글을 한 문단으로 요약해 주세요

111. 윗글에 설명한 인공지능 개발자, 데이터 분석가, 산업 디자이너의 역할, 경쟁률, 수입에 대한 내용을 표로 정리해 주세요.
112. 윗글의 내용을 프레젠테이션 자료로 제작해 주세요. 단, 한 슬라이드에는 중심 내용이 3개 이상 포함되어서는 안 됩니다.
113. 윗글의 내용을 프레젠테이션 자료로 제작해 주세요. 단, 한 슬라이드에는 중심 내용이 3개 이상 포함되어서는 안 됩니다. 그리고 청중의 관심을 끌 수 있도록 각 슬라이드의 제목은 재미 있는 표현으로 작성해 주세요.
114. 위 프레젠테이션 자료의 각 슬라이드마다 포함할 수 있는 통계 자료를 1개씩 제시해 주세요.
115. 한국인이 평균적으로 취업까지 걸리는 시간과 비율은 어떤지 알려주세요.
116. 중학생이 학교폭력예방교육에 참여하여 학교폭력의 유형에 대해 학습하고 학교폭력을 하지 않겠다는 내용의 소감문을 작성하였습니다. 학생의 활동 내용에 대한 평가문을 100자 이내의 1문단으로 작성해 주세요.
117. 주관적인 평가를 나타낸 부분은 삭제해 주세요.
118. 모든 문장의 주어를 삭제해 주세요.
119. 모든 문장을 "~함." 또는 "~임."의 형태로 끝맺어 주세요.
120. 중학교 3학년 학생이 '인공지능 시대의 글쓰기'라는 동아리에 참여하였습니다. 주요 활동으로는 인공지능 챗봇으로 설명문과 시나리오 쓰기, 인공지능 웹툰 만들기 등을 실시하였고, 학생은 인공지능 챗봇에 대해 많은 흥미를 나타내었습니다. 이 학생에 대한 평가문을 500자 이내의 1문단으로 작성해 주세요.
121. '문해력 향상을 위한 신문 읽기' 과목에서는 신문을 통해 다양한 어휘를 학습하고 이를 바탕으로 단어 퍼즐 게임, 문장 만들기 활동, 기사 요약하기, 학교생활을 기사문으로 작성하기 등의 활동을 진행하였습니다. 이 수업에 참여한 학생들에 대한 평가를 각각 다른 표현을 사용하여 10가지 작성해 주세요.
122. 7번의 내용을 보다 구체적으로 서술하여 100자 이내로 작성해 주세요.
123. 국어 수업에서 주장하는 글쓰기 학습 활동을 진행하였습니다. 학생들의 활동 과정을 각각 다른 표현으로 3가지 작성해 주세요.
124. 국어 수업에서 책 읽기를 좋아하는 학생에 대한 평가를 각각 다른 표현으로 5가지 작성해 주세요.

125. 국어 교과에 흥미가 높은 학생에 대한 평가문을 각각 다른 어휘를 사용하여 3가지 작성해 주세요.

126. 중학교 3학년 학생의 학교생활에 대한 평가 서술문을 작성하려고 합니다. 이 학생은 학급에서 분리수거 도우미를 맡아 성실하게 활동에 참여하였습니다. 그리고 수업 시간에는 중요한 내용을 꼼꼼히 필기하며 열심히 수업에 참여합니다. 친구들의 어려움을 적극적으로 도와줍니다. 부족한 과목을 보충하기 위해 방과후학교에 참여하기도 하며, 친구들에게 모르는 문제를 물어보기도 합니다. 이러한 내용을 바탕으로 학생의 학습, 태도, 인성을 평가하여 500자 이내의 한 문단으로 작성해 주세요.

127. 마지막 문장의 "해당 학생은" 이라는 주어를 삭제해 주세요.

128. 다음 내용을 신미래 학생이 진로활동에 수행한 활동과 역할 위주로 구성해서 문단으로 만들어 주세요.
[신미래 학생의 진로활동]

129. 위 문단에서 '신미래 학생은' 주어를 삭제하고, 모든 문장을 "~함." 또는 "~임."으로 끝나게 수정해 주세요.

130. 다음 내용을 신미래 학생이 영어 교과 시간에 수행한 활동의 내용으로 우리말 500단어 이내의 한 문단으로 작성해주세요. 한 문단에서 문장이 2개 또는 3개 정도만 되게 수정해 주세요.
[신미래 학생의 영어 교과 시간 수행 활동]

131. 위 내용을 한 문단으로 만들어 주세요.

132. 다음 내용을 신미래 학생을 종합적으로 이해할 수 있는 행동 특성 위주로 문장으로 구성해서 작성해 주세요.
[신미래 학생의 행동 특성]

133. 2023학년도 학교 설명회 개최 안내 가정통신문을 작성해 주세요. 첫 번째 문단에는 '봄'이라는 계절감이 느껴지는 간단한 인사말을 작성해 주세요. 두 번째 문단에는 학교 설명회 개최에 많은 참여를 부탁한다는 내용을 작성해 주세요.

134. 학교 설명회 개최 일시는 2023년 3월 15일(수) 오후 3시~5시, 장소는 본관 1층 시청각실, 대상은 본교 재학생의 학부모, 주요 내용은 2023학년도 스마트 중학교 교육과정 안내, 평가 계획 안내, 봉사활동 및 방과후학교 운영안내 등입니다. 이 내용을 표로 간략히 작성해 주세요.

135. 가로와 세로 내용을 바꾸어 다시 표를 작성해 주세요.

136. 고등학교 2학년 26명 학생들과 함께 황룡산 탐방, 인공지능 챗봇 및 웹툰 제작, 그리고 다양한 음식 체험 등의 현장 체험학습을 계획 중입니다. 이 현장 체험학습에 대한 목적과 기대효과를 3개 정도 나열해 주세요.

137. 위 현장 체험학습을 진행하는 경우, 오전 9시부터 9시 반까지는 2학년 1반 교실에서 안전교육과 주의사항 등을 담임교사께서 안내하고, 9시 반부터 10시까지는 오늘 하루 활동에 대한 안내가 있을 예정입니다. 이어서 오전 10시부터 12시까지는 인공지능 ChatGPT에 대한 기초 실습 내용을 학습하게 됩니다. 12시부터 1시까지는 조별로 교실에서 점심식사를 하게 됩니다. 오후 1시부터는 담임교사가 임장하여 A 고등학교 뒤편에 위치한 황룡산에서 약 30분 정도의 산책을 즐기게 됩니다. 그리고 1시 30분부터 3시 30분까지는 조별 웹툰 제작에 참여하게 되며, 조별로 환경보호, 학교폭력 예방, 미래 직업 등에 대한 포스터 제작을 할 예정입니다. 마지막으로, 학생들은 3시 30분부터 오후 4시 50분까지 조별로 장기자랑을 하고 체육관에서 배구나 피구 등을 즐길 수 있습니다. 위 내용을 표로 만들어 주세요.

138. 황룡산 탐방에 대한 담임교사 안전 지도 사항을 목록으로 알려주세요.

5장. 기타 수업에서 활용할 수 있는 인공지능 챗봇

139. a snail wearing a party hat, riding on the back of a green turtle that's swimming in a strawberry milkshake
140. A pencil and watercolor drawing (번역: 연필과 수채화로 그린 그림)
141. An expressive oil painting of a basketball player dunking, depicted as an explosion of a nebula (번역: 성운 폭발처럼 표현된 농구 선수의 덩크슛을 그린 감성적인 유화)
142. A van Gogh style painting of an American football player
143. Mona Lisa wearing a red glasses